독립연구자 정태인 칼럼모음(2004~2020)

신랄하지만 따뜻하게

II

진인진

독립연구자 정태인 칼럼모음(2004~2020) 신랄하지만 따뜻하게 Ⅱ

초판 1쇄 발행 | 2024년 6월 27일

지은이 | 정태인
편 집 | 배원일, 김민경
발행인 | 김태진
발행처 | 진인진
등 록 | 제25100-2005-000003호
주 소 | 경기도 과천시 관문로 92, 101-1818
전 화 | 02-507-3077-8
팩 스 | 02-507-3079
홈페이지 | http://www.zininzin.co.kr
이메일 | pub@zininzin.co.kr

ⓒ 정태인 2024
ISBN 978-89-6347-601-8 03300

* 책값은 표지 뒤에 있습니다.

발간사

고 정태인 박사가 떠난 지 1년반이 지났다. 1주기에 맞춰 그가 남긴 글과 추모포럼 발표문, 토론문과 추도사를 모아 책으로 내기로 했다. 유고집과 추모집을 겸한 한 권의 책을 생각하고 시작했지만 중간에 욕심을 내어 그가 오랜 기간 여러 지면에 남긴 글들을 모아 3권의 책이 되었다. 그로 인해 작업시간이 늘어나고 출간도 늦어졌지만 보람은 조금 더 커졌다.

이 책은 그 3권 중 고인의 칼럼들을 모은 칼럼집이다. 2권으로 된 책에 실린 글들은 그가 2004년부터 2020년까지 16년간 신문, 잡지에 쓴 칼럼들이다. 경향신문에 실린 글이 82건, 시사인과 한겨레 신문/한겨레21에 쓴 글이 각각 71건, 28건이다. 이렇게 모으니 181편, 600쪽 분량이었다. 칼럼들을 주제별로 10개 그룹으로 분류해서 묶었는데 분량을 고려해서 2권으로 나누었다. 고인의 관심사가 변화하는 모습을 입체적으로 살필 수 있도록, 발표 시기와 발표 매체를 기준으로 분류한 칼럼 전체 목록을 책 뒷부분에 붙였다.

1권에는 생태위기, 세계경제와 자유무역협정, 사회적경제와 사회혁신, 세계경제, 동북아 정세, 한반도와 남북관계 등 6개 주제의 글들을 실었고, 2권에서는 문재인 정부의 경제정책, 박근혜 정부의 경제정책, 한국경제 시평, 한국사회 위기분석 등 4개 주제의 글들을 담았다. 서론에 해당하는 글을 1권 맨 앞에 배치했는데 칼럼 제목은 '젊은 그들의 혁명을 지지한다'로 2020년 12월 20일에 경향신문에 기고한 글이다. 내용으로나 시기적으로나 칼럼집의 성격을 대변한다고 생각한다.

생전에 '독립연구자'로 자신을 소개한 정태인은 청년 시절 마음으로 따랐던 '원조' 독립연구자 박현채가 그랬듯 정언명령(定言命令)처럼 주어진 현실상황을 마주하며 치열하게 고민하고 최선을 다해 글로 표현함으로써 조금이라도 더 나은 세상을 향한 길을 내려 했다. 여기 칼럼집에 실린 글에서는 그때그때 우리사회가 마주한 현실에서 보이지 않는 길을 찾던 그의 고민이 담기고 때로 분노와 몰입된 감정, 호흡까지도 전해지는 듯하다.

그런 글들을 한 데 모았다. 그때가 언제일지 또 그들이 누구일지 지금은 알 수 없지만 반드시 그처럼 새로운 사회로의 전환을 꿈꾸며 헌신하는 후배, 후학들이 있으리라 믿는다. 그때, 그들에게 무형의 자산으로 전승되는 데 필요한 최소한의 아카이브가 만들어진 느낌이다. 그 기록들을 정리해서 내어놓는 일을 마무리하게 되니 안도감과 함께 약간의 뿌듯함도 느껴진다.

책 발간까지 여러분의 도움과 수고가 있었다. 먼저 칼럼들을 묶어서 책으로 발간하고 싶다는 제안에 동의해주고 게재를 허락해준 경향신문, 시사인, 한겨레 신문에 감사의 마음을 전한다. 다음으로 추모 포럼에서 책 발간까지 제법 긴 시간 도움을 준 그의 동지이자 후배들인 김병권, 이진순, 이수연, 조현경, 한영섭에게 감사한다. 또 그와 오랜 인연을 이어온 진인진 출판사 김태진 사장에게 고마움을 전한다. 김태진 사장은 가장 적극적으

로 칼럼집 출간을 제안해주었다. 책의 표지 디자인은 고인의 배우자 차정
인 작가가 맡아주었다. 차정인 작가는 전문 일러스트레이터(삽화가)이자 아
티스트북 작가이다. 고인의 생각과 삶의 기록을 묶어 펴내는 책이기에 의
미도 있었지만 부담도 컸을 것 같다.

　　마지막으로 추모행사와 책 발간을 위한 크라우드 펀딩(crowd fund-
ing)에 참여해준 분들께 감사드린다. 덕분에 추모행사에 이어 책 발간까지
계획했던 일들이 어려움 없이 마무리될 수 있었다. 책 발간이 많이 늦어졌
는데 기다려주고 격려해주어서 큰 힘이 되었다. 이 분들께 3권의 책을 바
친다.

정태인 추모행사 기획에 함께한 사람들을 대표해서

정건화

2024.6.15

차례

7부

문재인 정부의 경제정책

응답하라, 청와대

부동산, 한반도, 바이러스, 기후 위기 앞에서 청와대가 이해할 수 없는 일을 하고 있다. 참다못해 질문하니 응답해주기 바란다. 청와대는 올바른 신호를 보내고 정책 실행의 의지를 천명해야 한다.

지금 우리 앞에는 위기가 겹겹이 쌓여 있다. 그런데 청와대가 보통 사람의 머리로는 정말 이해가 안 되는 일을 한다. 참다못해 질문하니 제발 응답해주기 바란다.

첫째, 부동산 위기. 한국의 자산 불평등은 세계 1위다. 특히 부동산 비중이 80%에 이르는 한국 부동산 가격의 상승은 1990년대 일본에 버금갈 만큼 피게티의 베타값(국민순자산/국민소득)을 끌어올렸다. 청년들 절망의 뿌리는 어김없이 여기에 닿아 있다.

국토부로는 힘이 부친다고 생각했는지 대통령도 나섰다. "청와대 비서관 중 다주택 소유자는 하나만 남기고 팔라"고 지시했다. 하지만 아무도 팔지 않았다. 비서실장도 당초엔 지역구인 청주 집을 팔고 반포의 아파트는 남겨두겠다고 말했다. 부동산 값, 특히 강남의 아파트 값이 올라갈 거라는 강력한 신호를 보낸 것이다. 정책이 효과를 발휘해서 집값이 떨어질 거라고 믿는다면 청와대 비서관들은 소리 소문 없이 집을 팔았을 것이다.

정책적으로 답을 모르는 것이 아니다. 참여정부 청와대의 정책대로라면 2017년 한국의 종부세 실효세율은 1%에 이르렀어야 했다. 물론 이명박·박근혜 정부가 0.2%로 오히려 무력화했지만 촛불정부 역시 지난 3년 동안 0.02% 끌어올렸을 뿐이다. 타오르는 불에 기름을 부어야 한다고 생각한 걸까? 임대업자에 대한 특혜는 부동산에 대한 수요곡선을 왕창 이동시켰다. 이 크나큰 실수를 원상태로 되돌려야 한다.

둘째, 한반도 위기. 볼턴의 자서전을 보면 우리 안보실이 얼마나 동분서주 노력을 했는지 알 수 있다. 남북 정부, 그리고 미국 국무부 일부(비건 특사 등)는 이른바 '스몰딜'(영변 핵시설 철거와 2017년 이래 제재 일부 해제의 교환으로 협상 개시)에 합의했던 듯하다. 하지만 볼턴 등 강경파는 북한이 자신의 핵 및 대량살상무기에 관한 모든 정보를 신고('기본 신고')하지 않으면 협상을 개시할 수 없다고 못 박았다.

"정말 볼턴 등의 의도를 파악하지 못했을까?" 의문이지만 여기까지는 이해할 수 있다. 하노이 회담 결렬 뒤가 더 문제다. 청와대는 당황하고 곧이어 분노했을 김정은 위원장을 달래기는커녕 오히려 불신을 부추겼다. 전 세계 누가 봐도 인도적 지원인 타미플루조차 전달하지 않았고, 국방 예산은 늘렸다. 이런 상태에서 다시 정상회담을 추진한다니, 정말 제정신인가? 북한의 신뢰를 회복할 일부터 해야 한다. 다행히 김정은 위원장이 군사행동을 중지시켰으니 한·미 합동군사훈련 연기로 답해야 한다.

'그린 뉴딜' 성공시키기 위해 해야 할 것

한·미 동맹의 역관계도 변했다. 예컨대 주한미군을 철수하면 미국의 대중국 포위망에 구멍이 뚫린다. 이런 객관적 변화를 이용해야 한다. 왜 타미플루의 전달을 미군에게 묻는다는 말인가? 북한에 올바른 신호를 보내야 한다.

셋째, 바이러스 위기와 기후 위기. 자랑스러운 'K방역'의 성공은 상대적으로 훌륭한 건강보험제도와 메르스의 경험에 의한 추격제도 수립, 그리고 의사와 간호사들의 헌신에서 비롯됐다. 그런데 추후 대책이 효과가 입증되지도 않은 원격진료라니 이렇게 방향을 잘못 잡을 수가! 공공의료기관의 확대와 방역 인력을 확충해야 한다. 특히 간호사의 처우를 대폭 개선해서 이미 존재하는 은퇴 인력을 복귀시키는 일부터 당장 해야 한다.

한국형 뉴딜에 그린 뉴딜이 들어간 것은 천만다행이다. 정말 그린 뉴딜을 성공시키려면 2050년 '넷 제로(탄소 순배출 0)'를 선언하고, 먼저 10년 뒤까지 배출을 반으로 줄일 시책을 발표하여 강력한 신호를 보내야 한다. 적어도 지난 2월 5일 발표한 '2050 장기 저탄소 발전전략'의 다섯 안 중 가장 강력한 첫 번째 '17년 대비 75% 감축안(전반적 사회개혁)'을 채택해서 국내외에 정부의 의지를 보여야 한다.

전 국민 고용보험의 설계 등 고용 대책도 의문투성이다. 언제나 그렇듯, 첫 단추가 중요하다. 올바른 신호를 보내고 정책 실행 의지를 천명하는 것, 그것이 대통령이 해야 할 일이다.

시사인 / 670호 / 2020.07.22.

관료를 믿어야 하는가

경제는 잘 모르는 탓에 그저 관료들을 믿을 뿐이고, 투자 증대를 위해 재벌의 말을 순순히 따라야 한다면 이 정권을 과연 촛불 정부라고 할 수 있을까?

두 달째 모든 경제 이슈를 뒤덮어버린 '신재민 폭로 사건'. 도대체 그는 무엇을 폭로한 걸까. 세수가 남아도는데 왜 정부는 추가로 적자국채를 발행하려 했을까? 온갖 음모론이 제기됐지만 내 결론은 세계잉여금, 즉 국회의 감독을 받지 않는 주머닛돈을 남겨서 다음 해에 쉽게 재정을 충당하려 했다는 것이다. '꼼수'라는 소리를 들어도 할 말이 없는 이 기술은 '증세 없는 복지'라는 대통령의 공약을 조용히 지키기 위해 동원되었다.

문제는 다른 데 있다. 문재인 정부도 2018년 성장률을 실제보다 높게 예측했다. 2017년을 빼고 지난 세 정권 모두 0.5% 내지 1% 포인트가량 실제보다 더 높은 성장률을 예상했다. 교과서 수준의 경제학에서 세금 수입은 GDP에 평균세율을 곱해서 얻는 것이고, 이런 예상 성장률에 기초해 세수를 계산했다면 예상보다 세수가 부족해야 마땅한 것이 아닌가? 지금까지 내가 수소문한 바, 이 수수께끼의 답은 지난 정부 국세청이 신기술을 도입하고 기재부가 세금 부과 대상을 확대해서 줄어든 성장분보다 더 많이 세금을 거뒀다는 것이다. 훌륭하다. 이제 부동산을 잘 안다는 청와대가 개혁 진영의 온갖 비판을 들으면서도 종부세율을 찔끔 올리고 만 이유도 이해가 간다. 세율 인상 없이 공시지가를 현실화하면(즉 세금 부과 대상을 늘리면) 된다.

'공유경제 · 수소경제 활성화' 정책의 허와 실

물론 이것도 명백한 증세다. 하지만 정치권의 논쟁을 일으키지 않고 세법 개정을 위해 국회에 들어가지 않아도 되는 증세다. 기획재정부는 세원을 늘렸으면 세수 예측도 이에 따라 높여야 하는데 왜 계속 틀리는 걸까? 무능해서가 아니라면, 한편으론 각 부처나 청와대에 세수 부족이 예상되니 지출을 최대한 줄이라 하고 실제론 계속 세입을 확대해서 정권 교체와 관계없이 의도적으로 긴축재정을 지속한 것이 아닌가? 봉황의 큰 뜻을 알 리 없는 참새가 정의로운 폭로를 했으며 청와대는 어떻게든 국회를 에돌아가고 싶어 묵인했을 것이다.

새해가 열리자마자 대통령 주재하에 두 가지 주요 정책이 전광석화처럼 발표됐다. '공유경제 활성화 방안'과 '수소경제 활성화 로드맵'이 그것이다. 둘 다 미래 기술, 그리고 생태 혁신을 목표로 삼고 있다. 하지만 내 눈엔 대통령 보고서가 아니라 대기업의 투자유치서였다. 경제성장률이 떨어지자 이리저리 잴 것 없이 재벌들의 투자에 목을 매달고 있다.

우버와 에어비앤비로 대표되는 '공유경제'는 플랫폼의 독점가격 설정 및 가격차별화, 극히 불안정한 노동(프리캐리아트)의 양산, 그리고 데이터 독점 위험 때문에 세계적으로 많은 비판을 받고 있는데, 문서 전체를 통틀어 이에 관한 대책은 단 한 줄도 없다. 현실 세계에서 이 경제는 '소유에서 공유로'라는 아름다운 구호를 실현하지 못했을 뿐 아니라(과연 자동차 소유가 줄어들었을까?) 오직 알고리즘이 발행하는 무면허 개인택시만 증가했을 뿐이다.

"누구도 가보지 않은 '새로운 길'의 선점"이라는 점에서 수소경제는 더 위험하다. 수소경제의 혁신성은 화석 에너지인 석탄이나 석유를 수소로 대체한다는 데 있다. 대량으로 오랫동안 저장할 수 없는 전기 대신 압축수소나 액화수소의 형태로 에너지원(energy carrier)을 저장할 수 있다면 정부 말대로 "미래 경제의 핵심+친환경 에너지 혁명"을 달성할 수 있다. 문제는 "우주 물질의 75%를 차지하는" 수소의 압도적 부분이 물 안에 들어 있어서 전기분해해야 얻을 수 있다는 점이다. 즉 수소경제는 재생 가능 에너지로 생산한 전기가 남아돌 때만 의미가 있다. 이 문서에는 나오지 않지만 이명박 정부 때 핵심 생산 기술로 제시된 원자력 수소나, 한마디 언급된 대규모의 태양광발전소의 수소를 내심 고려하고 있다면 스스로 강조한 분산발전과 모순될 뿐 아니라 이 정부의 기본 정신을 위배하는 것이다.

경제는 잘 모르니 관료들을 그저 믿을 뿐이고, 투자 증대를 위해 재벌의 말을 순순히 따라야 한다면 이 정권은 과연 촛불 정부일까, 아니면 관료와 대기업의 정부일까?

시사인 / 594호 / 2019.02.01.

수수깡과 진흙

20여 년 전, 제도란 볼트와 너트로 구성된 강철 구조물이 아니라 진흙으로 연결한 수수깡 같은 존재라고 쓴 적이 있다. 지금도 이 생각에는 변함이 없다. 아니, 어쩌면 이 비유는 더 상세해졌다. 법률과 물질적 인센티브로 구성된 공식 제도는 수수깡이고 사회규범과 같은 비공식 제도는 진흙이다. 말랑했던 진흙이 바삭하게 마르듯 규범이나 관습이 반복되면 움직일 여지 없이 점점 굳는다. 결국 수수깡-진흙 구조물은 작은 충격에도 부서지기 쉬워진다. 맹커 올슨이 논증한 것처럼 지배집단의 자기 이익 추구가 제도화하고 사회도 이를 용인하게 되면 국가는 딱딱해져서 내부의 압력이든, 외부의 충격이든 견디지 못하고 서서히 또는 급격하게 쇠퇴하게 될 것이다.

지금 우리 사회는 어떤 상태일까? 우리 사회의 지배집단이라면 누가 뭐래도 재벌-고급관료-보수언론의 삼각동맹이다. 이들이 하청기업을 마른 수건 비틀 듯 한껏 짜낸 결과는 제조업의 생산성 위기로 이어졌고 바짝 말라붙은 공간에는 혁신기업이 나타날 틈이 없다. 성장률은 나날이 떨어지고 지배집단의 지대 독점은 단 20년 만에 한국의 불평등을 세계 최고 수준까지 끌어올렸다. 나를 포함한 우리 세대가 이룬 참으로 장한 성취인데도, 그 어떤 반성도 없다.

이 구조의 정점에 있는 더 한심한 세력이 그들에게 항상 면죄부를 부여하기 때문이다. 하지만 규범은 물론 법도 무시하는 이들이 그래도 건재한 건 수많은 조력자가 있는 탓이다. 부동산과 학벌은 한국 계층 상승의 좁다란 오솔길이다. 웬만한 이들은 온 힘을 다해서 어떻게든 양대 자산을 부풀리려 한다. 아뿔싸, 두 자산을 둘러싼 경쟁은 죄수의 딜레마이다.

남들이 하면 나도 하고(뒤처진다는 공포), 남들이 안 해도 내가 한다면

(앞서 가려는 탐욕) 당신은 죄수의 딜레마에 빠진 것이다. 남들이 사교육을 시키건 안 시키건 나는 사교육에 매진할 것이다. 부동산도 마찬가지다. 문제는 경쟁이 치열할수록 기득권자들의 승리 확률이 높아진다는 데 있다. 경쟁이 빚어내는 사교육과 부동산 가격 상승이 그 메커니즘이다. 돈 많은 집 아이들이 좋은 학교에 가고 집 있는 사람들은 더 큰 이익을 얻을 수 있다. 노력할수록 보통 사람이 이길 확률은 낮아진다. 그러나 안 할 수도 없다. 죄수의 딜레마에서 배신, 즉 사교육과 부동산 투자는 강한 우월전략이기 때문이다. 이리도 손쉽게 세상을 지배하는 방법이 어디에 또 있을까? 양반의 횡포가 심해질수록 특권을 폐지하려는 게 아니라 상민들도 돈 모아 양반 족보를 사려고 이리 뛰고 저리 뛴 구한말과 무엇이 다를까? 양대 자산은 점점 더 큰 규모로 세습된다.

뻔한 부자들뿐 아니라 정치인, 관료, 그리고 웬만한 언론인과 학자 등 지식인까지 40대를 넘어서면 거의 모두 소득 상위 10%에 들어간다. 자산으로 치면 더 높은 순위로 올라갈 것이다. 이들은 적극적이든 소극적이든 양대 자산의 투기를 선도하면서 사적소유는 불가침이며 단지 효율성을 높이는(높은 가격을 치르려는 사람에게 소유권이 돌아가야 가장 효율적인 결과를 낳는다고 경제학은 가르친다) 시장거래일 뿐이라고 옹호한다.

민주주의는 이런 불평등 메커니즘을 시정할 수 있는 거의 유일한 무기다. 게임 구조상 거의 100% 질 게 뻔한 '루저'들도 승리할 수 있도록, 적어도 패배의 확률이 낮아지도록 제도를 바꾸는 게 정치다. 하지만 2008년 총선에서 거대 양당의 현수막은 똑같은 글씨로 채워졌다. 첫째는 뉴타운, 둘째는 특목고였는데 종부세나 사교육에 대한 태도를 보면 지금도 별반 다를 바 없다. 상층에 속하는 이들이 놀랍게도 자신을 중산층이라고 여겨 스스로를 위한 정책을 세운다. 머릿수도 많고 목소리는 더욱 큰 베이비붐 세대가 이들을 뒷받침한다.

상위 10%를 부모로 두지 못한 90%의 젊은이들이 절망하는 건 어찌면 당연하다. 이들은 '노오력'해야 할 이유를 찾을 수 없다. 자포자기한 사람들은 자기 안의 능력도 같이 버린다. 아니 발견조차 하지 못한다. 자신이 겪은 상실감과 무력감을 자식에게 상속하고 싶은 사람은 없다. 아이를 포기하고 결혼도 포기한다. 출산율 저하의 근본 원인은 불평등이다.

아마티야 센은 자유란 자신이 원하는 일에 스스로의 능력을 발휘할 수 있는 상태이며, 자유의 확대가 곧 발전이라고 갈파했다. 이 정의에 따르면 한국은 저성장 정도가 아니라 심각한 마이너스 발전을 거듭하고 있다. 내부에 회복탄력성을 지니지 못한 사회는 붕괴한다. 촛불 대부분은 대통령만 교체되면 이 답답한 구조를 바꿀 수 있으리라 믿었다. 아직 3년 넘게 남았고 정책은 얼마든지 있다. 진흙에 약간이라도 물기를 더해 움치고 뛸 수 있는 사회를 만들고 싶다면 선거제도부터 바꿔야 한다. 젊은이와 소수자의 이해가 정치에 반영될 수 있도록…. 참 소박해진 내 새해 희망이다.

경향신문 / 정태인의 경제시평 / 2018.12.17.

'방 안의 두 거인'과 한국 경제

서울공항에 내린 문재인 대통령의 표정은 밝았다. 5박6일간의 아세안 관련 정상회의, 아시아·태평양경제협력체(APEC) 정상회의의 목표를 꽤 만족할 만큼 달성했기 때문일 것이다. 문 대통령은 14, 15, 17일 연이은 푸틴 러시아 대통령, 펜스 미국 부통령, 시진핑 중국 국가주석과의 회담에서 한반도 평화 문제가 속도는 몰라도(이 점에 관해서도 시진핑 주석과 "한반도 문제 해결의 시점이 무르익어가고 있다"는 데 인식을 같이했다) 해결 방향과 한국의 역할까지 공감을 얻은 것으로 보인다.

하지만 이번 해외 순방은 우리나라 안보와 경제의 앞날이 여전히 불투명하다는 사실도 보여주었다. APEC 정상회의 사상 최초로 공동성명을 채택하지 못한 것은 불길한 징조다. 2014년 호기롭게 아시아·태평양 자유무역지대 건설을 공동선언한 것과 확연히 대비된다. 뉴기니 총리 말마따나 "방 안의 두 거인" 때문이다. 미국과 중국은 이번 정상회의에서 사사건건 맞섰다. 시진핑 주석은 "(미국이) 스스로 문을 닫는 것은 세계를 잃을 뿐 아니라 종국에는 스스로를 잃어버릴 수 있다"고 경고했고 펜스 부통령은 중국의 기술이전 강요, 지적재산권 침해, 미래기업에 대한 보조금 지급 등 "중국이 그들의 방식을 바꾸기 전까지 미국은 바뀌지 않을 것"이라고 맞섰다. 미국은 파푸아뉴기니에 미군기지를 건설할 계획을, 중국은 도로 건설에 대한 지원을 발표했다. 중국의 일대일로 전략과 미국의 인도·태평양 전략이 맞부딪친 것이다.

경제학자들도 트럼프 대통령의 일방주의에 관해서는 일치된 목소리를 내고 있다. 이들은 학파를 막론하고 다자주의적 해결, 국제제도의 규범에 의한 해결을 촉구하고 있다. 예컨대 최근 앤 쿠르거 교수(존스 홉킨스)는 트럼프 행정부가 국가 안보를 이유로 철강 관세를 부과했지만, 국방산업은 전체 철강소비는 3%에 불과하며, 중국 수입 철강은 단 2%를 차지하고 있을 뿐이라고 꼬집었다. 또한 유럽산 자동차에 대한 25% 관세 부과는 어디서 생산되든 미국 내 자동차 1대당 가격을 1400달러에서 7000달러 올릴 뿐이라고 비판했다. 그래도 수긍할 만한 "기술이전 강요" 혐의에 대해서도 다니엘 그로스 유럽정책연구센터 소장은 과거 중국 정부가 그 대가로 지대 인하, 면세, 값싼 대출 등을 제공한 것을 고려하면 미국 기업이 밑질 게 없는 장사였으며 이제 특혜가 라이선스 계약으로 바뀔 뿐이라고 주장했다. 또한 중진국 함정에서 빠져나오기 위한 중국의 중장기 계획(중국제조 2025 등)도 과거 일본의 산업정책과 다를 바 없으며 미국 또한 국방예산으로 반도체, 인터넷 등 현재의 IT 산업을 키운 것 아니냐고 비판할 수 있다. 또 하나의 "사다리 걷어차기"(장하준)인 셈이다.

　　미국의 거대한 무역적자가 중국에 대한 압력으로 해결되리라고 믿는 학자는 아무도 없다. 국민계정에서 무역적지(흑지)는 저축부족(과잉)의 결과일 뿐이다. 직관적으로 얘기해서 미국의 소비와 투자 등 지출이 국내 저축을 넘어서기 때문이다. 그리고 이 적자는 자본수지에서 외국자금의 유입으로 보전된다. 중국 등 흑자국의 미국 재무부 증권 매입이 대표적이다. 독일이나 일본, 한국 역시 똑같은 방식으로 미국의 적자를 보전하므로, 부동산과 금융 버블에 의존하는 미국 경제를 뜯어고치지 않고서는 중국에 대한 압력으로 해결할 수 없다. 결국 현재의 미국 통상압력은 동아시아 안보 전략의 일환이다.

　　2008년 미국의 금융위기가 세계를 침체에 빠뜨린 지 벌써 10년이 지났다. 중국은 그동안 수출주도형 경제에서 내수주도형 경제로 신속하게 이행했다. 중국의 무역흑자는 GDP의 1%대로 줄었고, 국공유기업과 지방정부의 부채는 더욱 부풀어 올랐다. 일대일로 프로젝트와 중국의 해외투자 역시 빠르게 진전되어 직접투자도 한쪽으로만 흐르지 않는다. 연간 수

여되는 중국의 과학기술 분야 석사 이상 학위는 미국과 유럽을 합친 수치
를 넘어섰다.

서방언론은 지난 20여년간 두가지 오보를 줄기차게 쏟아냈고 한국
언론은 받아쓰기 바빴다. 중국위기론과 북한붕괴론이 그것이다. 문 대통령
의 이번 해외 순방이 순조롭게 결실을 맺는다면 후자는 이제 해외 언론의
단골 메뉴에서 빠질 것이다. 하지만 중국위기론은 오히려 현실이 될지도
모른다. 천문학적 규모의 해외보유액과 중국공산당의 일관되고 신속한 대
응이 그동안 위기를 봉합해 왔는데 차이메리카(중국의 수출주도성장과 미국의
부채주도성장 간 결합)의 해체와 국제정치적 혼란은 앞으로 중국이 이러한 수
단을 잃는 것을 의미할 수 있기 때문이다. 단기적으로 봐도 미국의 금리 인
상과 아시아 주변 국가들의 혼란에 선제 대응하여 중국 정부가 긴축으로
전환하면 한국은 심각한 충격을 받을 것이다. 안보뿐 아니라 경제 쪽에서
도 국제 환경의 변화를 면밀히 검토하고 대응 방안을 마련해 두어야 한다.
적극적인 대안의 제시로 이 지역의 위기를 완화할 수 있다면 그야말로 금
상첨화가 될 것이다.

경향신문 / 정태인의 경제시평 / 2018.11.19.

촛불 정부, 너마저

불평등이 심화되고 있다. 자본소득과 노동소득의 격차가 급속히 벌어지고 노동소득 간의 격차도 틈을 벌린다. 정책의 혁신이 필요하다.

한국 경제는 절망적이다. 특히 젊은이에게 그렇다. 1인당 국민소득 1만 달러를 달성한 1996년의 20대와 올해 3만 달러에 이를 지금의 20대 중 어느 쪽이 더 미래에 희망을 걸고 있을까? 단 한 명의 예외도 없이 전자라고 대답했다.

먼저 자본소득과 노동소득의 격차가 급속히 벌어지고 있다. 이 격차는 통계적으로 생산성 증가율과 실질임금 증가율의 차이로 표현되는데 2005년에서 2012닌까지 한국은 이 시표의 악화에서 나른 나라의 추송을 불허한다(출처:IMF). 2010년 세금 기준으로 한국의 상위 10%는 순자산의 66%를 가지고 있고, 하위 50%의 소유는 고작 1.7%이다. 이 자산의 80% 가량은 부동산인데 요즘 또다시 가격이 치솟고 있다. 현재의 중위소득자가 단 한 푼도 쓰지 않고 매월 200만원을 저금한다 해도 서울의 중위 아파트를 사려면 400개월, 즉 30년 넘게 걸린다.

집값이 급등하던 2005년 봄, 나는 부동산 대책의 청와대 실무 책임자였고 종부세 실효세율을 2018년 1%에 이르도록 하는 계획을 법으로 만들었다. 이명박·박근혜 정부를 거치는 동안 0.2%로 오히려 급락한 이 세율은 현 정부의 자화자찬에도 불구하고 0.02% 찔끔 올랐을 뿐이다. 아이들의 희망 직업이 임대업자라는 건 어쩌면 당연하다.

노동소득 간의 격차도 틈을 벌리고 있다. 대기업과 중소기업 노동자 간, 정규직과 비정규직 간 임금 격차 역시 세계 최고 수준이다. 대기업이 하청단가를 정확히 '후려칠' 수 있다면 하청기업의 생산성 증가분은 대기업으로 이전된다. 노동조합이 없는 비정규직은 임금과 노동조건에서 불리할 수밖에 없는데, '공유경제'라는 미명으로 노동력을 시간당으로 활용하는 경향도 이를 더욱 부채질할 것이다. 대기업과 공무원, 전문직을 합해도 일자리의 20%에 불과하니 대학 졸업장과 함께, 1000만원 단위의 학비 부채를 떠안은 50%의 젊은이들은 갈 곳이 없다.

2014년 발간된 〈21세기 자본〉의 피케티 지표는 자산 분배와 소득 분배가 지난 300년 동안 어떤 연관을 맺고 있는지를 보여주었다. 세 번째 공식, 즉 자산수익률이 경제성장률보다 높다면 불평등이 심화될 수밖에 없고 '세습 자본주의'라는 역설이 성립된다는 사실은 그중에서도 백미다.

피케티는 자산 가격의 급등에만 주목해서 국제자산세를 대안으로 제시했지만 그것이 더 효과적이려면 시장 자체의 분배를 개선해서 성장률을 올릴 수 있다는 포스트케인지언의 정책과 동시에 시행되어야 한다. 또 이 두 이론은 경제적 약자들의 힘을 제도적으로 보장하는 것, 즉 노동조합의 강화·확대나 하청업자들의 공동교섭권, 자영업자들의 세력화를 지지한다. 얼추 세력 균형이 맞춰져야 안정적인 '균형가격'과 경제성장, 나아가 기술 혁신도 이룰 수 있다. 뉴딜의 핵심은 노동조합을 강화한 와그너법이었다.

불평등 야기하는 원인을 체계화해 정책 확인하고 실행해야

모든 정책은 정치, 즉 세력 간의 힘겨루기를 통해서 입안되고 실행된다. 이를 감안하여 정책의 강도와 순서도 결정되어야 한다. 하지만 최저임금을 두고 청와대와 기획재정부(기재부)는 사사건건 대립했고 우습게도 소득주도 성장은 청와대가 맡고 혁신 성장은 기재부가 맡는 식으로 타협했다. 불행하게도 종부세 등 자산 쪽 정책에서는 청와대와 기재부, 민주당까지 완전히 삼위일체였다. 기재부는 재정특위를 이용해서 종부세를 대폭 올릴 의지가 없다는 신호를 보냈고, 서울시장은 여의도와 용산 개발을 예고했으며, 당 대표는 그린벨트를 풀어서라도 공급을 늘리겠다고, 즉 부동산 경기를 일으키겠다고 확인했다.

대통령은 현실을 직시해야 한다. 현재의 불평등을 야기하는 원인을 체계화해서 각 부 장관이 해야 할 정책을 확인하고 실행하도록 해야 한다. 청와대는 이들 정책 실행을 모니터해서 충돌을 조율하고 정치적 역관계를 고려해 정책의 우선순위를 조정해야 한다. 사회경제적 약자의 세력화와 시민의 지지는 이 모든 과정을 뒷받침한다. 촛불이 만든 정부마저 실패한다면 우리를 기다리고 있는 것은 필시 대혼란이다.

시사인 / 579호 / 2018.10.23.

일본에서 한국을 보다

지난 1주일 일본에 출장을 다녀왔다. 세계적 창조도시 모델 중 하나인 가나자와시, 주민과 예술가들이 함께 만들어낸 요코하마 모델, 그리고 '콤팩트도시'로 유명한 도야마시를 둘러보았다. '창의도시'와 행복도시를 선언할 만큼 문화를 중시하는 한 지방도시의 사회적경제 발전 전략을 짜는 데 도움을 주기 위해서다. 재작년 여름, 처음 만난 그 시장은 쇠퇴하는 지방도시를 문화로 살려내기 위해 무진 애를 쓰고 있었다. 그는 특히 도시재생사업이 부동산거품으로 끝나지 않도록 도심의 건축 고도제한을 했고 전국 유일의 사회적경제국을 만들 정도로 아래서부터 경제를 일으키는 데 지대한 관심을 지니고 있었다.

고즈넉한 아름다움에 싸인 도야마와 가나자와시에서는 한국어로 된 자료를 내놓았다. 한국에서 2주에 한번꼴로 온단다. 그래서일까. 현 국토부와 지방정부의 도시재생전략에는 이들 도시의 성공 사례가 이미 반영되어 있다. 예컨대 가나자와의 시민예술촌이나 요코하마의 세관창고 개조는 청주의 옛 방직공장터 등 곳곳에서 재현되고 있으며, 퇴락한 도심의 유락지구에 예술을 접목하려는 노력은 요코하마의 고가네조 사례도 참조했을 것이다.

이번 출장에서 나는 일본과 한국이 사뭇 다르다는 사실을 새삼 확인했다. 따라서 이 모델들을 우리나라에 적용하려면 예상되는 부작용에 대한 대책을 먼저 수립해야 하며 그것이 정책의 핵심을 차지해야 한다. 물론 한국이 앞서가는 분야도 있다. 예컨대 일본의 공무원들은 정책 수립에 주민이 참여해야 한다는 생각을 한번도 해보지 않은 게 틀림없었다. 거듭되는 질문에 "시장이 설명회는 여러번 했다"는 정도가 고작이었고 오히려 우리에게 한국은 "주민참여"를 어떻게 하는지를 물었다. 도시재생이라는 개발사업이 빚어낼 부작용에 그들은 어떻게 대처했을까? 예컨대 가나자와시는 신칸센을 유치하면서 대규모 역사를 신축하고 신시가지를 개발하는 사업(정부 예산만 약 2000억원이 투입)을 시행했는데 한국이라면 부동산 가격이 급등하고 급기야 젠트리피케이션 현상이 벌어졌을 것이다. "글쎄 몇 명은 돈 좀 벌었겠지." 공무원들이 고개를 갸우뚱하면서 한 대답이다. 도야마시는 26년간 연속 하락하던 부동산 가격이 최근 4년 평균 0.2%씩 증가한다며 희희낙락이다.

과연 비결은 뭘까? 일단 1990년대 초의 버블과 이후 '잃어버린 20년'이 끼친 영향이 압도적일 것이다. 대대적이고 지속적인 파산의 경험이 남아 있는 한 기업이나 중산층 이상이 쉽사리 투기에 나서지는 않을 것이다. 또 하나, 확인해야 할 것은 일본 조세제도의 효과이다. 도야마의 2018년 예산 약 727억엔 중 부동산 관련 세금으로 보이는 '고정자산세'와 '도시계획세'가 차지하는 비중은 각각 41.7%와 5.4%로 세입의 절반에 육박했다(법인세에 해당할 사업소세는 4.9%). 하도 신기해서 고정자산 세율을 물어봤더니 다른 과에 물어보러 갔다온 그의 대답은 1.4%(명목세율)였다.

우리가 일본에 있는 동안 한국 정부는 9·13 부동산대책을 발표했다. 아직 꼼꼼히 점검하지 못했지만 부동산 세제에 관한 한 13년 전 참여정부의 보유세 실효세율(부동산 총액 대비 보유세의 비율) 인상 계획에도 못 미친다는 건 분명하다. 당시 계획대로라면 금년의 실효세율은 1%에 달했을 테지만 현재의 실효세율은 0.16%에 불과하다. 종부세 최고 명목세율이 3%를 넘는다며 최강 정책인 듯 발표한 이번 대책이 실행된다 해도 실효세율은 0.2%에도 미치지 못할 것이다. 일본의 실효세율은 0.5%가 넘고 캐나다나 미국은 0.9% 부근이다.

지난 50년간의 부동산 정책으로 우리 국민 절반 가량이 잠재적 투기꾼이 되었고 나머지는 희생양이 되었다. 투기의 정의가 모호하다고? 시장의 힘이 자원을 가장 필요한 곳으로 배분하지 못하는 경우를 투기라고 정의하면 어떨까? 현재 부동산 자원은 그저 돈이 남아도는 사람에게 배분되고 있다. 오로지 시세의 차이가 매매의 목적이라면 그게 투기가 아닌가? 그 부동산이 가장 생산적으로 쓰인다는 어떤 보장도 없고(돈이 돈을 버는 매개일 뿐이다) 확실한 것은 이 행위가 나머지 국민의 희망을 짓밟고 나라의 혁신역량을 없애는 데 단단히 '일조하고' 있다는 사실이다.

도시재생이라는 지방경제 활성화는 부동산을 잡지 못하면 실패하기 십상이다. '혁신성장' 역시 마찬가지다. 동서고금, 부동산 가격을 방치하고 성공한 나라는 없고, 모든 금융위기 앞에는 부동산 버블이 있었다. 물론 언젠간 거품이 터지고 고통스러운 금융위기 속에서 이 문제가 '폭력적으로' 해결될 것이다. 과연 우리 모두의 합의에 의해 이 불평등의 뿌리를 서서히 제거할 방법은 없는가? 있다. 촛불시민이 만든 문재인 정부마저 단기의 정치적 이익과 무지에 휘둘려 이를 외면한다면 우리 아이들의 미래는 도대체 어디에 있단 말인가?

경향신문 / 정태인의 경제시평 / 2018.09.17.

'소득주도 혁신성장'의 길

2012년 새로운사회를여는연구원은 〈리셋 코리아〉를 펴냈고, 2017년 칼폴라니정치경제연구소는 〈자본주의를 다시 생각한다〉를 출간했다. 둘 다 대선을 앞두고 차기 대통령을 위한 정책을 제언할 요량이었다. 〈리셋 코리아〉는 ILO 등의 임금주도 성장전략을 처음으로 한국에 적용하여 구체적인 정책꾸러미를 제시했고, 3~4년이 흘러 현 정부의 정책기조가 되었다. 소득주도 전략의 가장 큰 문제는 혁신 투자가 간접적으로 일어날 수밖에 없고(수요 확대에 따른 투자 확대, 이른바 '버둔 효과'), 중하층 소득의 증대도 가계부채와 임대료 부담 등으로 직접 소비확대로 이어지기 어렵다는 데 있다. 당장의 경기침체를 막기 위해서는 대규모 투자가 필요한데 여느 정부처럼 건설경기에 의존할 수는 없다. 해서 찾아낸 것이 마추카토의 녹색 혁신투자였는데 대선 일정이 앞당겨진 탓에 부랴부랴 번역을 할 수밖에 없었다.

현존하는 '3내 혁신 이론가'로 꼽히는 마추카토는 정부가 시상실패를 보완할 뿐 아니라, 기술혁신이 관련된 경우 새로운 시장을 창출해야 한다고 역설한다. 예컨대 현재 전 세계의 새로운 일자리를 만들어내고 있는 인터넷은 미국 국방부가 주도한 '알파넷'을 공개한 결과이다. 4차 혁명이라는 여러 기술들의 발전 방향 하나쯤은 국가가 주도할 필요가 있는데 도로, 주택, 전력, 에너지망 등 모든 인프라를 포괄하고 있는 생태혁신은 모든 면에서 가장 확실한 길이다. 생태 쪽은 시장 실패가 가장 두드러진 분야이긴 하지만 인류 운명을 좌우할 기술이어서 도덕적이기도 하다. 녹색투자 중 아주 간단한 정책에 속할, 건물의 에너지 효율을 진단하고 개선하는 일만 해도 돈도 벌 수 있고 보람도 있다. 하지만 현재 정부의 혁신성장 전략은 온통 규제완화 이야기로 가득 차 있다. 각 기업들의 절실한 호소와, 아무

제도도 없어야 최고의 효율성이 달성될 거라는 경제학 미신이 결합한 주장이다. 그러나 규제완화 일반과 혁신의 관계에 관한 실증연구는 뚜렷한 결론을 내리지 못하고 있다. 무엇보다도 지난 20년간의 한국 경제사가 실상을 웅변하고 있지 않은가. 특히 지난 9년여간 대통령이 맨 앞에서 소매를 걷어붙이고 줄기차게 전봇대를 뽑고, 대못을 제거했는데 과연 어떤 '미래 먹거리'가 생겨났는가? 어쩌면 지난 20년간 정부는 기술혁신이 아니라 '지대혁신'만 조장했는지도 모른다.

홍장표 전 청와대 경제수석이 한발 물러나면서 곤경에 빠진(듯한) 소득주도성장 전략을 돌이켜 보자. 작년 최저임금위원회의 결정(16.4% 인상)은 지난 7개월 동안 550여만명의 월급 10만원(연간 총 7조원)을 끌어 올렸다. 재계와 언론, 그리고 일부 학계는 이 정도로 세계 12위, 경상 GDP 1700여조원의 경제가 위기에 빠질 거라고 아우성치며 짐짓 영세 자영업자와 중소기업을 걱정하기 바쁘다. 실증적 근거가 전혀 없지만 이런 난리라면 정책 혼선을 빚은 건 부정할 수 없다. 과연 누구의 잘못일까? 딱 1년 전 "경제 패러다임의 전환"을 선언한 "새 정부 정책 방향"을 들여다보자. 소득주도성장의 첫번째 정책, "가계의 실질 가처분 소득 증대"의 1번 항목에 최저임금이 나온다. 바로 다음 줄에는 "영세 상공인 부담 완화를 위한 일자리 안정자금 지원, 카드수수료 인하, 공정질서 확립"이 필요하다고 써 있다.

지난 1년 동안 금융위원회는 카드 수수료를 인하했는가? 공정위는 편의점의 수익 비율을 높이고 하청단가를 조정했는가? 나아가 노동자를 위해 임대료를 규제하고(국토부) 주거급여를 확대(복지부)했는가? 이들 정책으로 종업원 1인당 월 10만원의 부담만 덜어줬어도 현재의 비난은 피할 수 있었을 것이다. 정책실장과 부총리가 대통령이 최종 승인한 정책의 순서와 속도만 조절했어도 소득주도성장 전략의 첫 단추는 제대로 끼워졌을 것이다.

지금도 늦지 않았다. 대통령이 주재하는 '소득주도성장특위'에 장관들이 참석해서 자기 부처 정책의 위치와 속도를 확인해야 한다. 정책실장과 부총리는 정책 실행을 점검하고 수석은 차관 수준에서 현실의 정책 혼선을 조정하면 된다. 혁신성장도 마찬가지다. 일단 지난 20년간의 규제완화 정책의 효과부터 검토할 일이다. 상습적인 이데올로기적 비난을 피하려면 마추카토 등 네오슘페터리안들의 정책과 OECD의 "녹색 인프라 투자" 정책에서 확실히 겹치는 부분만 선택해도 된다.

일찍이 올슨이 논증하고 훗날 애스모글루가 실증했듯이 기득권 세력이 협소한 자기 이익을 추구하게 되면, 즉 구조가 딱딱해지면(경화) 그 나라는 결국 망하기 마련이다. 기득권 세력이 '개혁'과 '패러다임 전환'을 주도한다는 건 나무에서 물고기를 잡으려는 격이다. 이들은 흔히 '시장'을 사칭하지만 자본주의 전 역사가 증명하듯이 시장 자체는 스스로 시스템(패러다임)을 전환하지 못한다.

경향신문 / 정태인의 경제시평 / 2018.07.23.

최저임금과 종부세

지난 22일 '재정개혁 특별위원회'가 '공평과세 실현을 위한 종합부동산세제 개편 방향'을 발표했다. 최저임금에 이어 또 한번 논란이 일어날 터였다. 2018년 최저임금 인상은 저임 노동자 552만명이 대상이지만 종부세는 최상위 자산가(2016년 기준 27만4000명)를 겨냥한다. 대기업 총수는 물론 고위 공무원, 국회의원 상당수, 그리고 고위직 언론인, 경제학자 상당수가 여기에 포함될 테니 훨씬 더 시끄러울 것이 뻔했다. 그런데 의외로 잠잠하다. 한마디로 '생색만 낼 테니 부자 여러분 안심하세요'가 위원회 발표의 요지였기 때문이다.

뭐가 두려운지 기획재정부는 다음 날 친절한 설명까지 덧붙였다. 가장 강력한 제3안(공정시장가액의 현실화와 동시에 세율 인상)을 따르더라도 30억원 주택 소유자가 내년에 추가로 부담할 세금은 174만원에 불과하다고 호소했다(20억원짜리는 약 55만원 인상). 10년 전인 2008년 9월23일 기재부는 20억원짜리 주택의 종부세를 약 1000만원(800만~1300만원) 깎아줬다. 주먹구구로 계산해도 10년 동안 1억원 넘는 혜택을 봤으니 이 정도 증세는 눈감아 달라는 얘기다. 30% 지지율의 대통령이 우여곡절을 겪으면서 겨우 만든 종부세는 80% 지지율의 대통령하에서도 여전히 빈사 상태다.

최저임금 정책도 통상임금의 정의를 혼란스럽게 만들면서까지 한발 물러섰다. 주지하다시피 최저임금 인상은 소득주도성장 정책 중 하나이다. 시장에서의 분배를 개선해서, 중하층의 소비를 늘리려는 이 정책은 여간해선 실행하기 어렵다. 정부가 함부로 가격에 손을 대서는 안되기 때문이다(또는 그렇게 믿기 때문이다). 기실 정부의 개입 수준은 시장을 구성하는 집단 간의 역관계에 달려 있다. 경제학 교과 안에서, 그러므로 경제학자들의 머릿속에서 시장은 상이한 생산요소 소유자들 간의 자유롭고 평등한 교환에 의해 움직인다. 하지만 현실은 전혀 그렇지 않다. 시장에는 수많은 권력관계가 존재한다. 일반적으로 자본가는 노동자보다 강력하고, 건물주는 세입자를 좌지우지하며 재벌은 하청기업을 짓누를 수 있다. 임금, 임대료, 하청단가와 같은 가격은 이런 세력관계 속에서 결정된다.

만일 우리 사회의 약자 집단이 힘을 기른다면 시장에서의 분배는 지금보다 더 평등해질 것이다. 그런 조건에서는 정부가 직접 시장에 개입할 필요가 없다. 예컨대 북유럽에서는 최저임금 제도 자체가 없었고, 에밀리아 로마냐 지방의 영세기업들은 하청단가를 전혀 걱정하지 않는다. 이런 가격이 매번의 사투 속에서 결정되는 것이 아니라 적당한 범위의 규범 안에서 합의된다면 사회는 안정될 테고 이럴 때의 가격이야말로 '균형가격'이라는 이름에 값한다.

현재의 상황에서는 정부, 그리고 시민사회가 노동자, 세입자, 하청기업들의 세력화를 도와야 한다. 노동조합 강화나 직용률 확대, 세입사의 권리를 보호하는 법률 제정과 조직화 지원, 공동 하청단가 교섭 등이 그런 제도이다. 루스벨트 뉴딜개혁의 핵심이 바로 이것이다. 요컨대 최저임금 정책의 부담을 줄이려면 사회 집단의 힘을 강화하면 된다.

반면 종부세는 2016년 주택 소유자 1331만명 중 2.1%에만 부과된 세금이다. 위의 얘기들이 유량(flow)의 가격을 결정하는 문제였다면 종부세는 저량(stock)의 가격과 수요에 영향을 미치고, 나아가서 한국 경제의 중장기적 운명을 좌지우지할 만한 정책이다.

한국의 부동산 자산 총액은 2016년 1경713조원이며 2006년에 비해 75.4% 올랐다. 부동산 수익률이 여느 나라처럼 5%라면 여기에서만 500조원의 자산소득이 발생하는 것, 즉 상당부분 누군가의 월급에서 지출되는 것이다. 그런데 2015년 기준 보유세 부담률은 0.15%로 OECD 13개국 평균 0.33%의 절반도 안되며 캐나다의 0.87%와는 너무나 멀다. 즉 우리의 세금제도는 자산불평등을 한껏 부추기고 있다. 돈만 있으면 땅 짚고 헤엄칠 수 있는데 왜 골치 아프고 위험한 혁신에 힘을 쏟으랴. 너도 나도 부동산에 목을 매단다.

그 결과 한국은 이미 세계에서 가장 짧은 기간에 가장 불평등한(순자산/소득, 피케티의 β에 비춰) 나라가 됐고 성장률도 떨어지고 있다. 물론 종부세만으로 모든 문제를 해결할 수는 없지만 소득불평등 문제에서 최저임금제도가 그러했듯이 종부세(또는 국토보유세)는 자산 불평등 해소의 첫걸음이다.

지지율 80%의 대통령도 못한다면 지난 20여년간의 이 '압축 불평등' 경향을 역전시킬 수 있는 정권이 어디 또 있으랴. 무엇을 두려워하는 걸까? 자산 불평등의 현실에 대한 잘못된 인식이나 '종부세 트라우마'와 같은 역사 해석의 오류, 그리고 재선 가능성과 같은 단기 정치적 이익이 이 중차대한 역사적 과제를 외면하게 만들고 있는 건 혹시 아닐까?

경향신문 / 정태인의 경제시평 / 2018.06.25.

무소의 뿔처럼, 촛불의 힘을 믿고…

1주일을 끙끙 앓았지만 아직도 감기 바이러스가 내 몸 안에서 활개를 치고 있다. 출근길에 휴대전화를 오랜만에 열었더니 "오늘 경향신문 마감일입니다. 빠른 원고 송고 부탁드립니다"라는 메시지가 뜬다. 고열과 근육통 속에서 머리를 헤집던 새해 기도, 그러니까 희망사항을 털어 놓을밖에….

문재인 정부는 2중의 위기 속에서 출발했지만 경제 쪽은 반도체 수출의 급증으로, 안보 쪽은 사드 문제의 기적적(그러나 임시의) 해결로 활로를 찾았다. 길은 열렸지만 앞날은 여전히 막막하다. 세계경제가 전반적으로 회복세를 띠고 있지만 미국발 "미친 사람"(트럼프)의 보호주의 압력이 세차고 반도체 경기란 기껏해야 2년을 넘기지 못한다. 연이은 북한의 도발에 미국 대통령은 "화염과 분노"로 응답했고, 북한의 지도자는 기어코 핵전력의 완성을 선언했다. 물론 지난해 봄부터 시작된 양자의 거친 신호 보내기는, 그만큼 신뢰할 수 없어서 오히려 대화의 개시를 예고하고 있었다. 하지만 전쟁, 적어도 전투는 우연한 계기로 터질 수 있다는 사실을 역사는 반복해서 보여주었기에 언제까지 살얼음판을 걸어야 할지 모르는 상황이었다.

작년 12월 27일 정부는 금년 경제성장률이 3%에 이를 것이라고 발표했다. 세계경제의 예상 성장률이 3.7%이고 무역이 확대되고 있으며, 2016년 2.8%, 2017년 3.2%의 성장을 했으니 그리 튀는 수치는 아니다. 하지만 내용을 들여다보면 어떻게 이런 수치가 나왔는지 의아해진다. 작년도 성장을 이끌었던 설비투자는 14.1%에서 3.3%로, 건설투자는 7.6%에서 0.8%로 증가율이 줄어든다. 수출 증가율 역시 15.8%에서 4.0%로 줄어들고 경상흑자도 20억달러 감소한다. 오로지 민간소비만 2.4%에서 2.8%로 증가하는데 현재의 가계부채를 고려하면 이 또한 별로 믿음직스럽지 않다.

정부의 소득주도성장 정책으로 중하위층의 소득이 상당 폭 증가한다 하더라도 많은 부분이 원리금 상환에 쓰이고 또 임대료 등으로 즉각 상층으로 이전될 것이기 때문이다. 현재 정부가 발표한 수치를 주먹구구로 작년의 실적과 비교해 보면 2% 정도의 실질 성장률밖에 나오지 않는다. 실제로 경상(명목) GDP는 5.7%에서 4.8%로 성장률이 1% 정도 떨어지는 것으로 발표됐다. 결국 물가상승률을 1% 정도 낮춰서 실질로는 거의 비슷한 성장률을 달성하겠다는 것으로 이해할 수밖에 없다.

하여 금년 중에 정부는 아주 어려운 결정을 내려야 할 것이다. 재계와 언론, 그리고 관료들은 짐짓 고용을 내세워 부동산 경기를 일으켜야 한다고, 기술혁신을 위해 규제완화를 해서 성장률을 올려야 한다고 목소리를 높일 것이다. 이런 정책을 답습한다면 불평등은 더욱 확대되고 장기 성장률은 더 떨어질 것이다. 확실한 대안은 정부가 재정지출을 늘리는 것이다. 특히 녹색인프라, 정보통신 인프라 등 무엇을 해야 하는지 방향이 정해져 있고 기업들의 투자를 유발할 수 있는 부문에 과감하게 투자해야 한다.

김정은 위원장의 신년사는 새해 최고의 선물이었다. 그는 평창 올림픽에 대표단을 파견할 용의가 있으며 올해를 남북관계 개선의 "사변적인 해"로 만들자고 제안했다. 냉정하게 말해 현재 상황에서 "비핵화"를 전제로 해서는 어떠한 대화도 시작할 수 없다. 자신의 생존을 보장할 수 있는 핵억제력 완성을 선언한 북한과, 예방전쟁까지 거론하면서 "선 비핵화"를 요구하는 미국 중 어느 쪽도 대화 개시를 위해서 한 발짝 뒤로 물러서기 어렵다. 이런 상황에서 김 위원장의 제안은 한반도 위기 해소의 활로를 열었다.

미·중의 대립 구도와 북·미의 치킨게임 사이에서 발 디딜 틈이 없었던 문재인 정부에 천재일우의 기회가 왔다. "두고 보자"던 트럼프 대통령도 군사훈련의 연기에 찬성했고 중국은 물론 대환영을 표시했다.

북한은 이미 중국식 개혁·개방의 길로 들어선 것으로 보인다. 하지만 핵보유(그에 따른 경제제재)와 개혁·개방은 얼음과 불처럼 어울릴 수 없다. 국제교류가 많아지고 이에 따라 경제성장률이 높아질수록 북한은 스스로 핵보유 포기를 고려하게 될 것이다. 핵이 아닌 다른 방식으로 어떻게든 김정은 정권의 안정을 보장해야 한다. 우리의 상상력과 설득력이 절실하다. 물론 보수정당과 언론, 그리고 일부 관료들은 안보 쪽에서도 문재인 정부의 발목을 잡으려 할 것이다.

모든 면에서 과감해야 한다. 예컨대 당장 스키 종목 일부를 북한이 자랑하는 마식령 스키장에서 연다든가, 3월의 패럴림픽을 북한과 공동 개최하는 것은 어떨까?

경제와 안보, 양쪽에서 운명처럼 닥쳐온 천재일우의 기회를 창조적으로 활용해서 한반도의 평화와 번영의 길을 열어야 한다. 무소의 뿔처럼, 촛불의 힘을 믿고….

경향신문 / 정태인의 경제시평 / 2018.01.08.

조금 더 과감한 개혁을

"초기에 조금 더 과감한 개혁을 할 걸 그랬어요." 2012년 대선 경쟁이 시작될 즈음, 문재인 민주당 후보가 중진 학자들을 불러 모았다. 내가 들어서면서 "반대파도 왔습니다(한·미 FTA 반대를 이른 말이다)"라고 인사하자 "반대파는 무슨…"이라면서 문 후보가 덧붙인 말이다.

그랬다. 참여정부는 더욱 과감한 개혁을 했어야 했다. 적어도 불평등에 관한 한, 개혁정부나 보수정부나 비슷한 무게의 책임을 져야 한다. 각각 10년씩 양자 모두 피케티의 β값(순자산 총액/국민소득)을 꾸준하게 자본주의 사상 최고 수준(이전의 최고점은 '레미제라블 시대'의 7.5 정도이다), 주요 선진국의 두 배 수준(8.28)까지 부풀렸다.

보통 사람이 근로 소득으로 재산을 모으는 일은 불가능해졌다.

2004년 11월, 고 노무현 대통령은 "양극화가 심해지고 있다"면서 이를 막으려면 아예 정책기조를 바꿔야 하는지, 아니면 정책 보완으로 충분한지 보고서를 올리라고 지시했다. 이정우 당시 정책기획위원장과 내가 정책기조를 바꿔야 한다는 보고서("동반성장의 길")를 만들었지만 "수고했다"는 네 글자와 함께 기각되었다.

문재인 정부가 지난 7월에 발표한 "경제정책 기조"는 정책 패러다임의 전환을 선언했고 나는 "만세"를 불렀다. 무려 13년 만의 일이다. 서민의 소득 증대에 의한 소비 확대와 중소기업을 동력으로 하는 혁신성장은 분명, 과거의 재벌주도 혁신과 부채주도 소비를 뒤엎은 것이다. 개혁방향이 잡힌 것이다. 그러나 '과감'하기도 한 것일까?

지난 7일, 이정우 교수는 경향신문 정동칼럼에서 "촛불혁명으로 탄생한 새 정부가 복지국가를 향한 일대 거보를 내디디라는 것이 촛불민심일

진대 초대기업에 한정한 법인세 인상으로 2조원 증세 전략을 쓰는 것은 너무 안이한 정세 인식이 아닐까?"라며 우려했다.

법인세는 증세 쪽으로 방향이라도 틀었지만 자산보유세(종합부동산세와 재산세)는 아직 손도 대지 않았다. 작년 종부세 수입은 겨우 1조4000억원이었으며 금년도 대동소이할 것이다. 이명박 정부 때 과세 대상과 세율, 누진공제액을 대폭 조정했기 때문이다. 2016년 말 기준 토지자산 총액이 6981조원, 주택시가 총액이 3732조원이며 증가속도도 경제성장률의 두 배에 이른다. 그대로 둔다면 앞으로도 피케티의 β값은 계속 커질 것이고 바로 그만큼 아이들은 절망에 빠질 것이다.

내가 실무총괄을 했던 2005년의 5·4 부동산대책을 그대로 시행했다면 금년도 종합부동산세 실효세율은 1%까지 올랐을 테고 당시 추산으로 30조원가량의 세수를 거뒀을 것이다. 지난 대선 때 이재명 후보는 토지에 대해 국토보유세를 부과하여 15조5000억원의 세금을 더 거둬서 모든 국민에게 1인당 연 30만원의 토지배당을 지급하자고 주장했다(자세한 내용은 전강수·강남훈, '기본소득과 국토보유세', '역사비평', 2017년 가을호를 보라). 어느 쪽이든 좋다. 이미 만들어져 있는 종부세를 손보든지, 아니면 새로운 국토보유세를 조속히 시행해야 한다.

지난 대선 때 심상정 후보는 "사회상속" 공약을 내걸었다. 2015년 기준 상속증여세 5조4000억원을 20세 청년들에게 고루 배분하면 약 1000만원을 사회가 '상속'할 수 있다는 얘기다. 매년 전체 순 자산의 약 100분의 1이 상속증여된다고 가정하면 100조원 남짓이 다음 세대로 넘어간다. 상속증여세의 실효세율이 36.1%나 되는데도 실제 상속증여세가 적은 것은 상속세의 경우 대상자의 2.22%만 세금을 내고 증여세도 10만명이 되지 않기 때문이다. 만일 상속증여세를 현실화한다면 청년들에게 줄 수 있는 '사회상속'은, 예컨대 3000만원이 될 수도 있다.

법인세, 소득세, 부가가치세 등 3대 세목을 모두 손볼 여지가 있지만 자산 관련 증세는 더욱 절실하다. 지금도 시중의 돈은 자산으로, 특히 부동산으로 몰려갈 기회만 노리고 있다. 시세차익과 지대수익률이 월등히 높고 안정적이기 때문이다.

최소한 부동산의 수익률이 다른 자산의 수익률보다 낮아지도록 세율을 올려야 하고 세입자에게 증세분을 전가하지 못하도록 임대료 상승을 규제해야 한다.

진정으로 경제의 패러다임을 바꾸려면, 불평등 심화 경향을 역전시킬 수 있어야 한다. 역사적으로 시장만능정책이 부풀어 올린 불평등을 급격하게(평균 7.5를 2.5로) 바로잡은 사례는 두 번의 전쟁과 한번의 대공황이라는 파국의 시대밖에 없었다. 현재의 불평등 경향을 방치한다면 결국 파국에 이를 것이다. 만일 세계를 감동시킨 촛불의 힘으로 부드럽게, 합의를 통해 이 절망의 행진을 멈추게 한다면 바야흐로 우리는 만방의 존경을 받을 것이다. 5년 전 문 후보의 말대로 초기에 과감하게 개혁을 해야 한다. 불평등 심화와 아이들의 희망은 양립할 수 없다.

경향신문 / 정태인의 경제시평 / 2017.12.11.

"좋은 세상 올 줄 알았는데"

원래는 문재인 대통령의 '시운'을 축복하며 한두 가지의 '기우'만 덧붙이려고 했다. 촛불시민이 6개월 이상 앞당겨 취임하게 만든 대통령을 기다린 것은 발 디딜 곳이 별로 없는 지뢰밭이었다. 지난 9년 동안 한껏 취약해진 경제는 트럼프 대통령의 보호무역주의에 시달려야 했는데, 엎친 데 덮친 격으로 고고도미사일방어체계(사드) 위기까지 불렀으니 앞날이 깜깜했다. 2003년 5월, 노무현 전 대통령은 "권력은 시장으로 넘어갔다"고 선언했다. 경제성장률이 5% 이하로 떨어지자 재벌들에게 투자를 호소한 것이다. 개혁 역시 시운이 따라야 한다. 문재인 대통령의 운명도 그리 달라 보이지 않았다. 아니, 더 나빠 보였다.

그런데 금년 3분기의 경제성장률이 1.4%(작년 동기대비 3.6%)로 급등했다. 지난 1분기부터 반도체, 석유화학을 중심으로 수출이 증가하고 대규모 반도체 설비투자가 잇따랐기 때문이다. 반도체 경기는 무어의 법칙에 따라 1년 내에 사그라들겠지만 선진국 경제가 상당한 회복세를 보이고 있어서 앞으로 1~2년 경제는 꽤 괜찮을 것으로 보인다.

문제는 사드였다. 후보 시기에는 사드 배치를 재고할 것이라고 공언했지만 북한의 도발과 트럼프의 강공으로 대통령은 조기 배치를 선택했다. 한국은행은 이 때문에 금년에 0.4% 정도 GDP가 줄어들 것이라고 예측했다. 중국 정부까지 보복에 나선다면 내년엔 1% 넘는 영향을 미칠 수도 있었다.

그런데 그야말로 기적적으로 한·중이 관계 정상화에 합의했다. 한국 정부는 더 이상 사드를 배치하지 않고, 미국의 아시아 미사일방어(MD)체계에 들어가지 않으며 한·미·일 군사동맹을 맺지 않는다고 약속했다. 두 번째 약속이 문제다. 사드는 미군의 전략자산이며 미국이 운용하는데 우리가 어떻게 MD에서 빼내겠는가? 시진핑 중국 국가주석이 "역사의 시험을 견뎌낼 수 있는 정책 결정을 해야 한다"고 한 것도 이 때문이다.

즉, 내 보기엔 일종의 "집행유예" 상태지만 상황을 봐서 어떻게든 사드 철회에 준하는 조치를 취할 수 있다면 남북관계까지 풀어내는 전화위복이 될 수도 있다.

이제 남은 건 한·미 자유무역협정(FTA) '개정협상'이다. 한·미 FTA 폐기의 권한을 가지고 있는 미국 대통령은 미국 협상팀에 "미치광이" 전략을 쓰라고 지시했다. 전속력으로 두 차가 마주 달려서 핸들을 트는 쪽이 지는 치킨게임의 승자는 언제나 '미치광이'다. 나도 끝까지 직진한다면? 그건 파국이고, 이 협상에서는 한·미 FTA 폐기다.

두 가지를 들여다봐야 한다. 하나는 미국이 핸들을 틀 가능성은 없는가, 또 하나는 한·미 FTA 폐기가 과연 죽음에 이르는 파국인가이다. 양쪽이 '벼랑 끝 전술'을 구사하게 되면 결의(resolve)가 굳은 쪽이 이긴다. 결코 힘센 쪽에 일방적으로 유리하지 않다. GDP로 따지면 600분의 1도 안될 텐데도 미국을 쥐고 흔드는 북한이야말로 '벼랑 끝 전술'의 귀재다. 한국은 국제정치상 미국과 중국 사이의 피벗(pivot) 국가다. 중국이 한발 물러선 것도 아마 그 때문일 테다.

다른 한편 한·미 FTA 폐기는 국민에게 재앙일까? 상품 및 서비스 거래의 규모가 일정하게 위축될 테지만 GDP에 산입되는 경상흑자의 규모가 기준이라면 그건 단정할 수 없다. 반면 투자자 국가 중재제, 네거티브 리스트 방식의 서비스시장 개방 등 국내의 정책에 악영향을 미치는 독소조항들은 사라질 것이다. 이건 축복이다.

최근 발표된 한 여론조사는 "미국이 무리한 요구를 하면 한·미 FTA를 폐기하는 편이 낫다"는 쪽이 더 많다고 밝혔다. 부처님 말씀처럼 "무소의 뿔처럼" 당당해야 한다. 하지만 지난 9일의 한·미 FTA 개정 공청회는 이런 기대에 찬물을 끼얹었다. 서두를 필요가 전혀 없는 우리 정부가 갑자기 10월에 2차 공동위원회 특별회기를 요구하더니 8일 한·미 정상회담 후 청와대와 백악관은 "양 정상은 통상담당 관리들에게 조속히 개선된 협정을 체결하도록 지시했다"고 밝혔다.

이를 충실히 따른 것일까? 인터넷을 통해 단 9일 동안 의견을 접수한 뒤 개최한 공청회는 말 그대로 졸속이었다. '한·미 FTA 개정의 경제적 타당성 검토'라는 10쪽짜리 PPT 발표자료에는 기초 통계를 이리저리 조합한 것만 있을 뿐 실제로 개정협상의 영향을 분석한 것은 딱 표 하나였다. 토론은 진행조차 하지 못했는데도 정부는 통상절차법 7조를 이행했다고 선언했다.

이 자리에서 터져 나온 "정권 바뀌어 좋은 세상 올 줄 알았는데…"라는 농민의 푸념은 당연하다. 현재의 태도를 보나, 통상장관의 이력을 보나 이 협상은 미국 요구의 신속한 이행으로 끝날 것으로 보인다. 불행하게도 이건 그저 기우가 아니다.

경향신문 / 정태인의 경제시평 / 2017.11.13.

소득주도성장, 올바른 토론의 시작

제14회 칼폴라니 국제학회를 지난 12일에서 14일까지 치렀다. 근 30년 만에(2년에 한 번씩 열리므로) 아시아에서 최초로 개최됐다. 우리는 "더 젊게" "더 구체적인 의제를" "아시아인들의 주도로" "학자들뿐 아니라 실천가들과 시민들이 참여하는" 학회를 바랐다. 많은 이들이 "기대 이상으로 훌륭하다"고 평가했고 우리는 애초에 기대수준이 낮았다는 사실을 확인하고 반성했다.

'소득주도성장' '기본소득' '촛불과 이중운동' '아시아의 사회적경제'가 주요 의제였고 열띤 토론이 벌어졌다. 문재인 정부가 경제정책기조로 삼은 소득주도성장은 초미의 관심사였다. 슈탁하머 킹스턴대 교수, 오나란 그리니치대 교수, 이상헌 ILO 사무차장 보좌관 등 국제노동기구(ILO)의 임금주도성장론(wage-led growth)을 정립한 학자들은 한국에서 빚어진 오해를 불식하는 데 총력을 기울였다.

이상헌 박사가 ILO의 잘 정리된 통계를 애써 외면하고 국제통화기금(IMF) 등의 통계와 연구를 인용한 것도 그런 의도였을 테다.

이 박사는 이론과 정책 간의 관계(나는 종종 이론과 정책 사이에는 만리장성이 있다고 표현한다)를 해명하는 데 많은 시간을 쏟아부었다. 경제학의 전통적 성장이론과 국민계정 통계 때문에 자본소득과 노동소득 간의 관계가 부각될 뿐, 실은 지대추구가 만연한 노동소득 내의 불평등, 자본 간의 불평등도 똑같이 중요하다고 주장했다. 따라서 정책 역시 노동시장(노동조합 조직률 및 적용률 제고)뿐 아니라 생산물시장(공정경제), 금융시장(금융규제) 모두를 포괄해야 한다.

이어서 그는 소득주도성장이 케인스주의적 단기 정책일 뿐이라는 비판 또는 오해에 대해 이 이론은 성장의 구조적 한계를 다루는 장기 정책이라는 점을 강조했다. 장기에도 수요가 중요하다는 것은 포스트케인스주의의 핵심 명제이다. 세계적으로는 1970년대 중반 이래, 한국에서는 1990년대 중반 이래 불평등이 심화하면서 동시에 성장률도 지속적으로 떨어졌다는 사실은 바로 그 구조적 한계의 명명백백한 증거이다.

다음으로 소득주도성장이 공급측면을 무시한다는 주장에 대해서는 이 이론 역시 물리적, 인적 자원에 영향을 미치는 혁신과 연구·개발 투자를 중시한다고 반박했고, 투자를 무시한다는 주장에 대해서는 불평등이 심화하는 모든 나라에서 높은 이윤이 투자로 연결되지 않는 이유를 물었다.

여기에는 또 다른 발표자인 조복현 교수의 모델이 제시했듯이 금융화가 핵심적인 역할을 했을 것이다. 기업에 돈이 쌓여도 금융화에 따른 자산 투자에 골몰한다면 성장률은 떨어질 것이다. 수출에 대한 악영향 문제에 관해서 이 박사는 수출경쟁력의 내용을 문제 삼았다. 즉 임금 몫의 상승에 적절한 정책을 결합하면 생산성 향상으로 이어져서 수출도 증가시킬 수 있다는 것이다.

오나란 교수는 이러한 이론적 추론을 치밀한 계량분석으로 뒷받침했다. 한국에서 임금 몫이 1% 떨어질 때 국내총생산(GDP)은 0.1% 감소한다(외환위기 이래 임금 몫이 10% 줄어든 것이 성장률 1%를 깎아먹었다는 이야기다). 그는 임금 몫의 증대가 공공투자와 결합할 때 최선의 결과를 낳는다는 점을 특히 강조했다. 이 공공투자는 사회적 인프라, 즉 복지 인프라뿐 아니라 녹색전환 등 기술혁신에 대한 투자를 포함한다. 또한 임금 몫의 상승이 수출에 약간의 악영향을 미칠 수는 있지만 내수 증가의 이익이 이를 능가한다는 결과도 제시했다.

우니 교수(교토대)의 발표는 나에게 가장 흥미로웠다. 그는 아베노믹스의 경험을 통해 수출주도경제가 소득주도경제로 전환할 때 겪을 어려움을 제시했다. 그는 동아시아의 수출주도 경제가 자국 통화의 절하 경쟁, 임금 상승 억제, 비교역재 부문의 낮은 생산성을 전제로 성과를 거뒀는데 이제 세 요소 모두 한계에 다다랐다고 진단했다. 대안은 동아시아 나라들 공동의 환율 관리, 임금 상승을 위한 비정규직 노동조합의 조직, 그리고 비정규직의 노동시간 단축과 임금 인상에 의한 생산성 향상이 관건이라고 주장했다. 모두 만만치 않은 과제다. 특히 뒤의 두 과제는 노동계의 결의와 실천 없이는 달성할 수 없다. 소득주도성장의 성패는 민주노총에 달려 있다고 해도 과언이 아닌 것이다.

IMF와 같은 보수적 국제기구도 불평등이 성장을 저해한다는 사실에 동의한다. 하지만 피케티가 보여주었듯이 역사적으로 이런 불평등을 시정하는 데 성공한 전후 황금기는 세계전쟁과 대공황의 결과였다. 과연 이러한 파국 없이 부드럽게 전환할 수는 없는 걸까? 만일 어떤 나라가 사회적 합의와 정부 정책을 통해 이 일을 해낼 수 있다면 두말할 나위 없이 전 세계의 모범이 될 것이다. 모든 발표자들이 대한민국에 희망을 걸고 있는 것도 바로 이 때문이다.

경향신문 / 정태인의 경제시평 / 2017.10.16.

문재인 정부 경제정책 살펴봤더니…

문재인 정부의 '경제정책 방향'은 수요 측면에서는 포스트케인스주의(소득주도 성장), 공급 측면에서는 네오슘페터주의(혁신성장) 기조인데, 부딪치지 않고 부드럽게 결합되었다.

지난 7월 25일 문재인 정부의 '경제정책 방향'이 발표됐다. 부제가 '경제 패러다임의 전환'인데, 내 기억으로 '패러다임 전환'을 내세운 건 녹색 성장을 주장한 이명박 정부 이래 처음이다.

정부는 현재의 경제 상황을 '저성장·고착화·양극화 심화'의 '구조적·복합적 위기 상황'으로 파악했다. 답은 "경제성장을 수요 측면에서는 일자리 중심·소득주도 성장, 공급 측면에서는 혁신성장의 쌍끌이 방식으로 전환"하여 "분배·성장이 선순환을 이루는 사람 중심 지속성장 경제(를) 구현"하는 것이다.

결론부터 말하자면 '만세'다. '문재인 후보를 지지하는 1만 명의 경제학자'가 도대체 어떤 정책을 만들 것인가? 필경 90% 이상 시장 만능의 정책 기조를 지지할 텐데…. 하지만 그동안의 인선이나 이번에 발표한 정책 방향은 그런 '기우'를 말끔히 걷어냈다.

굳이 경제 이론으로 말하자면 이번 발표는 수요 측면에서는 확실히 포스트케인스주의(소득주도 성장)이고, 공급 측면에서는 절반 정도 네오슘페터주의(혁신성장의 일부)이다. 자칫 노동시장 개혁으로 치달을 뻔한 '일자리 중심 경제'도 고용친화적 시스템 구축(일자리 지원 세제 3대 패키지 등 고용 유인이 주 내용), 노동시장 제도·관행 개선(규제 완화 대신 비정규직 감축 및 차별 철폐), 적극적 노동시장 정책 등 케인스주의적 복지국가를 지향했다.

더 밝은 희망은 혁신성장 분야에 비치고 있다. 역대 정부 이래 '신성장 동력' 또는 '새로운 먹을거리'로 불린 이 주제는 대기업에 대한 규제 완화로 가득 차 있었다. 하지만 이번엔 달랐다. 첫 번째 항목으로 "협력·혁신 생태계 구축을 통해 중소기업의 성장동력화 촉진"이 들어 있을 뿐 아니라 정부의 지원 대상은 개별 기업이 아니라 '인프라·협력 생태계'이다. 즉 중소기업 네트워크 또는 클러스터를 추진하겠다는 얘기다. 지역별·산업별 클러스터를 핵심으로 하는 네오슘페터주의 '혁신 체제'가 등장한 것이다.

정부·여당의 개혁 세력, 특히 청와대의 개혁 세력에게 아낌없는 박수를 보낸다. 서로 부딪칠 게 틀림없는 기조들을 소득주도 성장 중심으로 부드럽게 결합했기 때문이다. 출발점만 비교해본다면 참여정부의 정책 기조는 이렇게 뚜렷하지 않았고, 이 발표와 아주 유사했던 2004년 말 대통령 보고서는 대통령 스스로 기각한 바 있다.

첫발을 잘 내디뎠지만 실제로 정책의 수행은 또 다른 가시밭길을 걷는 일이다. 우선 가계소득이 성장의 원동력이 되려면 시간이 걸린다는 사실을 명심해야 한다. 특히 한국처럼 가계부채가 많은 나라의 경우 소득이 늘어난다 하더라도 빚을 갚는 데 들어가기 십상이다. 최근 가계저축률이 높아진 것도 그 때문이다.

다음으로 앞에서 격찬한 중소기업 네트워크는 아주 오랜 시간이 지나야 형성되고 세계적으로 성공이라고 할 만한 사례도 그리 많지 않다는 점을 염두에 두어야 한다. 늦어도 3년차쯤에는 온갖 비판이 쏟아질 가능성이 매우 높다는 얘기다.

세계 1위 수준인 자산 불평등 개선 대책도 필요

이에 대한 대책은 정부의 혁신 투자에 있다. 신기루 같은 4차 산업혁명(역대 정부에선 4T, 6T처럼 기술 분야를 적시했다)이 아니라 이미 발표문에 일부 포함된 '녹색 전환'에 공공투자를 집중하는 것이다. 요즘 경제학계의 세계적 스타로 떠오른 마리아나 마추카토의 표현을 빌리자면 녹색 기술혁신 쪽으로 "운동장을 기울여야 한다". 화석연료의 사용 없이 한순간도 돌아갈 수 없는 현재의 경제체제를 바꾸려면 말 그대로 폴라니의 '거대한 전환'이 필요하다. 에너지의 생산과 배분은 물론이고 모든 교통 시스템, 주거 방식을 다 바꿔야 한다. 이 방향은 누구도 부정할 수 없으며 그 실행에는 기업은 물론 시민의 적극적 실천이 필요하다.

부동산 등 자산 정책이 오직 '리스크 관리' 항목에만 등장한 점은 못내 아쉽다. 한국의 자산 불평등은 이미 세계 1위 수준으로 가계소득 증가분을 모두 흡수해버릴 수 있다. 더구나 대외적으로 사드와 한·미 FTA '개정' 문제에 이르면 깊은 한숨이 새어나온다. 두 문제는 크나큰 정책 기조의 문제라서 관료들이 적당히 관리할 수 있는 대상이다. 내 걱정이 또 한번 '기우'로 판명 나기를 빈다. 문재인 정부는 '촛불 정부'여야 한다.

시사인 / 516호 / 2017.08.07.

최저임금 타령

헌법 제32조 제1항 제2문은 "국가는 사회적·경제적 방법으로 근로자의 고용의 증진과 적정임금의 보장에 노력하여야 하며, 법률이 정하는 바에 의하여 최저임금제를 시행하여야 한다"고 선언했다. 또 최저임금법은 "저임금근로자의 생활안정을 도모하여 (…) 국민경제의 건전한 발전에 이바지하려는 것"이라고 법 제정의 목적을 밝히고 있다. 적어도 형식적으로 최저임금에 대한 우리 사회의 합의이다.

2018년 최저임금이 2017년의 6470원에 견줘 16.4% 올랐다. 최저임금의 소득효과는 확실하다. 사회적 합의를 우리가 지킨다면 최저임금 적용 대상 노동자 약 200만명의 임금이 시간당 총 21억6000만원 오를 테니 말이다. 8시간 노동, 한 달이면 4000억원에 이른다.

경제성장률의 5배가 넘는 임금 인상이 고용에 미치는 영향은 어떨까? 경제원론에 나오는 수요공급 법칙에 따르면 고용이 대폭 줄어 오히려 노동자들의 수입이 줄어들 것 같기도 하다(노동공급의 가격탄력성). 아니나 다를까, 중소기업과 영세 자영업자들을 우려하는 분들이 들고일어났다. 이렇게 많은 경제학자들과 기업 단체들이 진작 중소기업과 자영업을 위했다면 현재는 중소기업의 천국이 되었을 것이다. 능히 짐작된 일, 2004년 주 5일제 근무가 시작될 때도 마찬가지였다.

하지만 촛불의 주역 중 하나였던 유학파 40대 지식인들이 자못 날카롭게 예의 수급법칙을 변주해서 SNS상의 관심을 모으더니 급기야 박근혜·최순실 청문회에서 직설로 세상을 후련하게 했던 민주당의 이론가도 이 정책을 정면으로 비판하고 나섰다.

과연 최저임금의 정책 효과는 어떻게 나타날까? 한국에서 최저임금이 고용에 미치는 효과에 관해 연구한 논문은 그리 많지 않지만 대체로 최저임금 인상이 고용에 유의미한 영향을 미치지 않았다는 결론을 내리고 있다. 전 세계의 연구를 모아 놔도 압도적으로 많은 논문은 고용에 별 영향을 미치지 않는다는 결론을 내렸다.

왜? 첫째, 편의점이나 커피 전문점에서 아르바이트하는 대학생들이 최저임금 16.4% 올랐으니 경제학의 노동공급곡선을 따라 돈 더 벌려고 노동시간을 늘릴까? 그 반대로 등록금과 월세를 더 적은 시간에 확보할 수 있으니 노동시간을 줄여서 남는 시간에 공부를 더 할까? 이들은 임금이 대폭 오르면 노동시간을 줄여서 다른 사람들의 일자리를 만들어 낼지도 모른다.

둘째, 분명 영세 자영업자들은 확실히 고민에 빠질 텐데 혹시 영업시간을 줄이는 쪽으로 대응하고 싶지는 않을까? 한국의 24시간 영업은 경제학 논리로는 성립할 수 없다. 심야시간에 해장국 몇 그릇, 잡화 몇 개를 더 팔아야 아르바이트 학생이 월급을 주고도 수익을 올릴 수 있을까? 분명 손해일 텐데도 그런 행동을 한다면 필시 자유로운 선택을 한 게 아니다. 이런 반경세적 일을 원하는 사람은 오직 하부의 전체 매출액에 따라 자신의 이익이 결정되는 집단일 테다. 맞다. 프랜차이저, 즉 갑들이 바로 그들이다.

셋째, 짐짓 거시경제를 걱정하지 마시라. 영업시간을 8시간으로 줄인다고 소비재 판매가 3분의 1로 줄지는 않는다. 줄어든다 해도 소폭일 것이다. 개인과 사회 모두에 바람직하지 못한 일이 경쟁적으로 행해지고 있다면 그건 죄수의 딜레마에 빠졌다는 증거다. 나 혼자 영업시간을 줄일 수는 없지 않은가? 이 때문에 바로 국가, 아니 시민이 국가의 이름으로 개입해야 한다. 최저임금 인상이 최우선의 정책이라면 영업시간 단축은 이를 보완할 또 하나의 정책이다. 후자는 그저 편의점주 등 프랜차이지와 제조업 분야 하청업체, 한마디로 을들의 단결권만 보장해도 해결될 일이다.

모두 행복해질 수 있다. '시도 때도 없이' 물건을 사고 음식을 먹는 데는 확실히 불편해질 것이다. 규칙적으로 제 시간에 먹고, 또 사면 그만이다. 서로를 고려하는 사회규범이 확립되면 굳이 매년 최저임금을 발표하지 않아도 된다. 음식점 매상은 오히려 늘어날지도 모른다. 최저임금 인상으로 여유가 조금 생긴 분들이야말로 영세자영업의 단골이기 때문이다. 실제로 우리나라에서는 2002년과 2006년에 최저임금이 이번과 비슷하게 16.8%, 13.1% 올랐는데 그 다음 몇 해 동안 아무 일도 벌어지지 않았다.

어느 누구도 최저임금 인상이 만병통치약이라고 하지 않았다. 하지만 재분배 이전에, 시장에서 임금 몫이 올라야 한다고 주장하는 학자 중에 최저임금을 첫 번째로 꼽지 않는 학자도 없다. 정부가 직접 개입할 수 있는 몇 안되는 통로이기 때문이다. 최저임금은 내수의 증가가 생산과 투자를 촉발하는 첫 단계일 뿐이다. 예컨대 녹색 인프라를 구축하는 대대적 투자 계획 없이 소비촉진만으로 경제를 살릴 수는 없다.

경향신문 / 정태인의 경제시평 / 2017.07.24.

기대 반, '기우' 반

경제민주화와 시장 분배의 개선은 절체절명의 과제이다. 하지만 자본소득, 특히 부동산 소득을 억제하는 것 또한 정부가 시급히 해결해야할 일이다.

며칠 전 김동연 경제부총리, 장하성 청와대 정책실장, 김상조 공정거래위원장이 환하게 웃으며 손을 맞잡았다. 오랫동안 소액주주운동을 같이 이끌어온 장하성 실장과 김상조 위원장은 말할 나위도 없고, 김동연 부총리의 이력이나 발언으로 봐도 세 사람은 말 그대로 조화를 이룰 수 있을 듯하다. 15년 전 참여정부 시절, 사진으로는 화합이었을지 모르나 이헌재 당시부총리와 이정우 정책실장 사이에는 상당한 갈등이 있었다. 특히 종합부동산세를 둘러싼 공방은 외부로 드러났고 당시 언론들은 이 실장에게 '세금폭탄'이라는 십자포화를 퍼부었다.

금융위원장이 정해지지 않은 현재로서는, 언론 보도대로 이 세 사람이 한국의 경제를 이끌어간다고 해도 과언이 아니다. 적어도 세 사람은 소득주도 성장론에 합의했다. 1980년대 말께 재벌에 의한 하청구조가 완성된 뒤 산업 간 불평등이 심해졌고, 이에 상응해서 대기업 노동자와 중소기업 노동자 간, 정규직과 비정규직 간 임금 격차가 날로 벌어졌다. 만일 모기업 안에 쌓여 있는 현금 유보금의 일부라도 하청기업이나 일선 편의점에 돌아갈 수 있다면 임금 불평등을 상당 부분 해결할 수 있을 것이다. 재벌과 보수 언론, 그리고 관료들 내부의 저항을 넘어 '삼총사'가 국민의 힘으로 문제 해결의 실마리를 풀어낸다면 우리는 이들을 길이 칭송할 수 있으리라.

하지만 안타깝게도 이들은 소득주도 성장의 또 다른 측면에 관해서는 별로 관심이 없는 듯하다. 포스트케인지언의 소득주도 성장론이 주목하는 최우선 지표는 노동분배율이다. 새로 잉여가치가 창출됐을 때 그중 노동자에게 돌아가는 몫(국민소득계정의 피용자 보수)을 빼면 나머지는 자본가(정확히 말하면 모든 종류의 자산가)에게 돌아가는 몫이다. 이 노동소득분배율(자영업자의 노동소득을 고려한 분배율)은 지난 20년간 계속 떨어졌고 그 결과 소비가 GDP에서 차지하는 비중이 50% 정도밖에 안 되는, 선진 경제에서는 도저히 찾을 수 없는 기묘한 경제가 탄생했다. 그러므로 재분배가 아닌 분배에서부터, 즉 시장에서 임금 몫이 커져야 한다는 장하성 실장 등의 주장은 소득주도 성장론의 본령이다. 재벌 개혁과 갑질의 근절, 즉 경제민주화를 실천해서 중소기업이나 편의점에 고용된 하층 노동자의 몫을 더 늘려야 한다는 것도 지극히 옳다.

하지만 세 사람은 자본 몫 중에서, 특히 비생산적 자산(부동산)의 몫에 관해서는 별 관심이 없다. 특히 장하성 실장은 과거에 쓴 책에서 한국의 자산수익률이 낮다거나 재산소득 비중이 적기 때문에 자본소득에는 별 문제가 없다는 인식을 가지고 있는데, 이는 그저 통계에 대한 오해에서 비롯된 주장일 뿐이다. 만일 이런 인식 때문에 부동산 대책을 소홀히 한다면, 예컨대 차관들이 발표한 6·19 대책이 미흡했던 이유가 거기에 있다면 문재인 정부의 앞날에는 짙은 구름이 덮칠 것이다. 국민의 절반이 과도한 임차료 때문에 한숨을 쉬고, 집을 사느라 빚을 내고 그 빚을 갚느라 소비를 줄이는데 어찌 문제가 없겠는가? 부동산 가격이 장기적으로 서서히 떨어지지 않으면(속도가 문제 되는 것은 금융위기의 가능성 때문이다) 애써 이룬 임금 상승 효과도 허공으로 날아가고 말 것이다.

부동산 대책 소홀히 하면 새 정부 앞날에 먹구름 덮칠 수도

또한 세 사람 중 김동연 부총리만 투자에 관한 이야기를 했는데, 그 말만 놓고 본다면 지난 20년간 주야장천 기획재정부가 외친 규제 완화와 서비스업 육성, 그리고 박근혜 정부의 창조경제론을 벗어나지 못한다. 이는 경제부처에 고착된 낡은 관념일 뿐이다. 국가는 시장의 교정을 넘어, 때에 따라 시장 창출도 해야 한다. 특히 새로운 산업, 예컨대 생태경제의 인프라를 까는 일은 동서고금을 막론하고 오로지 정부가 했다. 제아무리 모험자본이라도 인프라에 투자하지는 않기 때문이다. 또 중소기업과 사회적 경제의 네트워크라는 인프라(공유자원)를 만들어내는 것도 정부가 할 일이다.

경제민주화와 시장 분배의 개선은 절체절명의 과제이다. 하지만 소득주도 성장론의 다른 측면인 자본소득, 특히 부동산 소득을 억제하는 것 또한 정부가 시급히 해결해야 할 일이다. 또한 정부가 적극적으로 인프라 투자를 하는 것 역시 미래를 위해 지금 해야 할 일이다. 행정부의 조각도 끝나지 않은 시점에서 이런 '기우'를 주저리 늘어놓는 건 이 정부가 세계가 주목하는 촛불혁명을 완성시키는 데 기필코 성공해야 하기 때문이다.

시사인 / 511호 / 2017.07.06.

촛불의 힘에만 기대어 개혁할 수 있을까?

2004년 탄핵이 기각된 후 노무현 전 대통령은 개혁에 박차를 가했다. 여대야소라 개혁의 적기였다. 하지만 1년여 뒤 재벌 · 관료 · 보수 언론이 좋아할 '신자유주의 대개혁'의 길을 갔다.

"피청구인 대통령 박근혜를 파면한다." 2017년 3월 10일 오전 11시 21분 사무실 안팎에서 "와!" 함성이 솟구쳤다. 만에 하나를 걱정하던 나도 가슴을 쓸어내렸다. 하지만 뛸 듯한 기쁨은 없었다. "이제부터 정말 시작"이라는 다짐도, 어쩌면 내 스스로를 윽박지르는 것뿐이라는 예단 때문이었을까? 아니, 내 우울은 한참 전부터 시작되었다.

지난해 11월이 되면서 나는 2004년 촛불 얘기를 꺼냈다. 나이 지긋한 분이라면 누구나 1987년의 과오를 되풀이하지 말자는 얘기를 한다. 물론 5월에 접어들면 접전 양상을 보일지도 모르겠지만 2007년 대선보다 훨씬 큰 차이로 야권 후보가 이길 것이 확실하다. 그래서 2004년이다. 고 노무현 전 대통령이 말도 안 되는 이유로 탄핵을 당했다가 기각된 날, 그가 차에서 내려 청와대 본관으로 걸어 들어오던 그 장면을 나는 기억한다. 나는 '동북아 비서관'이었다. "이제 개혁 한번 해보재이!" 지금도 쟁쟁한 그 목소리.

대통령 인기는 치솟았고 국회도 여대야소였으니 개혁의 적기였다. 하지만 1년여가 지난 뒤 대통령은 느닷없이 대연정을 들고 나와 좌절한 뒤, 그해 가을 한 · 미 FTA를 결심했다. 재벌, 관료, 보수 언론이 모두 찬성할 만한 '신자유주의 대개혁'이라고나 할까?

2005년 경주 공동선언과 그해 9월 19일의 베이징 공동성명으로 한껏 고조됐던 '평화와 번영의 동북아'는, 참여정부가 미국의 대중국 군사적 포위망(전략적 유연성)과 경제적 포위망(한·미 FTA)에 전격 합류함으로써 산산조각이 났다.

1990년대 중반부터 세계에서 제일 빠른 속도로 진행된 양극화와 불평등의 심화로 '무능하다'고 찍힌 민주파는 정권을 잃었고 뒤이은 9년여의 보수파 집권 결과는 참담, 또 참담하다. 두 번의 남북정상회담을 통해, 한때 평화통일도 가능한 게 아닌가, 꿈을 꾼 시절이 있었지만 이제 동북아는 일촉즉발의 상황이다. 그래도 4~5%를 유지하던 성장률은 올해 2%에 턱걸이하기도 힘들다. 중국은 사드 배치 때문에 경제 보복을 하고, 미국은 한국의 무역흑자를 빌미로 경제 보복을 다짐하고 있다. 경제 위기와 안보 위기가 겹쳤고, 그 강도는 현대사에서는 유례를 찾을 수 없다.

또다시 촛불이 "이제 개혁 한번 해보재이" 상황을 만들었지만 유력 대선 후보들은, 심지어 진보 후보까지도 모든 문제의 원인인 사드를 입에 올리려 하지 않고 트럼프의 압력에도 뚜렷한 대책을 내놓지 않는다. 심지어 '신자유주의 대개혁'을 촉발한 인사를 캠프에 영입하고 내친김에 박근혜의 '줄푸세' 창안자와 악수하며 함박웃음을 짓는다. 고 노무현 전 대통령만 한 비전도 배포도 없는 분들이 오로지 촛불의 힘에 기대어 위기를 돌파할 수 있을까? 입으로는 개혁을 외치지만 참여정부가 그랬듯이 좌절과 좌절을 거듭하면, 기득권이 원하는 쪽으로 가는 게 유일한 길이라고 생각하게 되지 않을까? 한 후보는 아예 처음부터 재벌과 관료, 보수 언론이 제시하는 길로 가겠다고 선언한 마당이다.

11년 전보다 동아시아 공동체는 훨씬 더 절실해졌다. 미국과 중국의 대립이 현실화된 지금, '동북아 균형자'는 더욱 절실하다. 아니, 이제 미국과 중국에 동시 압력을 받는 모든 나라가 '동아시아 균형 지대'를 만들어야 한다. 당장 트럼프의 환율 압력에 대해서도 동아시아의 공동 대응이 필요하다. 외교안보 쪽에서도 동아시아에서 맞붙고 있는 미·중 군사대결을 완화하기 위해서는 동아시아의 공동대응, 궁극적으로 안보 공동체가 절실하다. 미국의 동북아 개입에 빌미를 계속 제공하는 북핵 문제 역시 동아시아가 힘을 모아야 할 일이다.

좌절과 좌절을 거듭하면, 기득권이 원하는 길로 간다

때마침 트럼프가 환태평양경제동반자협정(TPP) 협상을 중단해 배 위에 둘둘 말린 그물 꼴이 되었으니 한동안 경제적 포위망을 치기는 어려울 것이다. 사드 배치가 대중국 군사적 포위망의 신호탄이 되어서는 안 된다. 기실 사드에 관한 협상의 여지는 넓고 그 결과로 우리가 얻을 것도 무궁무진하다. 이미 현실이 된 상황에서 '전략적 모호성'을 들고 나오는 건 국제정치의 기초도 모르는 바보의 헛소리이고, 더구나 한·미 동맹 운운하는 건 얼마나 역사적 지각이 없는지 증명할 뿐이다.

2004년 촛불의 교훈은 '개혁적' 대통령이라도 힘들고 지치면 오히려 개혁 대상의 편을 들 수 있고, 그 후유증이 훨씬 더 심각하다는 것이다. 지금 우리와 우리 아이들이 고통스러운 원인과 대책을 끝없이 광장에서 소리쳐야 한다. 그럴 때만 어리숙한 지도자도 역사의 편에 설 수밖에 없다.

시사인 / 497호 / 2017.03.31.

촛불이 곧 대통령 인수위원회다

다음 대통령은 인수위 기간도 없이 바로 정부를 출범시켜야 한다. 누가 대통령이 되든, 어느 당이 집권하든 꼭 실천해야 할 정책을 정리해 둘 필요가 있다.

매년 이맘때면 내년도 경제성장률 예측이 쏟아진다. 정부 3.0%, 한국은행 2.8%, 국회 예산정책처 2.7%, 한국개발연구원(KDI) 2.4%다. 민간의 전망은 더 비관적이어서 2.6%(금융연구원)에서 2.2%(LG경제연구원) 사이에 있다. 국제기관의 전망 역시 '잔뜩 흐림'이다. 국제통화기금(IMF)만 3.0%로 예측했을 뿐, 경제협력개발기구(OECD)는 2.6%, 모건스탠리는 2.3%, 노무라증권은 너 낮은 1.5%를 세시했나.

2015년 12월 정부의 2016년 경제성장률 전망치는 3.1%였는데 지금까지 추세로 봐선 2.6% 언저리에 머물 것으로 보인다. 즉 연례행사처럼 이번에도 0.5%포인트 정도 틀렸는데 그나마 성장도 내용이 매우 부실하다. 설비투자가 -3.7%인 가운데 10.1%의 성장률을 보인 건설투자가 성장의 대부분을 차지했다. 정부가 '빚내서 집 사라'고 부추겨 주택경기를 일으킨 결과, 가계부채가 1300조원에 이르렀다. 부채 증가율이 소득 증가율의 세 배 가까이 치솟았다는 사실은 앞날을 더욱 어둡게 한다.

KDI의 내년 경제 전망을 뜯어보면 2.4%라는 수치마저 그리 녹록하지 않다는 사실을 알 수 있다. 민간소비 증가율 2.0%에도 상당한 낙관이 스며들어 있고, 설비투자가 2.9% 증가세로 돌아선다는 데도, 건설투자 증가율이 4.4% 정도를 유지한다는 것도 희망이 섞인 것으로 보인다. 정부가 주택 공급을 제한해서 가격을 유지하려는 초유의 정책까지 들고 나온 상황이기 때문이다.

눈을 바깥으로 돌려봐도 암초가 숱하게 널려 있다. 올해 봄 전 세계를 뒤흔든 브렉시트는 내년에 본격적으로 협상을 시작한다. 이탈리아의 금융기관이 부실채권의 홍수에 빠져 있는 것도 유럽연합의 앞날을 어둡게 한다. 2017년의 각종 선거에서 극우파 정당이 기승을 부린다면 그 또한 사회 갈등을 부추길 전망이다.

불확실성의 안개 속에서 트럼프의 미국이 보호주의로 나설 것이라는 사실만 불을 보듯 명확해 보인다. 선거 공약처럼 중국 상품에 평균 35%의 관세를 매기는 것은 비현실적이겠지만 환율 조작 시비는 훨씬 더 강해질 것이다. 곧바로 중국을 상대하는 게 부담스럽다면, 이미 반덤핑 규제 2위, 환율 조작 감시 대상국에 올라 있는 한국을 본보기로 삼을지도 모른다.

문제는 우리 안에도 있다. 박근혜 게이트는 이제 헌법재판소에 달려 있다. 헌법재판소가 신속하게 결정을 내리지 않는다면 뚜렷한 경제사령탑 없이 구조조정을 해야 할지도 모른다. 자칫 경제위기에 빠질 수도 있는데 아무도 책임지지 않는다면 관료들은 한껏 몸을 사릴 것이다. 정부가 아무 일도 하지 않는 것 자체가 가장 큰 위험이다. 헌재가 신속하게 탄핵소추안을 인용하면 두 달 안에 대통령 선거를 치러야 하고 차기 대통령은 인수위 기간도 없이 바로 정부를 출범시켜야 한다.

하여 또다시 희망은 촛불이다. 전국에 무려 232만 촛불이 피어올랐고 국회는 234명의 찬성으로 탄핵소추안을 가결했다. 이제 촛불은 헌재의 신속한 결정을 요구하는 한편, 차기 정권이 해야 할 최소한의 정책도 제시해야 한다. 누가 대통령이 되든, 어느 당이 집권하든 꼭 실천해야 할 정책은 어떤 것일까?

'미완의 혁명' 완성시킬 마지막 기회

12월9일 나는 페이스북에 촛불이 원하는 정책을 올려달라고 부탁했는데, 딱 이틀 만에 100가지가 넘는 제안이 올라왔다. 먼저 의료와 교육의 공공성 강화에 관한 요구가 많았다. 종합부동산세 부활 등 부동산 정책도 1, 2위를 다툴 만큼 많았다. 정치 시스템 개혁에 관한 요구도 컸다. 비례대표제 확대와 결선투표제 도입, 선거 연령 낮추기 등이 절실하다. 노동과 관련한 정책도 많이 제시되었다. 각 노동조합의 권한을 강화하고 최저임금 인상 및 기본소득 도입에 관한 요구가 줄을 이었다. 재벌 개혁 관련 정책도 쏟아져 나왔고 검찰 및 사법 개혁도 빠질 리 없다. 물론 평화협정 체결 등 남북 관계의 획기적 개선에 관한 요구도 많았다.

전 세계적으로 암울한 분위기 속에서 아름답게 피어오른 수백만 촛불은 한마디로 정의와 평등을 요구하고 있다. 이런 제안을 부문별로 모으고 조금 더 구체적인 정책으로 만들어 광장 곳곳에서 토론을 해야 한다. 1960년과 1987년의 '미완의 혁명'을 드디어 완성시킬 마지막 기회가 열렸다. 촛불이 곧 인수위원회다.

시사인 / 484호 / 2016.12.27.

글로벌 수렁에서 핀 장미꽃

트럼프가 미국 대통령에 당선됐다. 고립주의 · 인종주의로 요약할 수 있는 이 흐름은 브렉시트 투표에서도 나타났다. 100만 촛불은 전 세계적 절망 속에서 피어난 꽃이다.

쓰레기통에서 장미꽃이 피기란 진정 어려운 모양이다. 한국 시간으로 11월 9일, 백만장자 아웃사이더 도널드 트럼프가 미국의 제45대 대통령으로 확정됐다. 그는 온갖 추문과 실수를 딛고, 심지어 공화당 주류의 거부에도 불구하고 승리했다. 백인(클린턴보다 21%포인트 더 얻었다), 남성(12%포인트), 대학 중퇴 이하(8%포인트), 65세 이상(8%포인트)이 그를 지지했다. 지역적으로는 러스트 벨트(과거 철강과 자동차 산업이 발전했지만 쇠퇴해서 녹이 슬었다는 뜻)에 속하는 오하이오 · 펜실베이니아 · 미시간 주가 트럼프 쪽으로 돌아섰다.

토마 피케티는 미국 하위 90%의 소득과 부가 1970년대 중반부터 상대적으로 계속 오그라들었고, 심지어 거의 증가하지 않았다는 사실을 그림 몇 장으로 보여주었다. 트럼프를 지지한 세력들은 바로 이들이었다. 말하자면 세계화의 패배자들은 자신들의 영락(零落)이 아시아 국가의 불공정 무역, 멕시코 등의 불법 이민자 때문이라고 믿게 되었다.

고립주의 · 보호무역주의 · 인종주의로 요약할 수 있는 이런 흐름은 지난 6월 브렉시트 투표에서도 나타났다. 기실 세계화에 대한 불만은 지난 15년간 지속적으로 터져 나왔다. 1999년 시애틀의 대규모 시위나 2011년 오큐파이 운동, 스페인과 그리스의 포데모스나 시리자 운동 등도 이런 흐름에 속한다. 폴라니는 시장 원리로 사회를 조직하려 들면 사회는 갈기갈기 찢기고 결국 스스로를 보호하기 위한 대응운동이 일어난다고 갈파했다. 여기에는 진보적인 흐름도 있고, 브렉시트나 트럼프 지지와 같은 퇴행적 현상도 나타난다.

트럼프는 중국 상품에 대해 45% 관세를 부과하겠다고 밝혔다. 중국 때문에 공장 5만 개와 일자리 수천만 개가 사라졌다고 터무니없는 숫자를 내세우기도 했다. 아시아의 대미 흑자는 환율 조작과 '불공정 보조금' 때문이라고 강변했다. 북미자유무역협정(NAFTA)을 개정하거나 폐지하고 환태평양경제동반자협정(TPP) 협상을 중단시키겠다고 선언했다. 심지어 1100만명에 이르는 멕시코 불법(무서류) 이민자를 추방하고 미국과 멕시코 사이에 거대한 장벽을 세우겠다고 했다. 그것도 멕시코 돈으로.

물론 세계 최강의 미국 대통령이라고 해서 이런 깡패 같은 일을 함부로 할 수 있는 건 아니다. 하지만 2014년부터 이미 증가하기 시작한 반덤핑 조사와 보복관세 부과에 탄력이 붙을 것은 분명하다(2015년 한국은 조사 7건과 보복관세 6건을 얻어맞았는데 이는 중국에 이어 두 번째로 많은 수지다). 한국은 중국·이스라엘·타이완과 더불어 환율 조작 1차 조사 대상국이다. '환율 슈퍼 301조(BHC법)'를 당장 적용할지도 모른다. 예컨대 한국이 1달러당 1000원이어야 할 환율을 1300원으로 조작해서 1000억 달러의 불공정 이익을 거뒀다고 미국이 판단하면 그 액수만큼 한국 상품에 무차별 관세를 부과할 수 있다. 아무래도 껄끄러운 중국 대신 본보기로 한국이나 타이완을 선택할 가능성이 높다. 다른 나라들도 보호무역주의와 고립주의로 맞선다면 2008년 금융위기 이래 아직도 회복하지 못한 세계경제는 깊은 침체의 수렁 속으로 빠져들 것이다.

광장에서, 망국을 딛고 새로운 공화국 세울 강령을 만들자

주한미군 철수를 내세워 미군 주둔비용을 전담하도록 강요할 테고 한·미 FTA의 제조업 분야 수입관세를 높이려는 재협상도 요구할 것이다. 이에 맞서 한·미 FTA 폐기를 내걸고 지적재산권·서비스·투자 분야의 개정(예컨대 투자자·국가제소권의 삭제)을 요구하고, 주한미군 철수도 하고 싶으면 하라고 맞서야 한다. 하지만 지난 4년간 국정 농단을 되돌아볼 때, 박근혜 정부가 사드 포대를 더 설치하고 최신 무기를 더 수입하지는 않을 것이라고 어떻게 믿겠는가? 이 와중에도 한·일 군사정보협정을 체결하고 사드 배치를 서두르고 있지 않은가?

2016년 11월12일 100만 촛불은 한국뿐 아니라 전 세계적 절망의 수렁 속에서 피어난 장미꽃이다. 박근혜씨의 업무를 당장 정지시키고 진정한 공화국의 미래를 설계하자. 지난 50여 년간의 수출 주도·내수 억제·부채 주도 성장정책은 이제 불가능하다. 현재의 승자독식형(단순 다수대표제) 대의민주주의도 손을 봐야 한다. 중국 등 아시아 국가와의 협력으로 깡패 국가의 위협에 맞서고, 남북의 평화체제도 이뤄야 한다. 어떤 사람이 대통령이 되어도, 어떤 당이 집권해도 반드시 지켜야 할 최소한의 강령을 광장에서 만들자. 망국을 딛고 새로운 공화국을 세울 마지막 기회다.

시사인 / 480호 / 2016.12.01.

8부

박근혜 정부의 경제정책

2017년, 다시 한번 기회가 온다

경제 전체가 세월호처럼 서서히 침몰하고 있는데, 국가는 어디에도 없다. 세계에서 가장 빠른 속도로 불평등이 심화되고 있는 나라에서 경제위기가 닥치면 어떤 일이 벌어질까?

낙관에 낙관을 더해도 앞으로 남은 내 삶은 지금까지 살아낸 시간의 반이 채 되지 않을 것이다. 언제 가장 절망했던가? 내 경우엔, 그리고 아마도 우리 세대에겐 1980년이다. 36년 전 이즈음, 나는 최근에 돌아가신 외삼촌 집에 '숨어' 있었다. 광주에서 수천명이 죽고, 1만명의 체포 리스트가 있다는 소문이 나돌던 흉흉한 시절이었다.

그리고 지금 다시 절망이다. 또다시 "국가가 무엇인기, 이런 국가가 왜 존재해야 하는가?"라는 질문이 나왔다. 국가는 200명이 넘는 무고한 사람을 직접 죽이거나(광주), 죽음을 방소했다(세월호). 1980년의 사진은 몇 년이 지나서야 지하에서 퍼져 나갔지만, 이번엔 TV 화면으로 생중계됐다. 전자는 18년의 군사독재를 연장하려 했기 때문에, 후자는 20년에 걸친 규제 완화 때문에 발생했다. 교황 말씀대로 '규제 없는 자본주의는 새로운 독재'다.

세월호의 침몰은 한 번으로 끝나지 않았다. 이번에는 가습기 살균제다. 환경부, 산업부, 보건복지부는 단계마다 막을 수 있었지만 규제 완화의 기치 아래 오히려 방조했다. 현재 밝혀진 사망자 수 266명은 훨씬 더 늘어날 것이다. 사용자가 몇백만명에 이르고, 더구나 주로 환자나 젖먹이, 노인을 대상으로 사용됐기 때문이다. 그리고 또 한 명의 죽음, '강남역 살인 사건'은 다시 한번 공포를 불러일으키고 있다. 내가 보기에 이 사건은 여성

억압이라는 고질에 현재의 사회경제 상황이 덧붙여져 일어났다. 현재의 상황이 극적으로 호전되지 않는다면 언제든 더 큰 규모로, 양상을 달리해서 재발할 수 있다는 말이다.

일제강점기만큼이나 오랜 시간, 지난 36년 동안 우리는 도대체 무엇을 한 걸까? 1인당 총생산액으로 보면 1980년 1703달러(명목)에서 2015년 2만7213달러로 늘었으니 우리는 물질적으로 16배나 풍요로워졌다. 세계에서도 보기 드문 기적의 사례다.

하지만 행복, 나아가 희망도 그렇게 불어났을까? '헬조선'과 '흙수저'를 외치는 젊은이들과 36년 전의 나를 비교해보면 오히려 희망은 16분의 1로 줄어들었는지도 모른다. 당시엔 절망했지만 머지않아(길어도 10년 내에) 이 세상을 바꿀 수 있다는 희망이 살아 있었다. 그리고 7년 뒤, 세상은 한번 뒤집어졌다.

앞으로 그럴 수 있을까? 대답은 극히 부정적이다. 중늙은이의 눈이라 비관적일까, 아니 객관적인 수치만 봐도 단기적으로는 훨씬 더 나빠질 것이다. 지난 8년간 그랬듯, 지금 하향 수정되고 있는 경제성장률(2.6~3.0%)은 결국 1% 중·후반대로 판명날 것이다. 조선과 해운 산업, 즉 세계 경기에 민감한 산업에서 시작된 구조조정이 바야흐로 내수산업까지 확대될 것이기 때문이다.

국회에 분통 터뜨려 알리바이 만드는 대통령

불확실한 미래를 앞두고 대수술을 해야 하는 구조조정은 지극히 어렵다. 누구나 흔쾌하게 동의하는 답이 있을 리 없다. 하지만 누군가 책임을 져야 하고, 그러려면 최소한의 사회적 합의가 있어야 한다. 2년째 밀실에서 수군대기만 하는 채권단에 맡겨놓을 일이 아니다. 결국 공적자금이 투입될 수밖에 없기에 정부가 나서야 한다. 엉뚱하게 '양적완화'라는 이름을 붙여 쓸데없는 논쟁을 할 게 아니라 얼마나, 어떻게 자금을 조성할 것인지 국회에서 결정해야 한다(어차피 먼저 재정을 투입하고, 이후에 국채를 발행해야 하며 어떤 방식을 택하든 법을 개정해야 한다). 열심히 일한 죄밖에 없는 노동자들의 피해를 어떻게 보상할 것인지, 나아가 전체 경제로 확산될 실업 문제를 어떻게 처리해서 경제 회복으로 나아갈지가 구조조정의 가장 중요한 목표가 되어야 한다.

이런 원칙의 전제는 각 산업의 미래에 대한 청사진에 합의해야 한다는 것이다. 예를 들어 고부가가치 선박으로 전문화한다거나 해양산업 클러스터를 조성해서 조선 산업의 새 단계를 열겠다는 식의 그림 말이다. 이를 위한 정부의 대대적 인프라 투자는 실업 극복과 경기 회복의 불쏘시개가 될 것이다.

지난 2년 동안 국회에 분통을 터뜨려서 알리바이 만드는 데 여념이 없던 대통령은 또다시 외유에 나섰다. 장두노미(머리는 숨겼으나 꼬리가 드러나 있다)와 혼용무도(나라 상황이 암흑에 뒤덮인 것처럼 온통 어지럽다)만큼 이 정부를 잘 설명하는 말이 또 있을까? 다행히 우리는 절망 속에서 언제나 일어섰다. 지난 4월의 총선은 예고되어 있던 박 대통령의 파시즘을 막았다. 2017년, 다시 한번 나라를 뒤집을 수 있는 기회가 온다.

시사인 / 455호 / 2016.06.10.

대통령은 또 누구를 탓하고 있을까?

상투적인 문장으로 시작하지 않는다는 게 이리 어려운 일인지 몰랐다. 아마도 선거 얘기를 써야 하는 정치 쪽 필자는 골머리를 싸매고 있으리라. 그분들이 거의 모든 이야기를 하겠지만 가장 확실한 사실 하나는 이번 선거가 '박근혜 대통령에 대한 심판'이었다는 점이다.

지난해 가을부터 박 대통령은 말마다 '국회 탓'이요, '야당 탓'이었다. 경제에 대한 진단도 그때그때 달랐다. 국회 탓에 한국 경제가 심각한 위기에 빠졌다고 했다가, 외국에 나가거나 자신의 취임 3주년 때는 정부의 올바른 정책 덕에 경제가 살아나고 있다고 했다. 총선 하루 전인 4월12일 대통령은 "경제 활성화에 매진하는 새로운 국회가 탄생해야 한다"라며 노골적으로 새누리당 지지의 뜻을 표명했다. 국민은 수도권에서 벚꽃잎처럼 붉은색이 우수수 떨어지는 그림으로 답했다.

경제는 점점 더 나빠지고 있다. 수출은 1년 넘게 마이너스 증가율을 기록 중이다. 두 자릿수로 줄어들던 수출이 '신차 효과'로 3월에는 8% 감소에 그쳤다는 게 자랑일 정도다. 한국 수출의 절반가량을 소화하던 아시

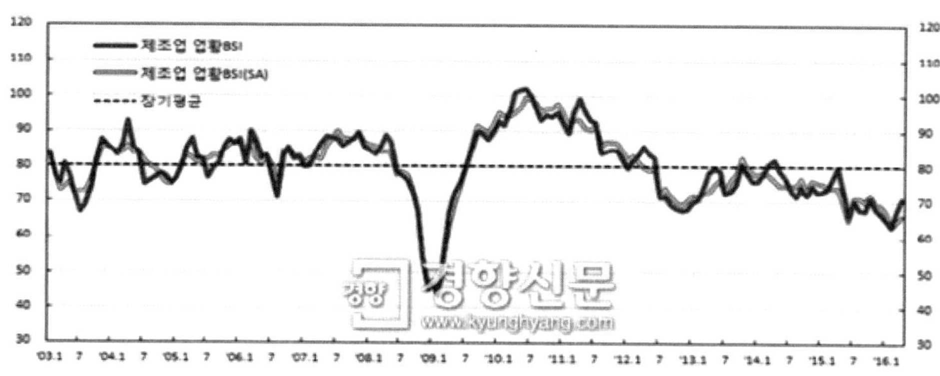

아 시장이 단기간에 되살아날 가능성은 거의 없다.

빚더미 위에 올라앉은 각 경제주체 역시 몸을 움츠릴 수밖에 없다. '빚내서 집 사고, 빚내서 전세금 올려주라'는 최경환 전 부총리의 경제정책은 가계부채를 한껏 부풀렸다. 지난해 말에 1200조원을 돌파했을 뿐 아니라 증가 속도가 엄청 빨라졌다. 이런 상황에서 소비를 늘릴 간 큰 사람은 없다. 기업 부채 역시 상당히 심각하다. 한국 기업의 총부채(은행 대출+비은행 대출+회사채+기타 채무)는 2015년 1분기 말에 2347조원을 기록했다. GDP 대비 150%에 이르는 기업 부채를 지닌 나라는 신흥국 중에는 없다. 경기가 나빠지면 이 비율은 더 높아질 수밖에 없고 '구조조정' 대상은 더욱 늘어나게 될 것이다.

수출과 소비가 모두 최악이고 기업의 재정 상황마저 좋지 않다면 설비투자가 늘어날 리 없다. 작년에는 5%대의 기업 투자가 성장률을 끌어올렸지만 올해에는 마이너스가 아니면 다행일 것이다. 이제 최후의 소비자·투자자 역할을 할 수 있는 정부가 남았나. 하시반 새누리낭 성권 8년 만에 국가 채무도 걱정스러운 수준에 이르렀다. 2009년 300조원을 돌파한 국가 채무는 지난해 590조5000억원으로 부풀어 올랐다. 올해에는 정부 예측으로도 GDP의 40%를 돌파할 예정이다.

이번 선거 결과는 벼랑 끝으로 내몰린 한국 경제를 기사회생시킬 수도 있다. 경제정책이라곤 투기 부추기기와 규제 완화밖에 모르면서 대규모 구조조정을 위해 노동시장을 더욱 유연하게 만들어야, 즉 해고의 자유를 보장해야 경제가 산다는 대통령의 아집을 꺾을 수 있기 때문이다.

20대 국회가 주목해야 할 '소득 주도 성장'과 최저임금

이번 선거에서 더불어민주당과 정의당은 새로운 정책 기조로 '소득 주도

성장'을 내세웠다. 두 당을 합쳐야 과반이 안 되지만 국민의당도 끌어들일 수 있을지 모른다. 심지어 최경환 전 부총리도 취임할 때는 임금이 올라야 한다고 공언하지 않았는가?

하지만 정치가 시장의 1차 분배에 직접 개입할 방법은 별로 없다. 하여 소득주도성장론의 핵심은 주체의 세력화와 사회적 합의다. 노동자, 특히 비정규직이나 하청기업, 영세 자영업자의 목소리가 높아져야 한다. 노동조합에게는 산업별 또는 지역별 단체교섭권, 하청기업에게는 하청단가의 단체협상권, 자영업자들에게는 단결권이 제도적으로 보장되어야 한다. 뉴딜의 핵심은 노동자의 권리를 대폭 확대한 와그너법이었다. 스웨덴의 노동조합총연맹(LO)과 사회민주당은 소득주도성장론의 1960년대 판이라고 할 수 있는 소득정책(또는 임금정책)을 성공시켰다. 연대임금이라는 전무후무한 정책(렌-마이드너 플랜)이 바로 그것이다.

이때와 비교하면 지금 한국은 훨씬 유리하다. 당시에는 인플레이션을 막아야 했기에 노동자들이 임금 인상을 자제했지만 지금은 임금(노동분배율)이 대폭 늘어나야 한다. 다만 대기업 노동자의 임금 상승폭은 중소기업이나 비정규직 노동자의 임금 상승보다 훨씬 낮아야 할 것이다. 임금과 고용, 그리고 생산성을 고려한 사회적 합의는 빈사 상태에 몰린 한국의 대기업이 살아날 길이기도 하다.

최저임금은 시장 분배에 정치가 직접 개입할 수 있는 몇 안 되는 통로다. 마침 최저임금 논의가 시작되었다. 여러 나라에서 시도 중인 최고임금제 도입도 고려할 수 있을 것이다. 과연 새롭게 구성된 20대 국회가 경제를 살릴 수 있을까? 이보다 더 궁금한 질문으로 글을 맺는다. "지금 대통령은 또 누구를 탓하고 있을까?"

경향신문 / 정태인 칼럼 / 2016.04.29.

시사인 / 449호 / 2016.04.25.

기막힌 대통령, 기막힌 정책

대통령에 따르면 지금 한국은 '이중의 위기'를 겪고 있다. 문제 설정이 잘못되니 나오는 대책도 이상하다. 자신이 언제나 옳다고 믿는 대통령이 세상을 질식시키고 있다.

글쓰기가 싫다. 말과 글 빼곤 호구지책이 없는 자에겐 치명적인 일이다. 1월 13일 박근혜 대통령의 대국민 담화문이 계기였다. 기가 막히면 차라리 굶는 게 낫다는 사실을 이번에 알았다. 말 귀에, 쇠 귀에 백번 떠들어봐야 무슨 소용이랴.

대통령의 신년 담화는 '이중의 위기'로 시작했다. "안보와 경제는 국가를 지탱하는 두 축인데 지금 우리는 이 두 가지가 동시에 위기를 맞는 비상 상황에 직면해 있다"라는 것이다. 안보는 4차 북한 핵실험 때문에, 경제는 국회 때문에 위기를 맞았다. 따라서 전자는 중국이 북한에 압박을 가해야 풀리고, 후자는 당연히 국회가 경제활성화 2법과 노동 5법을 통과시켜야 해결된다는 것이 박 대통령의 논리다.

이런 '인지 부조화'에 어찌 기가 막히지 않으랴. 한·미·일 삼각동맹을 강화하기 위해 미국이 위안부 협상 타결을 강하게 요구했다는 건 동북아 정세에 관심 있는 사람에겐 상식이다. 이래 놓고 북핵 문제에 관해선 중국이 앞장서달라는 건 "전 세계 모든 국가가 박 대통령에게 봉사한다고 생각해야 나올 수 있는 발언"(정세현 전 통일부 장관)이다.

서비스 시장 규제 완화와 기업 인수·합병을 간편화하기 위한 '경제활성화 2법', 그리고 일반해고의 자유와 비정규직 확대를 목표로 하는 '노동개혁 5법'이 통과되면 한국 경제가 위기를 피할 수 있을까? 한국의 수출이 마이너스 증가율을 기록한 지 이미 오랜 상태에서 박 대통령이 오매불망 원하는 '선제적 구조조정'을 하면 어떤 일이 벌어질까? 대규모 해고 사태가 벌어지고 임금은 떨어질 것이다. 수출에 이어 내수마저 급격히 위축되면 당연히 경제성장률은 마이너스로 떨어질 것이다.

지난해 12월16일 발표된 '경제정책 방향', 그리고 1월14일과 18일, 20일의 '2016년 대통령 업무보고'로 이런 인지 부조화가 정책이 되었다. 경제 부처들의 업무 보고는 "수출 총력지원" "내수 회복세 유지" "주거 안정 강화와 민간투자 활성화" "가계·기업부채 등 리스크 철저 관리"로 요약된다.

정부는 내년에 수출을 2.1% 증가시키기 위해 총력을 기울일 생각이다. 하지만 "한·중 FTA의 적극적 활용" "신시장 개척과 무역금융 지원"이 과연 그리 효과적일지 의문이다. 이미 발효된 지 각각 5년과 3년이 지난 한국·유럽연합 FTA와 한·미 FTA는 수출 증가에 거의 아무런 영향도 미치지 못했다.

민간 소비를 늘리기 위해서 정부는 2월에 또 한번의 '코리아 그랜드 세일'을 하고 대규모 할인 행사를 정례화하는 한편(11월), 외국인 관광객을 유치하겠다고 한다. 부자들의 미래 소비를 조금 앞당기는 효과는 있을 것이다. 하지만 가계부채 증가율(10.4%)이 소득증가율의 두 배를 훌쩍 넘었는데 보통 사람들이 소비를 늘릴 수 있을까?

서민들 푼돈까지 모두 모아 또다시 주택 건설에 사용하겠다고?

결국 수출과 민간 소비, 어느 쪽에서도 경제의 활로를 찾기는 어려울 것이다. 아니나 다를까, 올해에도 정부는 재정지출 확대, 그리고 건설투자에 매달리고 있다. 수서발 KTX 개통, 서울-세종 고속도로 연내 착공, 인천공항 3단계 확충은 토목 건설이요, 뉴스테이 사업의 본격 추진은 주택 건설이다. 이들 투자를 부추기기 위해 정부는 1분기에 지난해 대비 8조원을 늘려서 재정을 집행하고, 공공기관 투자와 연기금 대체투자를 18조원 늘릴 계획이다.

심지어 가계부채 대책도 건설과 긴밀하게 연결되어 있다. 올해 정책에서 가장 참신한 것은 '내집 연금 3종 세트'다. 빚을 갚기 위해 주택을 내다 팔아서 집값이 떨어지는 걸 막기 위한 정책이기도 하다. 이뿐만 아니라 월세 전환으로 반환받은 전세금을 투자풀로 모아서 다시 임대형 주택 공급에 사용하는 방법까지 고안됐다. 부자들의 돈뿐만 아니라 서민들의 푼돈까지 모두 모아서 또다시 주택 건설에 사용하겠다니 가히 천재적이다.

지금 우리 경제를 살리려면 어떻게든 국민의 소득을 늘려야 한다. 정부가 증세를 통해 생태 투자 등 미래의 인프라에 대한 투자를 선도해야 한다. 복지를 증가시켜 소비를 늘려야 한다. 하지만 그 어디에도 이런 정책은 없고, 오히려 대통령은 자신의 약속인 보육료(누리과정 예산)마저 못 주겠다고 선언했다.

이런 상황에서 "상시, 선제적 구조조정"을 하면 어떤 일이 벌어질까? 이 세상이 자신을 위해 존재하고, 자신의 생각은 언제나 옳다고 믿는 대통령이 세상을 질식시키고 있다.

시사인 / 437호 / 2016.02.01.

'21세기 유신'의 말로

못 박아두건대, 경제위기의 책임은 가계부채를 부풀린 최경환 부총리
와 대량해고 사태를 일으킨 박근혜 대통령에게 있다. 대통령 한마디
에 이리 뛰고 저리 뛴 의원들도 마찬가지다.

1. "객관적으로 보면 대한민국이 위기에 선방하고 있다. 대내외 여건
   을 다 짚어봐도 (IMF 사태와 같은 위기는) 전혀 아니다."
2. "사전에 구조조정하지 않으면 전체적으로 큰 위기에 빠지게 되고
   대량실업으로 이어질 수밖에 없다."
3. "제2의 IMF가 터지고 의장이 손을 흔들어봐야 소용없다."
4. "(내년 정년 연장으로) 청년 고용 절벽이 예정돼 있고, 미국 금리 인상
   으로 우리 경제가 어려워지는 것은 또 어떻게 할 것이냐."
5. "직권 상정은 법에 따라 할 수밖에 없는데 지금의 상황은 국가비
   상사태로 볼 수 없다. 초법적 발상을 행하면 나라에 혼란을 가져온
   다."

이 다섯 개의 인용문은 정치적으로 한 지붕을 이고 사는 사람들 입
에서 나왔다. 경제에 대한 인식으로 보자면 1번과 5번이 같은 편이고,
2·3·4번이 또 하나의 무리인 듯하다. 하지만 실제로는 5번을 뺀 나머지
가 같은 편이다.

1번 발언은 12월10일 최경환 경제부총리가 출입기자단과의 송년 간
담회에서 했다. 총선을 앞두고 1년6개월여의 임기를 마치면서 자신의 실
적에 대한 자화자찬 끝에 나온 얘기다. 그 짧은 기간에 가계부채를 170조

원이나 부풀게 만든 경제부처 수장이 한 얘기로는 한가하기 그지없다. 2번은 12월14일 박근혜 대통령이 수석비서관회의에서 한 얘기다. 대통령은 그저 알리바이 만들기에 여념이 없다. 3번은 이날 오후 새누리당 의원총회에서 친박 돌격대장 격인 조원진 원내 수석부대표가 한 발언이다. 경제부총리가 부정한 "제2의 IMF"까지 입에 올렸다. 4번은 다음 날 아침 현기환 청와대 정무수석이 정의화 국회의장에게 한 말이다. 노동개혁 법안, 경제활성화 법안, 테러방지법을 의장 직권으로 상정하고 선거법을 처리해야 한다고 순서까지 '지시'했다. 이들 법안만 통과시키면 만사가 해결될 것이라는 투다. 5번은 12월16일 정의화 국회의장이 기자간담회를 자청해서 한 얘기다. 한마디로, 법대로 하는데 왜 청와대가 나서서 불법행위를 하는지 경고한 것이다. 아닌 게 아니라 청와대 수석이 국회의장에게 압력을 가하는 건, 삼권분립이 교과서에 있는 말에 불과했던 유신시대에나 일어날 법한 일이다.

과연 박 대통령은 아버지를 닮았다. 단 한마니에 의원들과 청와대 정무수석이 우르르 국회의장에게 몰려가니 말이다. 그럼 과연 '노동개혁 법안'이나 '경제활성화 법안'을 통과시키면 우리 경제가 살아날까? 아니다. 내가 보기에 정의화 국회의장이 홀로 한국 경제를 지키고 있다.

그동안 여러 번 강조한 대로 우리 경제는 지금 매우 나쁘다. 최 부총리나 박 대통령의 인식대로 단순히 수출만 줄어들고 있는 게 아니라 소비는 가계부채 때문에 더 이상 증가하기 어렵고, 중국의 경기침체로 인해서 설비투자도 늘어날 수 없다. 즉 내수도 계속 위축되는 중이다.

노동 5법안 통과되면 경제는 마이너스로 급전직하

여기에 박 대통령의 주장대로 뼈를 깎는 "선제적 구조조정"까지 하면 어떻게 될까? 삼성이나 두산인프라코어에서 보듯이 이미 인원 삭감이 일어나고 있는데, 여기에 '일반해고의 자유'(경영상의 긴박한 이유 없이도 해고할 수 있는 자유)를 부여하면, 바로 대량해고 사태가 벌어질 것이 불을 보듯 뻔하다. 실업이 급증하면 당연히 기존 노동자의 임금도 줄어든다. 즉 이른바 노동 5법안들이 통과되면 1%대 성장이라도 거둘 경제가 마이너스로 급전직하할 것이다. 만일 가계부채가 폭발하면 패닉 수준의 경제위기를 맞을 가능성도 있다. 말하자면 정 의장이 그런 사태를 막고 있는 셈이다.

지금 우리가 할 일은 내수를 살리는 것이다. 이미 실기했다. 박근혜 정부 초기부터, 아니 그 이전부터 노동자의 임금 몫을 늘려서 성장률을 높여야 했다. 우리 경제는 임금 몫이 늘어나면 경제성장률이 올라가는 '소득 주도 경제'이기 때문이다. 지금이라도 해야 할 일은 '내수 확대형 사회적 대타협'이다. 이미 위기에 빠진 대기업은 해고보다는 임금 인하와 생산성 향상을 통해 구조조정을 하더라도, 나머지 중소기업 노동자와 비정규직 노동자의 임금을 최대로 올려서 전체적으로 내수가 늘어나야 한다. 그래야 매출이 늘어나고 투자도 기지개를 켜지 않겠는가?

'21세기 유신'은 결국 경제위기로 이어질 것이다. 못 박아두건대, 내년에 경제위기를 맞는다면 그건 전적으로 가계부채를 부풀린 최경환 부총리와 대량해고 사태를 일으킨 박근혜 대통령의 책임이다. 무지를 바탕으로 대통령 한마디에 이리 뛰고 저리 뛴 새누리당 국회의원들도 책임을 면할 길 없다.

시사인 / 432호 / 2015.12.27.

경제위기와 파시즘의 망령

경제가 곤두박질치고 있다. 3분기 경제성장률(2분기 대비 1.2%)에 "서프라이즈"라고 환호하는 경제부총리가 있는 한, 앞으로 경제가 호전될 가능성은 제로다. 지난해 3분기 대비 2.6%의 성장은 암울한 미래를 보여주는 것이지 경탄의 대상이 아니다. 주요 20개국(G20)에 2015년 경제성장률이 4%에 이를 것이라는 엉터리 자료를 내놓고는, 국제기구들이 하지도 않은 평가를 근거로 세계 1, 2위라고 호들갑을 떠는 대통령이나 그런 숫자를 퀴즈로 내는 외교부는 부끄럽기 그지없지만 차라리 애교에 가깝다.

진짜 문제는 그들이 굳건한 믿음으로 이미 파산한 경제정책 기조를 밀어붙이고 있다는 데 있다. 10개월째 수출이 마이너스를 기록했고 급기야 10월엔 -15.8%를 기록했다. 2011년 80%를 넘나들던 제조업 평균가동률은 현재 74% 수준으로 떨어졌고, 상품 재고율은 급증하고 있다. 단기 경기를 직접 보여주는 지표를 보더라도 수출 증대가 설비투자의 증가로 이어지는 메커니즘은 더 이상 작동하지 않는다.

최근 몇 년 동안 소비증가율이 국내총생산(GDP) 증가율을 깎아 먹은 것은 가계부채 때문이다. 박근혜 정부의 경기정책은 부동산 투기를 일으키는 것밖에 없다고 해도 과언이 아니다. 건설경기를 일으키려는, 즉 주택 공급을 늘리는 동시에 부동산 가격을 올리려는 정책은 수요가 공급보다 빨리 증가할 때만(수요곡선이 빠르게 오른쪽으로 이동할 때만) 성공할 수 있다. 주택담보대출비율(LTV)과 총부채상환비율(DTI) 같은 금융규제를 풀고 금리까지 내리면서 "빚내서 집 사고 전세금을 올려주라"고 부추긴 건 바로 그 때문이다.

물론 관료들도 경제가 위험하다는 것을 잘 알고 있다. 1997년, 2009년 두 번의 경제위기를 겪은 이들이 들고나온 정책이 "선제적 구조조정"이다. 10월에 대기업의 구조조정 방침을 밝힌 금융감독원은 지난 11일 중소기업의 구조조정 대상을 발표했다. 외환위기 때에 비해서 기업의 안정성이 눈에 띄게 좋아졌다고는 하지만 최근 국제금융협회(IIF)는 한국의 국내총생산 대비 비금융기업부채 비율이 106%로 세계 최고 수준이라고 발표했다(선진국 평균은 90%). 바야흐로 가계부채와 기업부채가 모두 위험해졌다.

수출 급감에서 시작된 기업 위기가 신용경색을 가져오면 가계부채마저 터질 수 있다. 박 대통령이 구국의 묘수라도 되는 듯 강조하는 "노동개혁"의 핵심은 일반 정리해고의 자유이다. 언제든 노동자를 대량해고할 수 있어야 '선제적 구조조정'이 가능하지 않겠는가? 역사교과서 국정화를 힘으로 밀어붙이고 '민중총궐기'에 대한 살인적 탄압은 앞으로 일어날 사태의 전주곡일 뿐이다.

박정희의 유신시대를 파시즘이라고 부를 수 있다면, 박근혜의 '국민행복시대' 역시 파시즘이다. 혁명과 쿠데타 모두 불가능해진 시대의 '법대로' 파시즘이라고나 할까? 역사교과서 국정화는 파시즘의 필수요소인 국가주의의 발흥이요, 민주노총을 비롯한 노동계는 홀로코스트의 대상이 될 테다.

박 대통령이 아버지의 불행을 되풀이하지 않으려면 현재의 정책기조를 정반대로 바꿔야 한다. 일반 정리해고의 합법화는 내수를 옥죄어 위기를 부추길 뿐이다. 지금 필요한 것은 고용유지 및 중소기업/비정규직의 임금 인상과 생산성 향상을 교환하는 내수 확대형 사회적 대타협이다. 가난한 이들의 부채 탕감과 복지 확대를 과감하게 실행해야 할 때, 지방자치체의 올바른 청년정책을 포퓰리즘이라고 비난하는 것은 이들이 파시스트라는 또 하나의 증거다. 식당마다 하루종일 켜져 있는 종편 프로그램은 괴벨스의 언론 조작을 이미 넘어섰다. 야당의 지리멸렬 또한 파시즘의 조건 중 하나니 이를 어찌하랴.

한겨레신문 / 세상 읽기 / 2015.11.23.

경제위기에도 국가는 아무 일도 하지 않았다

박근혜 대통령은 위기 시 잠적과 위기 후 국가 해체를 되풀이하고 있다. 단 하나, 국정교과서 만이 예외였다. 외환위기 이래 최대 어려움을 겪고 있는 경제위기는 어떻게 해야 하나.

지난해 11월7일은 세월호특별법이 국회를 통과한 날이다. 4월16일 세월호가 온 국민이 보는 앞에서 허망하게 가라앉은 후, 1년6개월이 훌쩍 지나갔다. 우리는 지난해 여름, "국가란 무엇인가?"라는 질문을 던졌고 결코 잊지 말자고 다짐했다. 하지만 올해 여름 메르스 사태는 또 한번 "국가는 도대체 무엇을 하고 있나?"라는 의구심을 불러왔다.

국가는 아무 일도 하지 않았다. 국가의 수반이라는 대통령은 위기 때마다 잠적했다가 아우성이 수그러들 때면 '국가 대개조'나 '혁신'을 들고 나왔다. 하지만 그가 수행한 일이라곤 결국 국가의 해체였다. 국민들의 눈물이 채 마르지도 않았을 때 그는 크루즈 산업을 육성하기 위해 선박 규제 완화를 해야 한다고 목소리를 높였다. 선령을 높이고 불법 증축을 눈감고 엉터리 선박 감독을 한 것이 세월호 사태의 분명한 원인들이 아닌가? 그런데 또다시 규제를 완화해야 한다니….

메르스 사태도 마찬가지다. 6월11일 정두련 삼성서울병원 감염내과 과장은 국회의원 앞에서 "(삼성서울병원이 뚫린 게 아니라) 국가가 뚫린 것이다"라고 맞받아쳤다. 이 말은 물론 삼성병원의 책임을 부정하기 위한 것이었지만 전적으로 틀린 얘기도 아니었다. 방역은 결단코 정부가 책임져야 한다. 혹여 그 시스템의 일부를 민간에 맡겼을 때는 철저히 규제해야 한다. 삼성서울병원에서 무더기 감염이 예견될 때, 5월30일 열네 번째 환자의 확진 판정이 나왔을 때도 방역 당국은 정보를 공개하지 않은 채, 삼성에 자체 방역을 맡겼다. 심지어 보름이나 지나 대책본부가 마련된 뒤에도 대통령의 한마디로 민간 전문가(의사)가 방역 총지휘를 맡았다. 도대체 국가는 왜 존재하는 것일까?

메르스 사태가 한창 진행될 때 정부는 세월호의 진상 규명을 막기 위해서도 안간힘을 다했다. 세월호 특별조사위원회의 수사권과 기소권을 놓고 힘겨루기를 하다 가족들의 양보로 11월에야 법이 통과됐지만, 이번에는 시행령이 문제였다. 결국 특조위를 공무원이 좌지우지할 수 있도록 만든 정부 시행령이 공포된 것이 5월 11일이었다. 그리고 예산이 지급된 것은 8월 18일이었는데 내년 예산은 요구안의 31%만 책정된 상태다. 선체 인양 시기는 내년 여름 이후라는데, 특조위는 6월에 마쳐야 한다.

특조위 예산의 핵심인 '인양 선체 정밀조사' 예산은 전액 삭감되었고 대신 해양수산부가 '인양 선체 관리' 예산을 쓰겠다고 한다. 현재 세월호의 진상 조사에서 가장 중요한 것은 선체라는 핵심 증거물을, 있는 그대로 조사하는 것일 테다. 그런데 정부는 범죄 현장을 피의자가 감식해야 한다고 주장한다. 정부는 한결같이 진상을 은폐하고, 국회는 해양 카지노를 허용해야 한다는 게 이들의 '국가 대개조'요 '혁신'이다.

지도자가 실천해야 할 헌법 제34조 6항의 '실종'

위기 때의 지도자는 호주머니 속 뾰족한 송곳처럼 나타났다. 메르스 사태 때 박원순 시장의 6월 5일 심야 기자회견이 없었으면 과연 어땠을까? 정부는 6월 7일에야 메르스가 발생한 24개 병원과 환자들 동선을 공개했다. 그제야 병·의원과 국민들은 메르스 전파의 흐름을 파악할 수 있었고 전염은 눈에 띄게 수그러들었다. 자칫 참사로 이어질 뻔한 상주터널 사건에서 아이들이 무사할 수 있었던 것도, 박 시장과 조희연 서울교육감이 소방관을 수학여행 버스에 동승하게 했기 때문이다.

모름지기 위기 시의 지도자는 "국가가 재해를 예방하고 국민 보호에 노력해야 한다"라는 헌법 제34조 6항을 실천해야 한다. 그런데 박근혜 대통령은 '위기 시의 잠적과 위기 후의 국가 해체'를 되풀이하고 있다. 아니, 그는 딱 하나 스스로 위기라고 진단한 사태에만 국가를 전면에 내세웠다. 11월 3일, 황우여 사회부총리 겸 교육부장관은 중학교 '역사'와 고등학교 '한국사' 교과서를 국정으로 발행한다고 확정 고시했다. 박정희의 일생이 친일과 변절 그리고 독재 그대로 역사에 남는 것이야말로 박 대통령 유일의 위기인 모양이다.

지금 한국 경제는 외환위기 이래 최대의 어려움을 겪고 있다. 한국 경제의 버팀목이던 중국 경제의 성장률이 떨어진 게 직접적 원인이지만, 지난 3년간 '경제혁신=규제 완화'와 '빚내서 집 사고 전세금 올려주라'는 정책으로 일관해서 빈부격차가 극심해진 깃 역시 징기적인 침체로 이이지도록 하고 있다. 과연 박 대통령은 앞으로의 경제위기에 대해 어떻게 대처할까? 뜬금없는 국정교과서 사태로 울컥 짜증이 솟아오르지만, 말 그대로 '헬조선'이 될지도 모를 내년을 생각하면 그보다 더 심한 공포가 차오른다.

시사인 / 426호 / 2015.11.13.

경제위기와 꼭두각시 대통령

지난 23일 한국은행은 "3/4분기 실질 국내총생산(속보)"을 발표했다. 2분기(4, 5, 6월)에 비해 1.2% 성장했다. 2분기 성장률 0.3%에 비하면 무려 4배 증가한 것처럼 보인다. 하지만 작년 3/4분기에 견줘 보면 2.6% 성장이다. 1분기 2.5%, 2분기 2.2%에 비해선 조금 나아졌지만, 작년 이맘때 정부가 예측한 3.8%에는 턱없이 모자라는 수치다.

언론은 메르스로 인한 소비부진에서 벗어난 것(전기 대비 1.1%, 전년 대비 2.0% 소비 증가)이 회복의 주된 요인이라고 설명했지만 소비는 여전히 성장률을 깎아먹은 요인이었다. 다만 국내총생산(GDP)의 4분의 1을 차지하는 건설투자와 설비투자가 증가(각각 전년 대비 5.2%와 6.8%)해서 그나마 2% 중반대 성장을 거둔 것이다. 만일 부동산 경기가 가라앉거나 기업들이 미래를 불투명하게 본다면 2%대 성장도 앞으로 어려울 거라는 얘기다.

불행하게도 현실이 그렇다. 물론 부총리 말대로 외부 환경이 나쁘다. 중국의 경제성장률이 7% 이하로 떨어지면서 원자재 가격이 폭락했고 브라질이나 러시아 등 원자재 수출국이 곧바로 깊은 침체에 빠졌다. 나 홀로 '견조한 회복세'를 보이던 미국 경제의 성장률도 다시 2%대로 떨어질 전망이다. 독일이 주도하는 긴축기조 때문에 탈출구를 찾지 못한 채 갈등만 늘어나고 있는 유럽연합(EU)까지 전세계가 동시 침체의 늪으로 빠져들고 있는 모양새다.

중국의 경제성장률이 5%까지 서서히 떨어진다고 해도 전체 수출의 25%가량을 중국에 의존하는 한국 경제의 성장률은 1% 가까이 감소할 것이다. 또한 우리나라 수출의 17%를 차지하는 동남아 국가들의 금융위기 가능성까지 고려하면 우리 기업의 앞날은 미세먼지 가득한 요즘 날씨와 같다. 당장 재고가 급증하고 가동률이 떨어지고 있다.

　　금융위원회가 관계부처와 구조조정 협의체를 구성해서 연말까지 신용평가를 한 뒤 내년 초부터 대대적인 구조조정을 하겠다고 밝힌 것도 현재의 경기침체가 금융위기로 발전할 것을 우려하기 때문이다. 채권시장이 얼어붙고 기업들은 투자를 줄일 수밖에 없다.

　　이런 상황에서 박근혜 대통령은 "이제 지나친 비관과 비판의 늪에서 빠져나와 경제 체질을 바꾸고 혁신을 이뤄 제2의 도약을 이뤄내야 할 것"(9월21일 수석비서관회의)이라고 다그쳤다. 위기 앞에서 머리를 땅에 박는 꿩과 무엇이 다르랴. 필시 "노동개혁"=일반해고의 자유만 도입하면 모든 문제가 해결될 거라는 관료와 재벌의 감언이설에 넘어갔을 게다. 국회 때문에 경제회복이 안 된다는 생각도 현실과는 거리가 멀다.

　　홍두깨 같은 국정 한국사 교과서 추진도 박근혜 대통령에게는 효심의 발로겠지만 실은 경제위기 때 흔히 나타나는 전체주의의 망령이다. 1979년의 경제위기, 1997년의 외환위기, 그리고 2008년 위기 모두 원화 절하와 임금 억제로 넘어갈 수 있었는데, 이런 대내외 평가질하가 수출을 급증시켰기 때문이다. 하지만 박근혜 정부 출범 이래 수출이 두자릿수는커녕 2%를 넘긴 것도 2013년 2/4분기 딱 한번뿐이었다. 이런 상황에서 대량 해고와 임금 억제는 오직 내수 침체만 불러올 뿐이다. 박근혜 정부의 부동산 경기 부양책이 한껏 부풀린 가계부채가 폭발할 날도 머지않았다.

　　경제위기와 민심의 이반을 전체주의로 막으려면 수많은 목숨을 빼앗아야 한다. 제2차 세계대전이 그랬고, 79년 10월26일의 대통령 살해 사건과 전두환의 군사쿠데타가 또한 그랬다. 설마 21세기의 대통령이 이런 비극을 바라지는 않을 것이다. 눈앞의 이익을 지키려는 재벌과 관료의 시대착오적 정책이 자신의 정치생명마저 위협하고 있는데 정작 대통령은 꼭두각시놀음에 빠져 있다.

한겨레신문 / 세상 읽기 / 2015.10.26.

GDP 3만 달러의 '헬조선'… 이 수수께끼의 답은?

1995년에 한국의 1인당 GDP가 1만 달러를 넘었다. 지금은 3만 달러에 육박하는데, 사람들은 사는 게 더 힘들어졌다고 한다. 음식을 나누듯 경제를 나눠야 위기를 극복할 수 있다.

원래는 곧 밀어닥칠 경제위기에 관해 쓰려고 했습니다만, '한가위 특집호'라는 말을 듣고 오래 망설였습니다. "더도 덜도 말고 한가위만 같아라"는 덕담이 오고 가는데, 가뜩이나 불확실한 미래에 공포까지 보탤 수는 없는 노릇이니까요. 맑은 공기 덕에 눈에 잡힐 듯 선명한 차창 밖 풍경에서 옛 기억을 더듬어보는 건 어떨까요?

지금 한국 경제 상황은 무척 나쁩니다. 30년 가까이 현실 경제를 들여다본 제 기억을 더듬어봐도 그렇습니다. 설마 외환위기 때보다도 나쁠까? 어떤 의미에서는 그렇습니다. 당시엔 원화 가치가 급락하면서 수출이 두 자릿수로(1999년 8.6%, 2000년 19.9%) 증가하면서 위기를 빠져나왔죠. 하지만 지금은 전혀 다릅니다. 미국-유럽-아시아 순서로 경제위기가 전염되면서 전 세계가 모두 침체에 빠진 상태입니다. 뼈를 깎는 고통으로 비용을 절감하면 할수록 더욱 깊숙한 위기로 빠져듭니다. 수출은 늘지 않은 채 내수만 축소될 테니까요. 고향으로 가는 차(또는 열차)를 타기 직전, 여러분이 보셨을 '노사정 대타협'은 과거와 달리 한국 경제에 독약이 될 겁니다.

40대 이상인 분들은 혹시 기억하실지 모르겠습니다. 한국의 1인당 GDP가 1만 달러를 넘은 게 언제일까요? 딱 20년 전, 1995년이었습니다. 그리고 지금 1인당 GDP는 3만 달러에 육박하고 있습니다. 무려 3배나 늘어난 거죠. 그런데 20년 전과 지금, 어느 때가 더 살 만한가요?

백이면 백, 사는 게 더 힘들어졌다고 대답할 겁니다. 경제학을 30년 이상 공부한 저한테도 수수께끼입니다. 옛날보다 일을 덜하는 것도 아니고, 20년 전과 비교해보면 자동차·컴퓨터·자동화기기 등 생산설비도 비교할 수 없을 정도로 좋아졌습니다. 그런데 왜 아이들은 '헬조선'을 외치는 걸까요?

이 수수께끼의 가장 유력한 답은 불평등입니다. 제가 태어난 1960년, 한국은 전 세계에서 가장 평등한 나라였습니다. 농지개혁과 6·25 전쟁으로 지주계급이 없어지고 월급도 고만고만했으니까요. 이런 상황에서 교육에 대한 투자는 곧 계층 상승으로 이어졌습니다. 힘들었지만 희망이 있었던 시절이죠. 하지만 어떤 지표로 계산하든 지금 한국은 2000년대 들어 세계에서 가장 빠른 속도로 불평등해지고 있습니다.

별것도 아닌 고3 때의 성적으로 대학이 결정되고 학벌이 직업의 정신적·물질적 보상을 결정하는 사회, 더구나 그 격차가 급속하게 벌어지는 사회에선 모두가 경쟁 상대요, 적일 수밖에 없습니다. 미디어는 온통 상위 1%의 삶만 비춰주고 부동산과 주식 투자는 그 세상으로 들어가는 유일한 통로처럼 보입니다.

하지만 우리 모두 일로매진한 결과, 금수저를 물고 태어나지 않은 아이가 자신의 노동만으로는 보금자리를 마련하는 것조차 불가능해졌습니다. 성장률 2%대에 머무르는 시대에 자산가들은 5%의 수익률을 확보하기 위해 임대료를 올리고 있으니 셋방살이마저 힘들어질 겁니다. 보통 아이들에겐 '헬조선'일 수밖에 없습니다.

사회적 딜레마를 푸는 방법은 협동이다

피를 말리는 경쟁은 오직 목표가 뚜렷할 때만 성과를 거둘 수 있습니다. 추격하는 상황에서 경제는 100m 달리기지만 선도해야 하는 상황에 이르면 경제는 예술이 되어야 합니다. 더구나 우리 세상은 경쟁으로는 도저히 해결할 수 없는 사회적 딜레마로 가득 차 있습니다. 우리가 사교육에 온 힘을 기울이면 기울일수록 부잣집 애들이 승리할 가능성이 높아지고, 괜찮은 집을 사기 위해 경쟁할수록 대다수 아이들이 집을 가질 수 없는 것도 그것이 '죄수의 딜레마'이기 때문입니다.

사회적 딜레마를 푸는 비결은 협동입니다. 이 글을 읽는 분들 중 90%는 1인당 GDP 3만 달러라는 수치가 믿어지지 않으실 겁니다. 4인 가족이라면 1년 소득이 1억 5000만원 가까이 된다는 얘기니까요. 우리 사회가 평등해져서 그 정도의 소득을 골고루 누린다면 우리는 아등바등 살 필요가 없을 겁니다. 특히 아이들은 1점에 목매달기보다 자기가 하고 싶은 일에 흠뻑 빠지게 되겠죠. 바로 여기에 미래 경제성장의 비결이 있습니다. 좋아하는 일을 즐겁게 할 때, 창조도 나오는 법이니까요.

차창 밖으로 벼들이 누렇게 익어가는 게 보이실 겁니다. 분명히 아버지 때나 할아버지 때처럼 배를 곯지는 않습니다. 하지만 지금 우리는 마음을 졸이고 있습니다. 금 모으기 운동 때는 물질을 모았지만 이젠 마음을 모을 때입니다. 한가위에 모두 모여서 음식을 나누듯 경제를 나눌 때 비로소 위기도 극복할 수 있습니다.

시사인 / 419호 / 2015.09.30.

배신

박근혜 대통령은 배신을 그 무엇보다 싫어한다. 자신의 뜻을 거스를 기미가 설핏 어른거리면 칼날은 어김없이 날아온다. 채동욱 전 검찰총장은 청와대의 사생활 폭로로 쫓겨났다. 유승민 새누리당 의원은 항명죄로 원내대표직을 잃었다. 전자는 국정원의 대선개입 수사 때문이었고 후자는 세월호특별법 시행령이 화근이었다. 이제 국정원의 해킹쯤이야 어떤 내부 잡음도 없이 무난히 처리될 것이다.

다행히 20일이 넘도록 새로운 메르스 환자는 나타나지 않았다. 2년 반의 우여곡절을 겪고 난 후, 바야흐로 뜻을 펼 때가 된 것일까? 이제 경제만 살리면 되는 대통령의 목소리가 높아졌다. 그는 21일 국무회의에서 "노동개혁은 생존을 위한 필수전략"이며 "우리 경제의 재도약과 세대간 상생을 위한 시대적 과제"라고 강조했다. 특히 젊은이들을 절망에 빠뜨리는 과도한 연금제도와 노동시상의 이승구조를 깨뜨려야 한다.

구조개혁의 바탕 위에는 희망의 씨앗을 뿌려야 한다. 바로 창조경제다. 온 국민이 메르스 공포에 떨 때도 오불관언, 전국 창조경제혁신센터 방문을 거르지 않은 대통령이다. 24일 청와대에서 열린 대기업 총수 17명과의 간담회가 정점을 찍었고, 곧이어 사면 발표가 대미를 장식할 것이다. 재벌들의 도움으로 재현될 '대박 신화'는 젊은이들에게 다시 한번 창업의 희망을 심어줄 것이다.

대통령은 야당과 노동세력을 고립시키고 청년들을 끌어안으려 한다. 재벌은 이 회심의 전략을 실천할 든든한 동맹군이다. 해서 임기의 절반이 지나도록 대통령은 국가혁신=구조개혁=규제완화에 매진했다. 학교 옆 관광호텔, 병원 안 관광호텔로부터 수박꼭지(농산물 표준규격 개정)까지 규제

완화의 손길이 닿지 않은 곳이 없지만 그중의 압권은 아예 전국을 알프스로 만들겠다는 산지 규제 완화다.

이렇듯 "암덩어리"를 샅샅이 제거했는데도 안타깝게 건강은 악화일로다. 규제만 풀면 불같이 일어나리라던 투자(총고정자본형성)는 2013년 1%포인트, 2014년 0.9%포인트 성장에 기여했을 뿐, 올해는 이보다 더 떨어질 전망이다. 이런 상황에서 기업이 해고의 자유까지 누리게 되면 어떤 일이 벌어질까? 실업이 늘어나고 임금이 급격히 떨어질 테니 내수마저 마이너스로 돌아설 것이다. 애써 끌어올린 집값도 위태로울 것이고, 설상가상 온 국토에 들어선 테마파크는 개장휴업이 뻔하다.

정말 정규직 노동자들이 '세대간 상생'을 가로막고 있는 것일까? 대학 진학률이 80%를 넘나드는데 일자리의 85% 이상을 중소기업이 제공하는 현실에서 이들 기업의 임금과 노동조건이 개선되지 않는다면 상생은 불가능하다. 그렇다면 하청단가 후려치기와 골목상권 위협을 일삼는 재벌들이 바로 그 원흉이 아닌가? 미국의 오바마 대통령은 연방 최저임금을 40% 인상해야 한다고 의회에서 역설하는데 한국의 대통령은 겨우 8% 인상하고선, 이미 세계 1위인 노동시장 유연성을 더 높여야 한다고 목소리를 높이고 있다.

창조경제도 마찬가지다. 청년들이 오로지 전문직과 공무원, 심지어 부동산임대업자가 되려 하는 것은 이들 직업이 안정적이고 상대적으로 높은 보수를 누리기 때문이다. 모두에게 공평한 기회를 주지 않는 사회에서는 혁신도 창조도 불가능하다.

요컨대 투자활성화든 창조경제든 먼저 불평등을 없애야 한다. 임기를 마칠 즈음 대통령은 또 한번 배신에 치를 떨 것이다. 대기업에 대한 사랑은 흔하디흔한 배신의 드라마로 끝날 텐데, 응징의 칼날은 이미 무뎌진 지 오래일 테니 말이다. 대통령이 안락한 여생을 누리려면 경제민주화와 복지라는 선거공약을 지켜야 한다. 모름지기 국민을 배신하지 않아야 성공한 대통령이 될 수 있다.

한겨레신문 / 세상 읽기 / 2015.07.27.

열네 번째 환자를 위한 변호

열네 번째 메르스 환자는 완치 후 뒤늦게 자신이 문제의 '14번 환자'임을 알고 충격을 받았다고 한다. 그는 운이 나빴을 뿐이다. 책임을 져야 할 진정한 슈퍼 전파자는 대통령이다.

열네 번째 메르스 환자가 완치됐다. 죽음의 문턱에서 살아왔지만 그는 대놓고 기뻐하지 못할 것이다. 90명에게 메르스를 전염시킨, 이른바 '슈퍼 전파자'라서다. 그는 완치 후 자신이 문제의 '14번째 환자'임을 알고 충격을 받았다고 한다. 하지만 그럴 이유가 없다. 죄책감을 가져서도 안 된다. 책임져야 할 진정한 슈퍼 전파자가 따로 있기 때문이다. 그는 그저 지독하게 운이 나빴을 뿐이다.

그는 5월15일부터 5월17일까지 평택성모병원에 폐렴 증상으로 입원했다가 같은 병실에 있던 첫 번째 환자에게 감염되었다. 이 병원에서 메르스라는 진단을 받지 못한 그는 병이 깊어지자 평택굿모닝병원을 거쳐 5월27일에서 5월29일까지 삼성서울병원 응급실에 머물렀고 5월30일에야 확진 판정을 받았다. 삼성서울병원은 5월20일에 첫 번째 환자에게 메르스 확진 판정을 내렸다. 그런데 불과 일주일 뒤에 같은 증상으로 들어온 환자를 응급실에 방치했다. 병상이 다닥다닥 붙어 있고 응급 상황이기에 가족들이 환자 곁을 떠날 수 없는, 바로 그 '도떼기시장'에서 그는 계속 기침을 했을 테고 의료진은 가래를 뽑아냈다.

문제는 삼성서울병원이다. 최고의 병원답게 최초의 환자를 메르스로 확진했지만 그 이후 같은 증상의 환자를 격리시키지 않았다. 심지어 응급실 의사나 간호원, 이송요원에게 메르스의 위험을 알리지도 않았다. 정보를 은폐하려는 이런 태도는 5월 30일, 이 환자의 확진 후에도 계속되었다. 언론은 그에게 '의료 쇼핑'의 혐의를 뒤집어씌웠다. 하지만 그는 병이 치료되지 않아 병원을 옮겼고, 이후 악화되어 상급 병원으로 넘어갔을 뿐이다. 이런 정상적 절차를 '의료 쇼핑'이라고 하지는 않는다.

6월 5일 밤, 박원순 서울시장이 긴급 기자회견을 하고 나서야 정부는 6월 7일 24개의 병원과 환자들 동선을 공개했다. 병·의원과 국민들은 비로소 메르스 전파의 흐름을 파악할 수 있었다. 6월 6일 22명, 6월 7일 23명을 정점으로 이후 확진자의 숫자는 줄어들었다.

6월 23일 삼성서울병원 재단(삼성생명공익재단) 이사장이자 삼성그룹 후계자인 이재용씨가 대국민 사과를 했다. 그는 1991년 삼성에 입사한 이래 24년 만에 총수에 오르기 직전, 첫 번째 공식 기자회견을 사죄로 시작했다. 하지만 그가 90°로 머리를 숙인 대상이 과연 국민이었을까? 열네 번째 환자였을까? 송재훈 삼성서울병원장은 6월 17일에 이미 머리를 숙였다. 박근혜 대통령이 충북 오송의 국립보건연구원으로 그를 불렀기 때문이다. 하지만 일주일 전인 6월 11일 정두련 삼성서울병원 감염내과 과장은 국회의원 앞에서 "(삼성서울병원이 뚫린 게 아니라) 국가가 뚫린 것"이라고 맞받아쳤다. 1995년 이건희 회장이 베이징에서 '기업은 2류, 정부는 3류, 정치는 4류'라고 호언했을 때의 기개 그대로이다. 결국 그때 이 회장이 그랬듯, 병원장과 이사장도 대통령에게 사죄한 건 아닐까? 삼성물산 합병 건도 못내 마음에 걸렸을 것이다.

그때 말했던 '국가 대개조'는 결국 '규제 완화'로 치닫나

삼성도 '궁극의 슈퍼 전파자' 또는 '하이퍼 전파자'는 아니다. 삼성서울병원에 따르면 방역 당국은 첫 번째 환자의 검사를 거부했다. 또 평택성모병원에 따르면 당국은 병원 스스로의 '코호트 격리'도 말렸다.

방역은 결단코 정부가 책임져야 한다. 혹여 그 시스템의 일부를 민간에 맡겼을 때는 철저히 규제해야 한다. 삼성서울병원에서 무더기 감염이 예견될 때, 5월 30일 열네 번째 환자의 확진 판정이 나왔을 때도 방역 당국은 정보를 공개하지 않은 채, 삼성에 자체 방역을 맡겼다. 심지어 보름이나 지나 대책본부가 마련된 뒤에도 대통령의 한마디로 민간 전문가(의사)가 방역 총지휘를 맡았다. 도대체 국가는 왜 존재하는 것일까?

하이퍼 전파의 총책임자는 누구에게도 사과하지 않았다. 불행하게도 그는 연이은 대규모 참사를 예비하고 있다. 징후는 곳곳에서 발견된다. 세월호 참사 때, 그는 눈물을 흘리며 '국가 대개조'를 약속했지만 아뿔싸, '국가 혁신=규제 완화'가 그 결과였다. 심지어 그는 눈물이 마를 새도 없이 크루즈 산업(세월호가 크루즈다!)의 규제 완화를 요구했다.

6월 22일 대한상공회의소와 서울상공회의소는 긴급 기자회견을 열어 규제 시스템의 '선진화'를 메르스 대책으로 내놓았다. 필경 정부의 후속 대책도 이를 따를 것이다. 공공병원을 강화하기는커녕 방역 시스템 전체를 민영화하려 할지도 모른다.

헌법 제34조 6항은 '국가가 재해를 예방하고 국민 보호에 노력해야 한다'고 말한다. 그 국가의 최고 책임자인 대통령이 바로 하이퍼 전파자다. 위헌도 이런 위헌이 어디에 또 있을까?

시사인 / 407호 / 2015.07.02.

생명과 반생명의 지도자

지난 6월 18일 프란치스코 교황은 '찬미를 받으소서'(Laudato Si)라는 제목으로 가톨릭 성직자 모두에게 기나긴 편지(회칙)를 발송했다. 2013년 가을 '복음의 기쁨'을 발표했을 때만큼은 아니지만 또 한번 전세계는 술렁거렸다. 교황이 다국적기업과 금융산업, 그리고 정치와 언론에 생태위기의 책임을 물었기 때문이다. "글로벌 환경정상회담의 실패는 우리의 정치가 기술과 금융에 종속되어 있다는 것을 간명하게 보여준다."

그는 보수파로 알려진 전임 베네딕토 16세를 인용하여 "자연환경은 우리의 무책임한 행동에 의해 심각하게 훼손됐고 또한 사회적 환경도 훼손을 겪고 있다. 이 둘은 궁극적으로 동일한 악덕 때문에 생겨났다. 우리의 삶을 인도할 명명백백한 진리는 존재하지 않으며 따라서 인간의 자유는 무한하다는 관념이 바로 그것"이라고 강조했다. 우리의 누이이자 어머니인 지구를 살리려면 자본주의적 생산과 소비, 그로 인한 불평등과 '소비지주의'를 근본적으로 바꿔야 한다. 자연과 사회, 그리고 인간의 마음이 공존과 연대의 원리에 의해 새로운 조화를 이뤄야 한다.

교황의 회칙은 오는 12월에 프랑스 파리에서 열릴 유엔기후변화협약 회의에 보내는 강력한 메시지다. 한국 정부도 이 회의에 제출할 온실가스 감축 목표를 공개했다. 정부 보고서는 2030년 온실가스 배출전망치를 8억 560만t으로 추정하고, 이 수치에 비해서 14.7%(1안), 19.2%(2안), 25.7%(3안), 31.3%(4안)를 감축하는 네가지 시나리오를 제시했다.

이들 시나리오는 이명박 정부가 2012년 국제사회에 공언한 계획에 비해 크게 후퇴한 것이다. 당시 정부는 2020년까지, 2005년의 실제 배출량에 비해 4%를 줄이겠다고 발표했고 박근혜 정부도 2014년 초 국무회의에서 이 목표를 추인했다. 그런데 갑자기 1년여 만에 그 수치에 비해 7% 내지 30% 더 배출하는 쪽으로 유턴한 것이다.

실수로 손바닥을 뒤집은 게 아니다. 정부는 2014년의 제2차 에너지 기본계획, 6차 전력수급기본계획에서 미래의 전기수요를 대폭 높여 잡았다. 전기요금을 값싸게 유지하고 나아가서 22%라는 비정상적인 예비율을 적용해 수요를 뻥튀기한 뒤, 이에 맞춰 다시 공급을 늘리겠다는 것이다.

최근 발표한 하반기 경제정책 속에도 정부의 전기 사랑은 담겨 있다. 언론에는 "한여름 전기요금 누진구조를 개편"해서 생계비를 절감해 주겠다는 갸륵한 뜻만 부각됐지만 수출·투자 활성화 항목에는 "토요일 중부하 시간대에 경부하 요금을 적용하여 기업의 전기료 부담(을) 완화"하겠다는 내용도 들어 있다. 온 국민이 남아도는 전기 좀 더 쓰라는 얘기다.

이명박 전 대통령이 "사회경제적 패러다임의 변화"라고 세계만방에 선언한 "녹색성장"은 이렇게 핵마피아와 에너지 집약적 대기업을 위한 '줄푸세'로 귀결되었다. 세월호 대책이라던 "국가 대개조" 역시 '줄푸세'로 판명났다. 국가의 방역 시스템 일부를 민간병원에 맡긴 결과, 일파만파 번진 메르스 공포에 대해서도 '의료 민영화'가 답으로 튀어나올지 모른다.

한쪽에는 유민이 아버지의 손을 잡아주며 공감이 무엇인지 보여준 지도자가 있고, 다른 한쪽에는 세월호 진상규명위원회를 무력화하기 위해 국회와 전쟁을 선언한 분이 있다. 한쪽은 "규제 없는 자본주의는 또 다른 독재"라고 규정하고, 다른 쪽은 "규제는 제거해야 할 암덩어리"라고 부르짖는다. 이쪽에서는 "공동의 집"을 위협하는 지구온난화에 함께 맞서자고 하는데, 저쪽에서는 대기업의 이윤을 위해 기존 계획마저 뒤집는다. 한쪽에는 생명이 넘치고, 다른 한쪽에는 반생명이 넘실거린다. 종교와 정치가 다르다는 사실만으로 이 천양지차를 모두 설명할 수 있을까?

한겨레신문 / 세상 읽기 / 2015.06.29.

강남 집값 올라서 만족하십니까

정부의 정책 기조가 바뀌지 않는 한 위기에 처한 자영업의 회생은 어렵다. 국회에 계류 중인 자영업자 보호법은 '썩어 문드러진 국수' 신세다. 보통 사람의 삶이 절벽 끝에 서 있다.

변덕스러운 게 봄 날씨라더니 얼굴을 때리는 바람이 제법 세차다. 국회 의원회관에서 열린 한 토론회로 향했다. 토론회 사회를 맡았다. "서민경제의 뿌리, 자영업의 위기를 어떻게 극복할 것인가?" 전순옥 의원(새정치민주연합)이 마련한 소상공인정책연구소 창립 1주년 기념 토론회의 주제다. 농업과 중소기업 정책은 참 다종다양하고 결코 적지 않은 예산이 배정되었는데도 지난 30년긴 별 성과를 거두지 못했다. 중소기업 중에서도 열악한 자영업은 더 말해 무엇하랴.

전인우 박사(중소기업연구원 연구위원)의 발표 역시 자영업 부문의 위기로부터 시작했다. 소상공인 실사지수(Business Survey Index)가 2014년 7월 45.4를 기록했고 지금은 53 정도로 2008년 금융위기 때와 비슷하다. 실사지수란 100을 기준으로 하는 지표인데, 100 이하로 전망이 어둡다 하더라도 70이나 80 정도가 아니라 50이라는 건 절망적이라는 뜻이다.

한국의 자영업 비율은 사업체 수든 종사자 수든 어떤 기준으로 보나 선진국보다 높다. 예컨대 취업자 대비 자영업자 비율을 보면 2013년 한국은 22.5%로, 미국의 6.5%, 일본의 8.8%보다 훨씬 높다. 인구 1000명당 사업체 수로 보면 숙박·음식업의 경우 한국은 13.5개인 데 비해 미국은 2.1개, 일본은 5.6개이다. 따라서 자영업의 과잉 경쟁 및 수익률 하락은 불가피하다는 것이 주현 박사(산업연구원 연구위원)의 진단이다. 인위적 구조조정은 심각한 사회적 비용을 초래하므로 바람직하지 않지만 그렇다고 이 경향을 역전시키거나 저지하는 것 또한 불가능하다.

　그렇다면 도대체 무엇을 해야 한다는 말인가? 토론회의 모든 참석자는 자영업자를 사회보험(산재보험, 공공부조 형식의 고용보험)에 포함시켜 보호하고 이를 위해 일정한 조건하에서 자영업자의 사회보험료 부담을 지원하자는 이병희 박사(노동연구원 연구위원)의 제안에 찬성했다. 또한 자영업 정책 하나만으로 해결할 수 있는 일이 별로 없다는 데도 모두 동의했다. 예컨대 저임금 노동자의 상황이 획기적으로 개선되지 않는다면 능력 있고 젊은 자영업자가 자신이 운영하는 업체가 아무리 어려워도 이를 그만두고 노동자로 전환하는 것이 쉽지 않을 것이다. 협동조합과 같은 사회적 경제 기업들의 생존 전략인 네트워크화와 지역공동체와의 결합이 자영업 문제를 해결하는 데도 도움이 될 거라는 이은애 서울사회적경제센터 소장의 말에 모두 고개를 끄덕였다. 실제로 이탈리아의 에밀리아 로마냐 지방에서는 협동조합과 영세 기업들이 신뢰의 네트워크를 이뤄 위험과 정보를 공유함으로써 세계적 경쟁력을 자랑하고 있지 않은가?

　하지만 넘어야 할 장애물은 수도 없이 많다. 당장 기획재정부는 사회보험 지원에 들어가는 예산에 난색을 표할 것이고(이 부처는 자영업의 획기적 구조조정을 지지한다), 스스로를 모래알이라고 표현하는 상인들이 협동조합 네트워크를 운영하는 데는 많은 노력과 시간이 필요할 테다. 더 결정적인 장애물은 이동주 전국유통상인연합회 정책실장의 입에서 나왔다. 대형 유통업체에 대한 규제는 '언 발에 오줌 누기' 식으로 하면서 대기업의 유통사업 진출을 지원하는 '유통산업 발전 5개년 계획'은 군사작전 식으로 밀어붙인다면 이런 토론이 무슨 소용이 있으랴.

GDP가 아닌 사람들의 생활수준과 행복이 정책 목표여야

결국 정부의 정책 기조가 바뀌지 않는 한 자영업의 회생은 연목구어(緣木求魚:나무에 올라 물고기를 구한다)라는 얘기다. 박근혜 대통령은 지난 연말 통과한 부동산 3법을 '불어터진 국수'에 비유했다. 하지만 지금 국회에 계류 중인 대리점보호법, 상가임대차보호법, 중소상인적합업종특별법은 말하자면 '썩어 문드러진 국수' 신세가 되기 십상이다.

　　더구나 정부가 지금 빨리 통과시키라고 채근하는 서비스발전 기본법은 자영업자들을 다시 한번 강타할 것이다. 박근혜 정부의 '부동산 3법'과 서비스 민영화 정책은 혹여 단기적인 성장률을 높일 수 있을지 모르지만, 보통 사람의 삶을 절벽 끝으로 밀어붙일 것이다. 최근 강남의 집값이 뛰는 걸 보며 희희낙락하는 대통령이라니, 설령 따스한 봄바람이 불어온다 하더라도 서민들의 경제는 3년 내내 한겨울일 것이다.

　　설 연휴 기간에 읽은 논문 몇 편이 떠오른다. '사람이 우선하는 거시정책'에서 GDP와 같은 거시지표는 정책 수단일 뿐이며 사람들의 생활수준, 행복이 정책 목표여야 한다는 애트킨슨 교수의 말은 박근혜 대통령에게 꼭 들려주고 싶다. 아무리 쇠귀에 경 읽기라 해도.

시사인 / 390호 / 2015.03.06.

2015년, 당신은 뭐라도 하게 될 것이다. (강연녹취록)

세계경제가 장기 침체에 빠졌다. 그 원인으로 노년층 증가 등 인구구조의 변화, 기술혁신의 둔화, 불평등의 심화가 꼽힌다. 대안으로 소득주도 성장이 거론된다. 한국은 임금이 올라가면 성장률이 높아지는 국가다.

꽤 오래전부터 안녕하지 못하기 시작했다, 우리는. 신년 강좌 주제가 '뭐라도 합시다'인데 예언하건대 금년에는 뭐라도 하게 될 거다. 안 하면 안 되는 상황이다. 박근혜 대통령이 신년사에서 "경제 회생시키는 골든타임이다. 30년 먹을거리 만들겠다"라고 했는데 불행히도 실현되지 않을 가능성이 높다. 세계경제 자체가 나쁘고 경제정책 방향이 잘못되어 있기 때문이다.

2008년 세계 금융위기의 유산인 '부채에 의한 성장'이 아직도 전 세계의 발목을 잡고 있다. 한쪽에서는 수출하고, 한쪽에서는 빚을 내어 그걸 수입했다. 중국·한국 등 아시아는 수출하고, 미국은 빚을 내 수입하는 게 대표적이다. 그럼 양쪽 다 GDP가 올라간다. 그런데 빚을 내서 성장하던 수입국이 망하면, 수출국도 망한다. 수출 주도 성장과 수입 주도 성장이 맞물려서 세계경제 메커니즘이 돌아갔는데, 그 메커니즘이 깨졌다.

가계도, 기업도, 국가도 빚이 많으면 줄여야 한다. 빚을 줄이지 않으면 소비가 늘어날 수 없다. 한국이 지난해 3% 성장했는데 여전히 빚이 늘고 있다. 정부가 가계 빚 늘리는 정책을 썼기 때문이다. 어느 순간 문제가 될 수 있다. 여기 계신 여러분도 마찬가지다. 사실 나도 문제가 있다. 4년 전에 집을 팔아버렸기 때문에 가계 빚은 없지만, 내가 경제학 지식을 이용해서 우리 집에 도움을 준 건 유일하게 이거 하나다.(웃음).

현재 세계경제 학계에서 가장 논쟁적인 용어가 '장기 침체(Secular Stagnation)'다. 학자 100명이 100가지 얘기를 하는데, 모든 학자가 동의하는 문제가 있다. 첫째가 인구구조의 변화다. 노년층 인구가 굉장히 늘어났다. 베이비붐 세대(한국전쟁 이후 출생)는 성장률이 높다. 일하는 사람이 많기 때문이다. 지금 노년층에 이른 이들에게 자산이 몰려 있는데 이들 처지에서는 언제 죽을지 모르니 자산을 처분하지 않는다. 소비는 더욱 안 한다. 그런 한편 못사는 노인은 젊은 사람들이 먹여 살린다. 젊은이 숫자도 부족하고 돈도 부족하다 보니 소비증가율이 떨어질 수밖에 없다. 두 번째는 기술혁신의 둔화다. 이는 쉽게 바뀌지도 않고 장기적인 일이라 논란의 여지가 있다.

세 번째가 불평등의 심화다. 불평등이 심해지면 사회 전체의 소비 인구가 줄어든다. 경제학에서는 소비 성향이 높은 사람이 돈을 가져야 경제성장률이 높아진다고 말한다. 빈부격차가 심해진다는 건 가난한 사람이 쓸 돈이 없다는 이야기다. 그래서 부자들은 점점 더 많은 돈을 갖게 된다.

우리 아버지, 그리고 나까지만 해도 열심히 일해서 저축하면 월세, 전세를 거쳐 집 사는 게 가능했다. 10~20년 사이에 보통 집을 샀다. 그 시대가 1980년대 중반에서 1990년대 초반까지다. 아마 나이 드신 분 중에는 그 시대가 행복했다고 생각하실 거다. 그런데 1995년부터 한국의 불평등이 점점 더 심해졌다. 결정적인 계기는 외환위기였고, 그다음부터는 격차가 왕창 벌어지기 시작한다. 사회적 격차가 벌어지면 더 큰 문제가 생긴다. 한국의 경우 이른바 '좋은' 대학을 나와야 상위 1%에 들어갈 가능성이 거의 100%까지 높아진다. 격차가 심해질수록 경쟁이 밑으로 밑으로 내려가고 그게 아이들을 죽이는 결과로 이어진다. 오바마 미국 대통령이 가끔 그러잖나. 한국에서 교육을 배워야 한다고. 미쳤나…, 당신 딸 한번 보내봐라 싶다(웃음).

이 세 가지 문제 중에서 가장 고치기 쉬운 건 뭘까? 불평등을 바꾸는 게 가장 쉽다. 근데 한국은 불평등을 계속 심화시키는 쪽으로 가고 있다.

한국 경제의 전망은 매년 1~2% 틀렸다. 가장 심한 이명박 정부 때는 2%씩도 틀렸다. 왜? '747' 때문이다. 7% 성장해야 하니까 부풀린 거다. 박근혜 정부도 2년 연속 틀리고 있다. 금년에는 정부가 3.8% 전망하는데, 예측하건대 2.8%로 떨어질 것이다. 지난해는 예측보다 0.6% 틀렸는데, 0.6% 오차는 별거 아닌 것 같지만 GDP에선 엄청난 거다. 이명박 정부 때부터 나도 매년 1월에 예측해보는데, 항상 정부보다 정확하다. 정확한 방법은 딱 하나다. 정부가 발표한 거에서 1% 빼면 된다(웃음). 빼는 근거는 바로 소비다. 가계 부담 점점 늘어나지, 이자 부담 점점 커지지, 실질 구매력은 안 늘지…. 그런데 소비가 는다고 계산을 하니 전망이 맞을 리가 없다.

"규제 없는 자본주의는 새로운 독재다"

그렇다면 정부의 정책은 뭔가? 박근혜 대통령은 "규제를 풀면 투자가 늘 것"이라고 믿는다. 규제는 '암 덩어리'라잖나. 그런데 프란치스코 교황은 뭐랬나? "규제 없는 자본주의는 새로운 독재다"라고 했다. 프란치스코 교황이 옳다면 박근혜 대통령 뜻대로 규제를 없애면 확실한 독재인 거다. 박 대통령의 상징적 규제 완화인 '학교 옆 관광호텔'은 조현아 전 대한항공 부사장 덕분에 물 건너갔다. 남은 게 병원 안에 호텔 짓는 거다. 복합 리조트 테마파크 딱 일본이 했던 방향 그대로다. 병원 안 호텔은 삼성 얘기다. 삼성 병원에는 성형외과가 없다. 삼성 병원 안에 호텔을 짓고 임대해서 성형외과 들어올 수 있게 하려는 거다. 성형수술 하러 오는 관광객은 많은데, 성형하면 부기도 빼고 해야 하니 호텔 짓겠다는 거다.

또 하나 대통령이 직접 얘기한 게 상수도 옆에 공장 짓게 하겠다는 거다. 기업형 민간 임대 시장 육성! 규제 완화뿐 아니라 아예 수익성도 보장해주겠다는 게 이번 경제정책의 핵심이다. 지금 1.5%인 민간 임대 수익률을 5%로 보장해준다, 토지 규제 완화해서 그린벨트 풀어주겠다, 용적률 높여주겠다, 주택기금은 싼 금리로 빌려주겠다. 아주 친절하게 다 밝혔는데, 이렇게 친절한 정부 처음 본다. 정부는 이게 중산층을 위한 정책이라고 했는데, 스스로 예측하기로도 서울에서 상위 20%만 임대료를 낼 수 있을 거라고 했다. 박근혜 정부에게는 상위 20%가 중산층이다. 건설업자에게 갖은 혜택을 주고 굉장히 좋은 민간 아파트 짓는다는 게 중산층 주거방식 개혁인가? 손실 공유형 민자유치(BOA) 도입 역시, 결국 건설로 경기 부양을 하겠다는 취지다.

비교해서 볼 만한 장면이 펼쳐졌다. 오바마 대통령이 1월 20일에 연두교서를 발표했다. 오바마는 한 부부를 예로 들었다. 남자는 건설 노동자이고 여자는 식당 종업원이다. 오바마는 자기 임기 동안 이 두 사람이 어떻게 착실하게 돈을 모아서 집을 살 수 있었는지 설명한다. 그게 중산층 경제다. 그리고 앞으로 이 부부의 두 아들에게 필요한 정책을 사용하겠냐고 했다. 부자 증세를 통해서다. 오바마에게 중산층은 건설 노동자다. 이들에게 매년 수천 달러를 호주머니에 넣어주겠다고 했다. 우리로 치면 몇백만원이다.

이명박 정부 때 유일하게 잘한 정책이 하나 있다. '거시건전성 규제 3종 세트'다. 신현송 국제경제보좌관이 만들었는데, 내가 장하준 교수에게 그랬다. "이명박은 복도 많지, 어떻게 이런 사람이 이명박을 보좌하느냐" 했을 정도로 전 세계에서 실력을 인정받는 사람이다. 신현송씨가 만든 선물환 포지션 규제, 외화건전성 부담금, 외국인 채권투자 과세 모두 외국 돈이 한국으로 들어오는 걸 규제한 거다. 외국 자본이 보통 들어올 때는 원화로 들어와도 빠져나갈 땐 달러로 나가는데, 달러가 없으면 외환위기가 난다. 그래서 아예 외국 자본이 들어오는 속도를 늦추는 게 중요한데, 저 3종 세트가 그런 정책이다. 최경환 경제부총리가 당시 산자부 장관이었는데

이 정책에 엄청나게 저항했다. 그러더니 지금 저걸 완화하겠다고 한다. 물론 완화라고 하지 않고, '합리화'라는 이름으로. 내가 정부에 있었지 않나. 합리화나 완화나 같은 거다.

박근혜 정부의 정책들은 성공하지 못할 거다. 2년째 사람들의 불만이 쌓이고 있는데 경제성장률이 더 떨어지면 터질 가능성이 높다. 그럴 때 박 대통령은 '아버지에게 배운 대로' 적을 만들어서 때릴 거다. 국민들끼리 적이 되어 싸우게 한다. 박근혜 정부가 첫 타깃으로 잡은 게 공무원연금이다. 사실 공무원연금은 국민연금이랑 통합하기는 해야 한다. 어쨌든, 공무원노조가 저항할 거다. 다음은 사학연금이고 군인연금이다. 그리고 자꾸 건드리는 게 있다. 정규직 노동자다. 이들의 '높은' 월급을 계속 언급한다. 정규직 노동자를 하향 평준화하겠다는 거다. 이것도 격렬한 저항을 부른다.

소비를 늘리려면 현재의 빈부격차가 줄어들어야 한다. 오바마의 정책이 그 방향이다. 물론 쉽게 의회를 통과하기는 어렵다. 그러나 '중산층 경제'라는 말을 만들고 상속세와 자본이득세라는 화두를 대통령이 던졌다. 앞으로 미국은 대선까지 그걸 중심으로 논쟁이 이뤄진다. 우리는 반대 방향으로 가고 있다. 미국에서는 식당 종업원과 건설 노동자를 중산층이라고 생각하고 정책을 만드는 판에, 우리 정부는 상위 20%를 중산층으로 설정하고 그들을 위한 정책이라며 건설업자에게 돈을 퍼주는 방향으로 가려한다.

경제학자 피케티가 민주주의를 걱정하는 까닭

지난해 한국에 세계적인 슈퍼스타 두 명이 왔다. 프란치스코 교황과 토마 피케티 교수. 피케티의 가장 큰 장점이 뭐냐면 재산과 자산에 관한 300년 통계를 만든 것이다. 한국은 계산이 안 되다가 〈21세기 자본〉이 나온 지 한 달 됐을 때 한국은행하고 통계청이 처음 '국민대차대조표'라는 걸 발표했다. 그 부록을 보니까 피케티처럼 베타(β·자본/소득 비율)를 계산할 수 있겠더라. 계산해보니 2000년에 5.8, 2012년에 7.5였다. 12년 동안 β값이 5.8→7.5로 늘었다는 건 자산의 가치가 노동으로 벌어들인 돈보다 커지고 있다는 의미다.

피케티가 걱정하는 건 민주주의다. 빈부격차가 신분을 결정하는 사회에서는 민주주의가 유지될 수 없다. 중산층이 붕괴되고, 부가 집중되며, 이들이 돈을 가지고 의회와 관료를 매수하면 그 사람들을 위한 정책이 나올 수밖에 없다.

그래서 대안으로 얘기되는 것이 소득 주도 성장이다. 소득 주도 성장으로 빈부격차를 잡을 수 있다. 임금을 올리는 게 바로 소득 주도 성장이다. 그런데 임금은 안 올리고 집값만 올리려 한다. 한국은 임금이 올라가면 성장률이 높아지는 국가다. 소득 주도 성장 정책을 펼치려면 최저임금을 인상해야 한다. 대체적으로 노조를 강화하는 정책도 필요하다. 대기업 노조는 충분히 강하다. 중소기업과 비정규직 노조를 강화해야 한다. 루스벨트가 노조 강화 정책을 썼다. 사회적 경제 영역과 협동조합을 늘리는 것도 소득 주도 성장의 일환이다.

한국은 사회적 이동이 잘 일어나지 않는 나라다. 제일 나쁜 경쟁이 '상대적 지위 경쟁'이다. 대표적으로 끔찍한 게 등수 매기기다. 한 명 올라가면 한 명 떨어지는 끝없는 경쟁. 아무리 내가 노력해도 남이 더 올라가면 내가 떨어지는 거다. 그 미친 짓을 우리가 하고 있다. 〈초협력자〉라는 책을 보면 세상에서 협력을 제일 잘하도록 만들어진 게 인간이다. 인간과 원숭이의 진화에 차이가 난 것은 협동을 할 줄 아느냐 모르느냐 때문인데, 지난 30년간 한국은 협동하는 법을 지속적으로 없애는 방향으로만 달려왔다.

문제는 결국 정치다. 클린턴이 '바보야, 문제는 경제야'라는 말로 대통령이 됐다. 클린턴의 대통령자문위원장이 노벨상을 받은 경제학자 스티글리츠다. 스티글리츠가 쓴 칼럼 제목이 뭔 줄 아시나? '바보야, 문제는 정치야'다. 어떤 정책을 쓰는가, 소득 주도 성장이냐 부동산 투기정책이냐를 결정하는 건 여러분이 고른 대통령이다. 물론 관료·재벌·언론 등 주어진 조건이 어렵지만 그래도 '어떤 지향'을 가진 사람을 뽑느냐에서 가능성이 달라진다. 앞서도 얘기했지만, 여러분은 올해 뭐라도 하게 될 거다(웃음). 2008년 촛불 정국 때 나는 서울광장에서 6개월을 살았다. 그때가 이명박 정부 집권 1년차였다. 그게 3~4년차였으면 정권이 넘어갔을 거다. 올해부터 여러분은 그렇게 하게 될 거다. 그래야 아이들이 산다.

강연이 끝난 뒤 불평등에 대한 절망감, 월급과 세금에 대한 실질적인 조언 요청, 수천만원씩 빚을 지고 시작하는 결혼에 대한 고민까지 다양한 질문이 쏟아졌다.

청중 1　강연에 따르면 낙수효과는 없는 거 아닌가? 그러면 감세 명분이 없는 건데, 어떻게 부자 감세가 가능한가?

정태인　부자들이 힘이 세니까. 돈을 많이 가진 사람이 그걸 다 소비하지 못하니까 투자를 하고, 그게 낙수가 된다는 게 낙수효과 이론인데, 30년 전부터 그런 효과는 발생하지 않는다. 투자를 하지 않거나, 고용을 해도 임금을 더 깎는다. 프란치스코 교황이 "낙수 경제는 작동하지 않는다"고 하지 않았나. 부자들 물그릇 커지는 속도가 물 들어가는 속도보다 빠르다는 말도 했다. 실제로도 그렇다. 평등한 사회가 더 행복하지만, 시장은 그런 일을 하지 않는다. 그래서 정치가 중요하다.

청중 2　식당을 운영하는 아버지가 (종업원들 주는) 최저임금을 견디지 못하는 자영업자도 많다고 하더라. 이처럼 현실과 괴리됐기 때문에 진보 세력이 표를 얻지 못하는 거라고도 하셨다.

정태인　아버님 같은 생각을 모든 기업가가 다 한다(웃음). 기업가들은 내 공장 노동자의 임금은 안 오르고, 옆 공장 노동자의 임금은 올랐으면 좋겠다고 생각한다. 내 공장 노동자의 임금 올리는 건 비용이지만, 옆 공장 노동자의 임금이 오르면 그건 수요가 되기 때문이다. 결국 동시에 올라가야 한다. 이때 국가가 개입해야 하는데 결국 국가도 돈이 있어야 한다. 국채를 발행하든, 세금을 더 걷든. (부자들이) 안 쓰고 있는 돈을 못 쓰고 있는 사람에게 순환시키는 일을 국가가 해야 하고. 결국… 정치다.

청중 3　주변에 결혼하는 친구들 보면 수천만원씩 빚을 지고 시작한다. 갈수록 빚을 지면서 산다는 게 피할 수 없는 흐름 같다.

정태인　국가는 빚을 져도 된다. 전체를 책임지니까. 그러나 개인은 빚에 의해 목숨도 위험해질 수 있다. 최근 몇십 년을 빼곤 이자상한선이라는 게 엄격했다. 인류의 역사를 보면 고리대는 사형까지도 받았다. 지금은 돈이 돈을 버는 세상이 됐다. 집 문제로 보면, 공공주택이 30%를 넘어가면 집값이 오를 수가 없다. 한국에 공공주택이 너무 적어서 생기는 문제다.

녹취 · 정리 / 장일호 · 김동인 기자

시사인 / 386호 / 2015.02.11.

왜 정치가 문제인가?

내가 언제부터 '정동칼럼'에 등장했지? 인터넷 경향신문을 검색해보니 2012년 11월부터 썼고 이 글이 서른여섯 번째다. 온갖 주제를 다뤘지만, 어쩔 수 없이 경제 정세나 정책에 관한 글이 압도적으로 많았다. 변명의 여지 없는 무능력 탓에 독자들께 명쾌한 진단도, 시원한 답도 드리지 못해 죄송스러울 뿐이다.

나는 지난 6년 동안 과거와 같은 성장이 이젠 불가능하다는 말을 지겹도록 되풀이했다. 세계적으로 수출주도전략(동아시아 국가나 유럽의 독일)과 부채주도전략(미국이나 남유럽)이 짝을 이뤄 성장률을 끌어올리는 체제는 이미 끝났다. 한국의 경우엔 밖으론 수출을 늘리고 안에선 투기와 부채를 부추기는 수출주도·부채주도 성장이 불가능해졌다.

하여 '지속적 침체'(secular stagnation)가 경제학계 최대의 화두가 되었다. 말 그대로 백명의 학자가 백가지 얘기를 하는 중이지만, 그래도 인구 고령화, 기술혁신의 지체(논란의 여지가 많다), 그리고 경제적 불평등 심화가 중요한 원인이라는 데는 동의할 것이다.

모두 단기에 해결하기 어려운 난제들이지만 그래도 불평등의 시정이 제일 만만해 보이는 게 사실이다. 불행하게도 피케티의 〈21세기 자본〉은 이마저 대단히 어렵다는 사실을 보여주었다. 20세기 초중반의 대공황과 전쟁, 최고 소득세율 90%에 이르는 부자증세가 이런 극적인 평등 개혁을 이뤄냈을 뿐이다.

과거의 체제가 더 이상 제대로 작동할 수 없는데도 과거의 지배계급이 여전히 강한 힘을 지니고 있다면 세상은 혼란에 빠질 수밖에 없다. 심지어 위기를 빌미로 과거의 체제가 더 공고해진다면 그 사회는 마비를 거쳐 붕괴에 이르고 말 것이다. 지금 세계와 한국이 꼭 그렇다.

시장은 이런 체제 위기를 결코 해결하지 못한다. 시장이 경제학 교과서에 나오는 것처럼 부드럽게 갈등을 조정하는 것은 사람들이 체제에 대한 믿음을 가지고 일정한 범위 내에서 행동할 때뿐이며, 그 범위를 넘어서면 시장은 오히려 사회를 붕괴시키는 쪽으로 작동하게 된다. 과거의 규범은 붕괴하고 사람들은 사회를 보호하기 위한 행동에 나서게 된다. 폴라니의 〈거대한 전환〉이 그려낸 상황이다.

지금은 전 세계적으로 총수요가 부족하고 동시에 생태위기까지 겹친 상황이다. 부와 소득의 재분배를 통해 소비를 늘리고 정부 주도로 생태투자를 획기적으로 증가시켜야 한다. 정부가 이런 정책을 사용한다면 케인스의 세상이 열릴 테지만, 지배계급 편향적인 정책을 고집한다면 바야흐로 마르크스의 상황이 실현될 것이다. 그리고 정부의 정책 방향을 결정하는 주체는 다름 아닌, 주권자로서의 시민이다.

버락 오바마 대통령의 연두교서는 케인스적 조정을 쇠하지만 박근혜 대통령의 신년 기자회견은 마르크스 상황을 부추기고 있다. 미국의 대통령은 자본이득세와 상속세를 통해 건설노동자와 식당종업원 가족의 복지를 늘리는 정책을 제시했지만 한국의 대통령은 담뱃세와 연말정산을 통해 대형 건설업자와 상위 20%(서울의 경우)의 이익을 부풀리는 정책을 내놓았다.

이것이 정치다. 물론 월스트리트의 분석가들이 비웃듯 오바마의 세제개혁은 수많은 고초를 겪을 것이다. 하지만 앞으로 시민들의 공적 토론은 바로 이 지점을 둘러싸고 전개될 것이다. 불행히도 한국뿐 아니라 전 세계에서 우리의 희망인 민주주의는, 자본에 의한 관료의 포획, 정당의 관료화에 의해 질식하고 있다. 어느 나라의 시민이 민주주의를 부활시켜 새로운 사회경제체제의 모델을 보여줄 것인가? 정당이 지금처럼 제대로 그 기능을 수행하지 못한다면 시민들은 또다시 광장으로 나오게 될 것이다.

돌이켜보니 나는 "우리 아이만 살릴 길은 없다, 우리 아이들 모두를

살릴 길만 존재한다"는 말을 습관처럼, 어쩌면 푸념처럼 되풀이했다. 세월
호 아이들을 기억해야 한다. 정치가 우리의 살길이며 우리가 주권자다. 앞
으로 독자 여러분과의 대화가 길거리와 광장에서 이어지길 바란다.

경향신문 / 정동칼럼 / 2015.01.25.

박정희의 그림자 그리고 나쁜 예감

2015년 한국 경제는 어떨까? KDI와 정부는 3.5~3.8% 성장을 전망했으나 희망 사항에 가깝다. 전망은 그리 밝지 않고, 정부가 내놓은 2015년 경제정책 방향은 군사작전에 가깝다.

맙소사, 1월1일이 마감이라니. 인간이 시간을 자의적으로 토막 냈다고는 하나, 새해 첫날부터 골머리를 앓을 수는 없다. 해서 갑오년의 마지막 날 저녁, 나는 연구원 컴퓨터 앞에 앉아 있다. 때가 때이고, 직업이 직업인지라 2015년 경제 전망을 쓰는 것이 무난하리라.

유엔경제사회국(UNDESA), IMF, OECD는 5년째 3%대의 어슷비슷한 선방을 내놓았고, 실적은 매년 1%포인트 정도 낮았나. "완반한 회복세, 그러나 여기저기 폭탄이 널려 있다"라는 문구도 식상하다. 새해라고 다를까, IMF는 아예 세계경제 전망 보고서 제목을 '유산, 구름, 불확실성'이라고 달았다. 2008년 금융위기의 유산이 본격적 성장의 발목을 잡고 있다는 것이다. 총수요 부족으로 성장률이 낮아지고 투자가 부족하니 잠재성장률도 떨어지고 있다. 달라진 건 성장을 주도하는 나라들과 발목을 잡는 나라들의 명단이다. 위기 이후 세계경제를 이끌었던 중국 등 신흥 경제는 올해 수렁이 될 전망이다. 중국이야 부실채권이나 지방재정의 문제가 있다고는 하지만 정부의 강력한 조정 능력 덕에 7%에 가까운 성장을 거둘 것이다. 그러나 유가와 원자재 가격 하락으로 중남미 국가들과 러시아는 마이너스 성장을 할 가능성이 높다. 특히 국제 제재를 받는 러시아는 자칫 파산(Default) 위협에 몰릴 수도 있다.

유로화 지역은 본격적인 디플레이션 상황에 빠질 것인지가 문제이고 깜짝 성장을 가져왔던 아베노믹스는 이미 빛을 잃었다. 이제 희망은 2.8%(UNDESA) 또는 3.1%(IMF와 OECD)의 성장을 하리라 전망되는 미국이다. 하지만 미국의 성장 또한 그리 미덥지 못하다. 저간의 회복은 천문학적 양적완화와 수출정책에 힘입은 것인데, 하반기에는 연방준비제도이사회가 금리를 인상할 예정이고, 세계 곳곳에서 문제가 터질 때마다 미국으로 돈이 몰려올 테니 달러화는 더욱 강해질 것이다.

한국 경제는 어떨까? 정부는 2015년 경제성장률을 3.8%라고 예측했다. 2013년 말의 경제 전망은 3.9%였고 실적은 3.4%(4분기 전망 포함)였으며 그 이전의 전망도 1~2%포인트 부풀렸다는 것이 증명되었으니 이 수치 또한 희망 사항이 포함되었으리라. 보통 정부보다도 더 낙관적인 전망을 내놓던 KDI가 이번에는 3.5%를 제시했다. 차이를 보이는 곳은 민간소비 항목이다. 지난 5년 동안 정부 전망의 오류는 대부분 낙관적인 소비 전망에서 말미암았는데(예컨대 작년에도 정부는 민간소비가 3.3% 증가할 것이라고 예측했는데 실제로는 1.7% 증가했을 뿐이다) 이번에도 정부는 3.0%를 제시한 반면 KDI는 2.3%로 낮춰 잡았다.

수출과 투자는 세계경제가 어떻게 움직이느냐에 따라 가변적이지만 중국의 산업구조 고도화에 영향을 받을 것은 분명하다. 중국의 대미 수출에는 일본과 한국의 자본재 및 중간재가 포함되어 있는데, 중국이 부품 국산화에 진력하면서 두 나라의 대중국 수출이 급감하고 있다. 그뿐 아니라 지난해부터 기업의 수익률이 큰 폭으로 떨어진 터라 대기업일지라도 선뜻 대규모 설비투자에 나설지 의문이다.

사회적 합의 없이 '공무원연금 개혁과 노동시장의 유연화'?

정부의 정책은 시중에 떠도는 돈을 투자로 끌어들이는 데 집중되어 있다. 2014년의 투자 유인책이 규제 완화였다면 2015년에는 한술 더 떠서 수익률을 보장해주는 것인데, 그 과녁의 정중앙에는 역시 건설 부문이 자리하고 있다. '민간 임대주택시장 활성화' '민간자본 참여 제고'가 그것이다. 나아가서 '구조개혁'으로 '공공부문 효율성 향상'과 '노동유연성, 안정성 제고'를 내세웠는데, 세계의 경험은 이런 구조 개혁에는 장기에 걸친 사회적 합의가 필수라고 증언한다. 하지만 정부의 '2015년 경제정책 방향'은 1년을 시한으로 하는 군사작전에 가깝다. 첫 번째 목표는 공무원연금 개혁이고, 두 번째는 노동시장 유연화이다. 한 손에는 삽을, 다른 손에는 총을 든 박정희의 이미지 그대로가 아닌가?

2014년 한 해 세계 경제학계는 '지속적 침체(Secular Stagnation)'라는 회두를 놓고 설왕설래했다. 온갖 학자들이 제각각 상이한 원인을 내놓고 있지만 인구고령화, 기술혁신의 정체(논란이 많지만), 그리고 부와 소득의 불평등은 공통으로 꼽는 요인이다. 이 가운데 정부가 나서서 해결할 수 있는 문제는 무엇일까? 불평등 완화다. 물론 증세와 복지 증대는 현재의 정치 상황에서 매우 어려운 일이긴 하지만(피케티가 결국 민주주의가 문제라고 한탄한 이유가 여기에 있다), 그 정치성은 곧 해결의 실마리이기도 하다. 1970년대까지 주요 선진국의 최고 소득세율이 80%에 달했다는 사실을 기억해야 한다. 고양이 목에 방울을 먼저 다는 나라는 어느 나라일까? 불행히도 박근혜의 대한민국은 아닐 듯하다.

시사인 / 382호 / 2015.01.13.

'구조개혁'은 정치적 문제다

지난해 12월22일 정부는 "2015년 경제전망"과 "2015년 경제정책방향"을 발표했다. 첫 문서의 한 줄 요약은 "3.8% 성장률은 과장"이라는 것이다. 이명박 정부 이래의 도저한 낙관, 또는 엉터리 예측이 이번에도 되풀이됐다. 예나 지금이나 민간소비가 3% 이상 증가할 거라고 전망했지만 실적치는 줄곧 1%대였다. 수출과 투자 증가율 역시 '희망사항'을 지나치게 많이 담았다.

경제정책방향은 구조개혁, 경기대책, 리스크 관리로 구성되어 있다. 먼저 경기대책은 "시중에 떠도는 돈을 투자로 끌어들이는 수단" 일색이다. 예의 규제 완화만으로는 부족하니 수익성까지 보장해 주자는 게 금년 정책의 고갱이다. 아예 한 항목으로 독립한 "임대주택시장 활성화"에는 택지 인센티브, 금융지원, 세제지원 등 열 가지 이상의 정책수단이 동원됐다. 토목건설에도 "손익공유형 투자방식"(BOA)을 도입해서 철도, 경전철, 나아가서 의료, 교육 쪽 건설에 적용할 예정이란다. 한마디로 "돈 많은 사람들이여, 한몫 챙겨 줄 테니 건설에 뛰어들라"는 얘기다.

진정한 문제는 구조개혁에 있다. 나도 공무원연금이나 군인연금, 사학연금을 국민연금으로 일원화해야 한다고 생각하며 또한 정규직과 비정규직의 격차를 줄이지 않으면 현재의 노동문제를 풀 수 없다는 데 동의한다. 교육개혁은 더욱더 절실하다. 현재의 구조가 자아내는 각종 불평등을 해소하지 않고서는 우리 사회는 한 발짝도 앞으로 나아갈 수 없기 때문이다.

하지만 정부의 공공부문, 금융부문, 그리고 노동과 교육부문 개혁은 과거의 개혁 방향, 이미 실패로 판명난 '줄푸세'를 답습하고 있다. 시장과 경쟁의 요소를 더 많이 도입하기만 하면 모든 문제가 해결되리라는 믿음이 바로 현재 위기의 원인인데도 말이다. 이뿐만 아니라 정부는 이 개혁을 단기에 군사작전처럼 해치우려 하고 있다.

구조개혁이란 과거의 제도와 관행을 바꾸지 않고선 현재의 위기를 벗어날 방법이 없다는 인식에서 비롯됐을 것이다. 그런 의미에서 과거의 가장 성공한 구조개혁을 꼽는다면 단연 전후의 황금시대를 이끌었던 복지국가체제일 것이다. 한국으로 말하자면 농지개혁이 바로 그런 구조개혁이었다. 과거의 질서인 지주제를 해체했기 때문이다. 구조개혁이란 한마디로 고도의 정치과정이요, 높은 수준의 사회적 합의를 필요로 한다.

정부가 성공한 구조개혁으로 든 최근의 사례를 봐도, 예컨대 독일의 하르츠개혁, 핀란드의 교육개혁, 영국의 연금개혁 모두 하나같이 장기간에 걸친 사회적 합의를 거쳤다는 것을 알 수 있다. 특히 자본가 대표가 개혁 위원회의 위원장을 맡아 사회적 합의를 끌어낸 사례가 많다는 것도 주목할 만하다. 즉 기득권 계급이 솔선수범해서 개혁 비용을 가장 많이 분담할 때, 그리고 정부가 불편부당한 태도를 취할 때 비로소 구조개혁은 성공할 수 있다.

구조에 문제가 있다는 데 동의해도 개혁 방법에 관해서 또 한번 백가쟁명일 테다. 나라면 "지속가능한 연금"이라는 주제로 국민연금과 기초연금, 그리고 퇴직연금까지 지속가능한 노후 복지를 설계하는 일부터 시작할 것이다. 공무원들의 '특혜'를 부각시켜 공무원연금을 깎고, 다음에는 군인과 사학연금을 건드리고, 다시 국민연금을 개혁하는 식은 끝없는 갈등만 낳을 것이다. 사회적 불평등을 줄이는 방법에 대한 총체적 그림 없이 노동문제와 교육문제만 따로 떼어 해결할 수는 없다. 예컨대 만일 대기업과 중소기업의 임금격차가 지금처럼 심하지 않다면 대기업 정규직 노동자가 해고에 목숨을 걸지는 않을 것이며, 그런 격차의 대부분이 불공정한 하청 관계에서 비롯되었다는 것도 분명하다. 실업보험의 확충과 적극적 노동시장 정책도 노동시장 개혁의 전제조건이다.

　　이런저런 숱한 이견을 조정하는 사회적 합의 없이, 신종 쿠데타를 동원해서 그저 '줄푸세'를 실행하려 한다면 이 정권은 집권 3년차에 진정한 위기가 무엇인지 알게 될 것이다. 엉터리 경제전망, 투기적 경기대책에 따른 경제위기와 더불어, 극심한 사회적 혼란이 올 것이기 때문이다.

경향신문 / 정동칼럼 / 2015.01.04.

위기인가, 대개혁인가

"'안녕들 하십니까?'가 유행이라는데, 전혀 안녕하지 못했던 2013년이 저물고 갑오년이 온다." 작년 이맘때 내가 쓴 '정동칼럼'의 첫 문장이다. 바로 그 갑오년에 나는 안녕하시냐는 통상의 인사마저 송구스러워 "안녕하지 못하시죠?"라는 말로 글이나 강연을 시작해야 했다.

2014년을 되새기는 내 머릿속에 떠오르는 낱말들은 '세월호' '피케티' '프란치스코 교황' '초이노믹스' 등이다. 금년 4월16일은 또 하나의 국치일이었다. 우리는 배가 반쯤 물에 잠겨 있다가 완전히 침몰하는 상황을 며칠에 걸쳐 슬로모션으로 바라봤다. 그러나 우리는 단 한 명의 목숨도 구하지 못했다. "국가란 무엇인가"라는 질문이 쏟아지는데도, 내 일이 아니라는 듯 한 달 동안 침묵하던 대통령은 눈물을 흘리며 '국가 대개조'를 약속했다. 그리고 7개월이 지난 지금 그 국가는 전혀 달라지지 않았다. 아니 개악을 향해 달리고 있다. 대통령은 두 달 뒤, '국가 대개조'란 바로 그의 '경제혁신 3개년 계획'이라는 듯, "눈 딱 감고 규제를 풀라"고 외쳤다. 놀랍게도 그는 크루즈 산업을 대표적 사례로 들었다.

위기의 원인을 제거하기는커녕 오히려 부풀리는 건 이제 우리에게 익숙한 풍경이 되어버렸다. 1993년 292명이 사망한 서해페리호 참사가 터지자 정부는 여객선 안전을 한국해운조합이라는 곳에 맡겼다. 당국의 책임이 문제가 되자 새 민간기관에 규제 권한을 떠맡겼는데 그곳이야말로 해양수산부 관료들이 재취업하는 '관피아'의 소굴이 되었다. 1997년 무분별한 자본시장 개방으로 외환위기가 터지자 정부는 IMF의 후원 아래 개방과 규제 완화, 민영화를 본격적으로 추진했다. 1990년대 중반은 한국의 거의 모든 장기 경제통계 추세에 꺾임점을 만들었는데 특히 불평등에 관한 지표들은 악화 쪽으로 가파른 기울기를 보였다.

프랑스의 젊은 경제학자 피케티의 〈21세기 자본〉은 그의 방한을 계기로 한국에도 꽤 강한 바람을 일으켰다. 300년의 장기 불평등 통계를 토대로 그는 앞으로 세계가 세습자본주의로 향할 것이라며 민주주의의 질식사를 우려했다. 5월에 발표된 한국은행의 국민 대차대조표를 이용해서 2000년부터 2012년까지 피케티 비율을 계산한 결과, 한국은 그 세습자본주의의 강력한 후보로 나타났다.

교황은 2013년 〈복음의 기쁨〉에서 "규제 없는 자본주의는 새로운 독재"라고 선언했다. 지난여름 그의 방한은 절망의 구름을 뚫고 내리꽂힌 한 줄기 빛이었다. 교황은 한국에 머문 동안 내내 세월호의 노란 배지를 달고 있었고 단식으로 여월 대로 여윈 '유민이 아빠'를 감싸안았다. 교황은 '새로운 독재' 앞에서 눈감는 것은 공모라고 규정하고, 특히 사제는 거리로 나서서 '형제애의 공동체'를 실현하라고 주문했다. 평등과 연대를 염원하는 교황에게 규제 완화는 독재의 뿌리인 반면, 한국의 대통령에게 규제는 암덩어리이다.

최경환 부총리는 인사청문회에서 '지도에도 없는 길'을 갈 것이라며 비정규직의 처우를 개선하고 임금을 올리지 않는 한 한국의 미래는 없다고 진단했다. 하지만 혹시나 했던 그의 초이노믹스는 "빚 내서 집 사고 전세금 올려주라"는 부채주도 성장전략일 뿐이었고 그마저 실패로 돌아가자 '구조개혁'을 내세워 결국 노동의 하향평준화와 규제 완화의 길로 매진하고 있다. 7조원의 감세 혜택을 받은 대기업에 고작 1000억원대의 세금을 물리는 이른바 '가계소득 증대세제 3대 패키지'만 외로이 남았을 뿐이다.

대한민국호는 이미 좌초하고 있다. ILO는 물론, 신자유주의의 첨병이라는 IMF, OECD에서도 불평등이 성장을 저해한다는 보고서가 속속 출간되고 있다. 그 속에서 한국은 '경제혁신'과 '구조개혁'이라는 이름 아래, 벼랑으로 이르는 길로 발걸음을 재촉하고 있다. 이런 상황에서 2015년 전망은 무의미할지도 모른다. 전쟁으로 이어질지도 모를 대위기로 향할 것인가, 아니면 불평등을 극적으로 완화하는 개혁의 길로 나아갈 것인가? 세계사에도 우리 역사에도 새로운 길은 혁명에 준하는 대개혁을 거쳐야 한다고 기록되어 있다.

경향신문 / 정동칼럼 / 2014.12.14.

경제, 찬바람이 분다

경제 흐름이 좋지 않다. 수출, 소비 등 수치가 나빠지고 있는데도 정부는 '빚내서 집 사라'며 부동산 경기 살리기에 목숨을 걸고 있다. 가계소득을 늘리는 게 유일한 길이다.

새벽 어스름, 이제는 겉옷을 챙기지 않으면 담배 한 개비 물 때 오스스 팔뚝에 소름이 돋는다. 정부 계획대로 내년에 담뱃값이 크게 오르면, 하루 한 갑 피우는 사람은 1년에 121만원이 넘는 세금을 내게 된다. 시가 9억원 상당의 주택에 대한 재산세, 연봉 5000만원인 사람의 근로소득세와 맞먹는단다. 만세! 하루에 두 갑 이상 피우는 나는 18억원짜리 주택을 가진 부자나 연봉 1억원인 능력자들과 비슷한 세금을 내게 되는 셈이다.

이렇게 벌금을 물면서도 건강에 해로운 담배를 끊지 못하는 것은 내가 얼마나 비합리적인지 여실히 보여준다. 내가 지난해 펴낸 〈협동의 경제학〉은 인간은 오직 물질적 유인에만 반응하는 호모 에코노미쿠스가 아니라고 강조했으니 내 책이 옳다는 것을 몸소 실천하고 있다. 올해 국가채무가 527조원, 내년 570조원인 나라에 살고 있으니 내 소득에 비해 훨씬 많은 세금도 기꺼이 부담하리라.

팔뚝에만 소름이 돋으면 다행이다. 20여 년 동안 경제 흐름을 들여다본 사람에게는 '느낌적 느낌'이라는 게 생기는데, 몇 달 전부터 찬바람이 분다. 아니 매서운 한파가 될지도 모른다. 아니나 다를까, 10월8일 국제통화기금(IMF)은 올해 세계경제 성장률을 3.3%로 낮추었다. 2013년 말에 발표한 전망치는 3.6%였다. 미국은 새로 생겨난 거품 때문에 현재의 성장률이 불안하고, 한동안 두 자릿수를 자랑하던 중국의 성장률도 이젠 7%대로 떨어졌다. 중국 정부의 공식 목표인 7.5%도 의심을 받고 있다. 트리플딥(경기가 일시적으로 회복되었다가 다시 침체되는 현상이 반복해서 일어남)이 의심되는 유럽이나 아베노믹스의 약발이 떨어진 일본은 더 말해 무엇하랴.

이런 상황이니 경제위기 때마다 두 자릿수 증가율로 회복을 주도한 수출이 제 몫을 못하는 게 당연하다. 한국의 수출 증가율은 지난해 2.1%, 올해 상반기에 3.3%였다. 특히 전체 수출의 25% 이상을 차지하는 대중국 수출이 마이너스를 기록 중이다. 수출에 강하게 연동되는 한국의 설비투자 증가율이 0%를 기준으로 플러스와 마이너스를 오가는 것은 당연하다.

소비는 더 심각하다. 2012년부터 1% 이하에 머물던 분기별 민간 소비증가율은 올 2분기에 아예 마이너스로 돌아섰다. 그 이유는 누구나 다 안다. 6월 말 현재 우리의 가계부채는 1040조원으로 1년 전보다 6.8% 증가했고 명목 가처분소득은 4.1% 늘어났을 뿐이다.

최경환 경제부총리 취임 이후 박근혜 정부는 부동산 경기 살리기에 목숨을 걸었고, 국민들에게 "빚내서 집 사라"며 쓸 수 있는 정책을 모두 내놓았다. 8월 1일 정부는 주택담보인정비율(LTV)과 총부채상환비율(DTI) 규제를 풀었고 한 달간 주택담보대출은 4조7000억원 증가했다. 올해 1~7월 월평균 증가액보다 세 배 이상 많은 수치다.

정부의 소원대로 새로 재건축 대상이 된 서울 강남과 목동의 집값이 빠르게 상승하고 있지만 과연 2000년대 중반과 같은 부동산 열풍이 불까? 아니, 또다시 중산층이 투기에 휩쓸리는 일이 벌어져서는 절대로 안 된다. 국내외 경제가 하강하는 가운데 생긴 거품은 이내 꺼질 테고 최악의 경우 과거의 거품까지 한꺼번에 터질지도 모른다.

수출은 주춤하고 빚에 의한 소비도 한계에 부딪힌 상황

유일한 활로는 국민들의 가계소득이 늘어나는 데 있다. 1990년대 중반 이후 우리의 실질임금 증가율은 생산성 증가율보다 낮았다. 생산은 늘어났는데 가계소득으로는 소화할 수 없다는 얘기다. 그 차액을 수출과, 부채에 기초한 소비로 메워왔다. 말하자면 한국은 지난 20년간 수출-부채 주도형 경제였다.

박근혜 정부는 이 경향을 더욱 강화했다. 지난 2분기에 5인 이상 사업체 근로자의 1인당 실질임금은 1년 동안 0.2% 증가했다. 이 수치는 지난해 2분기 3.4%에서 3분기 2.5%, 4분기 2.1%, 올 1분기 1.8% 등 연속으로 줄어들었는데 이제 아예 임금이 제자리에 머무르게 되었다는 얘기다. 하지만 앞으로 수출은 여의치 않고 빚에 의한 소비는 명백히 한계에 부딪혔다.

이런 상황에서 빚 늘려서 집 사고, 빚 늘려서 전세금 올려주고, 빚 늘려서 흥청망청 소비하라는 건 한마디로 미친 짓이다. 불평등만 심화시키는 최경환식 '부채 주도 성장'은 곧 파산할 것이다. 온몸에 소름이 돋으니 또 한 개비 담배를 꺼내 문다. 나마저 소비를 줄이고 세금을 덜 내면 이 나라는 어떻게 될까?

시사인 / 370호 / 2014.10.21.

'슈퍼스타'의 경고는 우연일까

박근혜 정부는 규제 완화와 민영화로 일로매진하고 있다. 경제적 불평등이 민주주의의 가장 큰 해악이라는 프란치스코와 피케티의 일갈이 들리지 않는 걸까.

프란치스코 교황은 마지막 순간까지 우리의 마음을 움직였다. "세월호 추모 리본을 유족에게서 받아 달았는데 반나절쯤 지나자 어떤 사람이 와서 '중립을 지켜야 하니 그것을 떼는 것이 좋지 않겠느냐'고 물었다. 인간의 고통 앞에 중립을 지킬 수는 없다고 말했다." 그는 한 걸음 뗄 때마다 이 땅 위의 수많은 고통에 눈을 맞췄다. 특히 아직 원인조차 알 수 없어 참척의 아픔을 추스를 수 없는 세월호 유가족에 대해서는 각별했다.

교황은 한국에서도 '복음의 기쁨'(2013년 11월, 교황 권고문) 이래 그가 지속적으로 제기했던 사회 비판을 다짐하듯 되풀이했다. 현재의 사회구조는 '규제 없는 자본주의, 곧 새로운 독재'다. 한국에서는 '비인간적인 경제 모델'로, 그리고 다른 강론과 글에서는 '무한경쟁과 이기주의의 세계' '배제의 모델' '쓰고 버리는 문화' '죽음의 문화' 등으로 묘사된 바로 그 사회다.

이 사회에서 노동자와 가난한 자는 착취와 억압의 대상을 넘어서 아예 존재하지 않는 사람이 되어버린다. 말 그대로 '잉여'인 것이다. 이런 상황은 결코 경제성장만으로 해결되지 않는다. 교황은 낙수경제학(trickle-down economics)은 현실에서 작동하지 않았다고 주장했다. "시장의 절대적 자율성과 금융 투기를 거부함으로써, 또 불평등의 구조적 원인을 제거함으로써 가난한 사람들의 문제를 근본적으로 해결하지 않는 한, 이 세계적 문제에 대한 해법은 찾을 수 없다. 따라서 모든 경제정책은 개인의 존엄성과 공동선에 초점을 맞춰야 한다. 특히 국가가 정당한 재분배를 하는 것은 매우 중요하며 사유재산은 그것이 공동선에 기여하는 한에서만 정당하다.” 이런 주장은 물론 곳곳의 비판을 불러왔다. 〈폭스 뉴스〉나 〈월스트리트 저널〉은 물론이고 〈이코노미스트〉마저 그를 마르크스주의자라고 비난했다.

그 다음으로 빈번한 비판은 교황의 얘기를 아르헨티나의 사례로 국한하려는 것이다. 국내의 교황 비판에도 곧잘 인용되는 미국의 가톨릭 신학자 마이클 노백의 논지가 대표적이다. 페론주의와 정실주의 때문에 빈부격차가 더 심해진 아르헨티나 등 중남미와 달리 미국에서는 노백의 할아버지처럼 무일푼 이주민들이 성공을 거둘 수 있었다는 것이다. 따라서 낙수경제학이나 규제 없는 자본주의에 대한 교황의 비판은 특수한 경험을 일반화한 결과라는 것이다.

확실히 20세기 중반 이후 미국과 유럽의 경험은 노백의 주장을 뒷받침하는 것처럼 보인다. 해서 쿠즈네츠의 ‘역U자 가설’(자본주의 초기에는 빈부격차가 심해지지만 노동자 계급의 처지가 향상되면서 격차가 완화될 것이라는 가설)이 나온 것 아니겠는가?

규제 없는 자본주의라는 ‘새로운 독재’는 전 세계 일반의 현상

하지만 ‘마르크스주의자’라는 부당한 낙인이 찍힌 또 한 사람, 프랑스의 경제학자 토마 피케티는 이런 주장이야말로 특수한 경험에 입각한 것이라고 반박한다. 그는 낙수경제학 또는 쿠즈네츠 가설이 성공적인 것처럼 보인 것은 20세기 초 두 차례 전쟁에 의한 대규모 파괴, 1929년 대공황으로 인한 사회 개혁이라는 예외적 사건들 때문이었고 1970년대 이후 선진국 경제는 줄곧 극심한 빈부격차에 시달려왔다는 사실을 장기 통계로 실증했다.

‘규제 없는 자본주의, 즉 새로운 독재’는 이제 전 세계의 일반적 현상인 것이다. 아르헨티나 등이 1970년대 이래 반복되는 위기를 겪은 것은 오히려 한 번도 빈부격차를 극적으로 해소한 적이 없기 때문이다. 대대로 대지주가 제조업을 소유한 동시에 금융자본가였으며 또한 정치를 좌지우지했다. 교황은 국제통화기금(IMF)의 구제금융 조건이 상황을 더욱 악화시킨 것도 생생히 목격했을 것이다.

마이클 노백이 자신의 주장을 지지하는 사례로 든 한국도 마찬가지다. 광복 이후의 일본인 재산 몰수, 농지개혁과 6·25전쟁은 한국 사회를 평등하게 만들었다. 이런 상황에서 교육은 신분 상승의 통로가 될 수 있었다. 하지만 1990년대 중반 이후 한국은 세계에서 가장 빠른 속도로 빈부격차가 심해진 나라이다.

재·보궐 선거 압승으로 자신을 얻은 박근혜 정부는 규제 완화와 민영화로 일로매진하는 군사작전을 수행하고 있다. 9월 초면 피케티도 방한한다. 토마 피케티 역시 민주주의의 질식이야말로 경제적 불평등이 초래하는 가장 큰 해악이라고 주장한다. 세계적 슈퍼스타 두 사람이 똑같은 경고를 하는 것을 그저 우연이라고 치부할 수 있을까?

시사인 / 363호 / 2014.08.27.

교황과 최경환의 경제학

요즘 어느 주제든지 내 강연은 만화 하나로 시작한다. 가운데에는 프란치스코 교황이 서 있다. "1%"라는 글씨가 박힌 모자를 쓴, 뱃살 두둑한 부자가 그에게 묻는다. "낙수경제학(trickle-down economics)이 작동하지 않는다고? 어떤 마르크시스트, 공산주의자, 리버럴이 당신한테 그런 생각을 심어줬지?" 낙수경제학이란 부자들의 물그릇이 가득 차면 이윽고 그 물이 넘쳐 흘러 가난한 사람들도 잘살게 될 거라는 얘기다. 한마디로 "우선 파이를 키우자"는 성장론자들의 주장이다. 미소를 머금은 교황은 왼손 엄지로 뒷사람을 가리킨다. 거기 후광이 빛나는 한 사람이 서 있다. 바로 예수다. 실제로 교황은 작년 11월에 발표한 〈복음의 기쁨〉, 2장에서 낙수경제학을 강하게 비판했다. "규제 없는 자본주의는 독재"라고 단언했다.

지난 8일, 당시 최경환 부총리 후보자는 인사청문회에서 이렇게 말했다. "향후 경제정책의 방점을 가처분소득 증대에 두겠다는 것은 많은 시사점을 가진다. 지금까지 이른바 보수 정당에서 추진해온 정책의 변화를 제가 시사하고 있다." 수출보다는 내수, 투자보다는 소비에 방점을 찍겠다는 얘기니 가히 정책 전환이라고 할 만하다. 국제노동기구(ILO)와 새사연 등이 주장해온 "소득 주도 성장"을 연상케 할 정도다. 특히 사회적 대타협을 통해 비정규직의 처우 개선도 약속했으니, 나는 그가 구체적인 정책으로 이런 주장을 뒷받침한다면 최경환의 팬이 되겠다는 글까지 썼다.

지난 24일 최 부총리는 새 경제정책팀의 "경제정책 방향"을 발표했다. "경기가 회복될 때까지 거시정책을 확장적으로 운용하겠다"고 공언했다. 기금에서 대출을 일으켜 8조5000억원을 공급하고 정책금융을 10조원 늘리는 등 부채로 총 41조원에 이르는 돈을 동원하겠다는 것이다. 나도 확대

정책에 찬성한다. 2분기 실질 국내총생산(GDP)은 1분기보다 0.6% 증가했을 뿐이다. 소비가 0.3% 감소한 탓이다. 7월 소비자심리지수도 6월에 비해 2포인트 하락했다.

　문제는 어떻게 돈을 모아 어디에 쓰는가이다. 언론이 특히 주목한 것은 "가처분소득의 증대"를 위해 기업의 이익을 가계로 흘려보내는 '패키지 정책'이다. 첫째는 근로소득 증대세제로 최근 3년 평균임금 상승률을 초과하는 임금을 올린 기업에 초과분의 10%(대기업은 5%)를 세액공제해주겠다는 것이다. 기업의 임금 인상분 중 일부를 국민의 세금으로 보조하겠다는 얘기다. 대체로 노조가 강한 대기업의 노동자가 대상이 될 텐데 그 액수도 기껏 1000억원에 머무를 것이란다. 두 번째는 기업 이익을 일정 수준 이상 인건비나 투자에 사용하지 않는 경우 기업소득 환류세를 물리기로 했다. 기업의 반발에 대해 최 부총리는 그동안 내려준 법인세 이상이 되지 않을 것이라고 약속했다. 세 번째는 기업의 배당을 촉진하기 위한 배당소득 증대세제이다. 이 돈은 물론 금융 자산가들에게 돌아가는 몫이다. 비정규식의 정규직 전환에 대한 지원과 비정규직 관련 대책도 포함됐지만 구체적인 내용의 발표는 10월로 미뤄졌다.

　이번 발표의 핵심은 주택담보인정비율(LTV)과 총부채상환비율(DTI)의 완화, 그리고 주택공급 규칙 전면 재검토, 재건축·재개발 규제 개선 등이다. 주택의 수요와 공급을 동시에 늘리겠다는 것이다. 그는 경제혁신 3개년 계획=규제완화의 시범을 주택부문에서 먼저 보이겠다고 강조했다. 여기에 5조7000억원에 이르는 평택~부여고속도로, 수도권 광역급행철도 건설도 덧붙였다.

　즉 그의 내수 확대란 건설붐을 일으키겠다는 것이고 소득의 증대는 주로 상층의 호주머니로 향한다. 기업이건 가계건 빚이 늘어날 것이다. 과거의 수출주도에 부채주도 성장정책을 덧붙였을 뿐, 그는 낙수경제학을 충실히 따르고 있는 것이다.

물론 교황의 말이라고 모두 옳은 것은 아닐 테다. 하지만 지난 30년 간 세계를 풍미했던 낙수경제학은 자산과 소득의 불평등을 심화시키면서 성장은커녕 현재의 장기 침체를 초래했다. 박근혜 대통령의 '경제민주화' 가 그랬듯이 최경환의 '가계소득 증대'도 "줄푸세"="규제 없는 자본주의" 위에 발라놓은 설탕옷일 뿐이다. 8월에 한국에 오는 교황이 이 내용을 안다면 대통령에게 여러 의미로 "독재"를 언급하지 않을까?

경향신문 / 정동칼럼 / 2014.07.27.

경제민주화와 줄푸세의 잘못된 만남

최경환 경제부총리 후보자가 소득주도성장론을 들고 나왔다. 그러면서도 그는 기존 '줄푸세' 정책을 포기하지 않겠다는 태세다. 결국 그에게는 '오로지 성장'뿐이다.

"향후 경제정책의 방점을 가처분소득 증대에 두겠다는 것은 많은 시사점을 가진다. 지금까지 이른바 보수 정당에서 추진해온 정책의 변화를 제가 시사하고 있다." 최경환 경제부총리 후보자가 7월8일 인사청문회에서 던진 말이다.

무슨 뜻일까? "기업의 사내 유보금이 투자와 배당, 임금 분배 등을 통해 가계소득으로 흐를 수 있도록 노력하겠다" "(가계의) 가처분소득을 증가시키지 않고는 구조적인 내수 부진이나 축소지향적인 성장 프로세스를 끊을 수 없다고 생각한다"라는 최 후보자의 말이 그 답이다. 구체적으로 기업의 사내 유보금 규모에 따라 인센티브를 달리 주는 방안이 검토되고 있다고도 한다.

수출보다는 내수에, 투자보다는 소비에 방점을 두겠다니 가히 정책 대전환이라고 할 만하다. 그는 한 걸음 더 나아갔다. "소비심리 회복을 위해서는 임금이 뒷받침되어야 한다. 1800만명의 임금 근로자 중 600만명이 비정규직이고 임금 수준도 열악하다. 이런 부분이 개선되지 않고는 내수 회복이 어렵다." 그가 이 말을 실천한다면 나는 최경환의 열렬한 팬이 될 수밖에 없다.

이 인식이야말로 내가, 그리고 국제노동기구(ILO)가 몇 년 전부터 주장해온 '소득주도성장론'이기 때문이다. 우리는 구체적인 정책으로 최저임금 인상과 최고임금 설정, 중소기업의 생산성 향상과 사회적 경제의 증진을 제시했다. 한마디로 경제민주화다. 아니나 다를까, 최 후보자는 사회적 대타협도 추진하겠다고 밝혔다.

하지만 '경제민주화'는 '줄푸세(세금은 줄이고, 규제는 풀고, 법치는 바로 세우고)'와 정면으로 부딪친다. 하여 박근혜 대통령도 '경제민주화'는 이미 다 실천했으므로 '경제혁신 3개년 계획'(줄푸세)을 선언하지 않았는가? 따라서 최경환 후보자가 말한 정책 대전환의 진위를 검증하기 위해서는 기존 줄푸세 정책에 대한 그의 생각을 짚어봐야 한다.

그는 현재의 경기에 대해 "경제 상황만 감안하면 추가경정예산(추경)을 하고도 남는다"라고 진단했다. 기획재정부는 같은 날 발표한 경제 동향 보고서에서 3년 내내 사용하던 '완만한 경기 개선' 대신 '경기 회복세 부진'이라는 표현을 썼다. 새삼스레 경기가 나쁘다는 점을 강조한 것이다. 따라서 그는 수출도 포기할 수 없다. "어느 나라든지 환율이 급격하게 움직여서는 안 되기 때문에 스무싱 오퍼레이션(미세조종)을 다 한다." 즉, 대기업을 위한 고환율 정책을 지속하겠다는 것이다. 그는 또 "한은 총재와 끊임없이 만나 경제 인식의 간극을 좁혀 나가겠다"라며 사실상 금리 인하를 시사했다. 그는 추경의 필요성을 언급하면서 "내년에 다소간 적자예산이 불가피하다"라고 말했다. 재정정책이든 금융정책이든 확장정책을 쓰겠다는 것이다. 즉 그는 과거 그의 행적이 보여주듯이, 갈 데 없는 성장론자인 것이다.

다만 미국이 원화 절상을 요구하는 상황에서 마냥 외환시장에 개입하는 데는 한계가 있으므로 내수를 들고 나왔고 기업들이 투자를 하지 않으니 소비를 강조하는 것이다. '경제민주화'와 '줄푸세'가 만나서 '오로지 성장'을 낳은 것이다.

한 사회의 평등은 곧 배의 평형수다

하지만 전교조를 법외 노조로 만들고 철도파업 때 민주노총에 경찰을 투입했으며 최저임금을 찔끔 올리는 등 줄푸세의 '세'를 군사작전하듯이 밀어붙이는 이 정부가 사회적 대타협에 나선다는 걸 믿을 수 있을까? 만일 그가 경제민주화에 해당하는 정책을 실천하지 않는다면 내수에는 무엇이 남을까? 바로 부동산이다. 그는 청문회에서 한국의 부동산 값이 그리 높지 않다고 강변했다. 그러므로 마지막 규제인 LTV(주택담보대출비율)와 DTI(총부채상환비율)를 풀겠다는 것이다. 빚에 허덕이는 가계에 "빚 내서 집 사라"는 것이다. 줄푸세의 '푸'이다. 재정적자를 메울 방법도 '줄푸세'에 들어 있다. 증세는 '줄(세금을 줄인다)'에 걸리니 안 되지만 '푸'를 사용하면 된다. 민영화가 그것이다.

소득 불평등과 이보다 더한 부(자산)의 불평등이 심해지면 정치사회적 불안이 야기된다. 그런 의미에서 한 사회의 평등은 곧 배의 평형수라고 할 수 있다. '줄푸세'는 이 평형수를 모두 빼버려서 배의 속도를 높이겠다는 뜻이다. 최경환은 그의 주군인 박근혜 대통령과 똑같이 '경제민주화'를 내걸고 '줄푸세'를 실천할 것이고 그들이 모는 대한민국 경제호는 침몰할 것이다. 불행하게도 우리 모두는 '세월호의 아이들' 신세다.

시사인 / 357호 / 2014.07.22.

'평등'이 성장동력이다

피케티 열풍은 한국에도 상륙했다. 한국은행은 지난 6월 16일 피케티 비율 중 하나인 β(=W/Y, 민간 순자산의 가치를 국민소득으로 나눈 값) 자료를 만들겠다고 발표했다. "(부의 불평등과 관련한) 논의가 합리적인 방향으로 갈 수 있도록 숫자를 만드는 우리가 시계열 자료를 만들어 제공할 필요가 있다"는 설명은 그 얼마나 반가운가? 모름지기 통계기관이란 이래야 한다. 한은과 통계청이 5월 14일에 발표한 '국민대차대조표 공동개발 결과(잠정)'의 부록을 이용하면 2000년에서 2012년까지 비록 짧은 기간이지만 한국의 β값을 계산할 수 있다. 국내외 전문가들의 계산에 따르면 2000년에 5.8(또는 580%)이었던 β는 2012년 7.5까지 치솟았다. 2000년에 5.8을 넘은 선진국은 일본밖에 없었고 2008년경부터는 타의 추종을 불허하는 1위가 되었다. 즉 자산의 수익률(r)이 비슷하다면(우리의 계산에 따르면 한국의 수익률은 선진국 평균보다 더 높다) 국민소득에서 자산가가 가져가는 몫이 세계 최고 수준이라는 얘기다. 피케티의 300년에 이르는 장기 통계에서도 β가 7을 넘긴 것은 프랑스의 벨에이포크 시대(19세기 중후반, 즉 '레미제라블'의 시대)가 유일하다.

피케티에 따르면 세계(유럽과 미국)의 β는 1910년대에서 1970년대까지만 2와 3 사이에 있었고 그 이후에 빠른 속도로 증가하고 있다. 즉 두 번의 전쟁과 대공황, 그리고 강력한 재분배정책이 시행되는 동안만 자산의 몫이 줄어들었던 것이다. 한국은 어땠을까?

한국 역시 해방 후 일본인 재산(적산)의 몰수, 뒤이은 농지개혁과 6·25전쟁으로 1950년대엔 β가 대단히 낮았을 것이다. 최근 발표된 우대형 교수의 연구('한국 경제성장의 역사적 기원')에 따르면 1960년대 초 한국의 토지지니계수는 식민지에서 해방된 42개 국가 중 가장 낮았다. 또 중위소득(즉 제일 가난한 사람부터 부자까지 일렬로 세웠을 때 정중앙에 있는 사람의 소득) 비중은 47개국 중 가장 높았다. 즉 자산으로 보나 소득으로 보나 우리나라는 구식민지 국가 중 가장 평등했다(선진국들을 포함해도 가장 평등했을 것이다).

나는 1960년대 이후 1980년대까지 한국의 고도성장에 지주계급의 소멸과 교육이 가장 큰 기여를 했다고 생각한다. 1950년대 우리보다 훨씬 잘살았던 동남아와 중남미에선 대지주계급이 산업자본과 금융자본까지 모두 장악했지만 한국은 신흥 자본가계급이 생겨났고 금융은 국가가 오랫동안 통제했다. 이런 요인은 이후 이들 나라의 경제사에 엄청난 영향을 미쳤다.

하지만 지니계수로 보나 우리의 β로 보나 1990년대 중반 이래 한국은 급속하게 불평등한 나라가 되었다. 이뿐만 아니라 이제 교육은 사회적 이동 통로가 아니라 벽이리는 걸 우리 모두 안다. 이는 곧 가장 중요한 성장동력이 사라지고 있다는 것을 의미한다. 이 때문에 우리는 훨씬 풍요로워졌는데도 아이들의 미래를 옛날보다 훨씬 더 불안하게 생각하고 있는 건 아닐까?

지금 우리에게 필요한 건 자산과 소득 분배의 개선이다. 나아가 부자들의 정치적 영향력을 줄여야 한다. 그런데 우리는, 내 아이만은 상위 10%, 나아가서 1%로 올라갈 수 있을 것처럼 서로 치열한 경쟁을 벌이고 있는 건 아닐까? 그러면 그럴수록 부자들이 더욱 유리해지는데도 말이다. 부동산 가격이 올라갈수록, 그리고 사교육비가 올라갈수록 피케티가 이름 붙인 '세습자본주의'는 더 강화될 것이다. 신분사회가 되면 물론 성장도 문화도 없다.

평등이 장기성장을 추동한다는 것, 현재와 같이 분배가 더 악화되면 아예 성장동력이 꺼져버린다는 게 피케티의 장기통계에서 유추할 수 있는 사실이다. 경제민주화, 복지국가, 그리고 사회적 경제가 바로 그런 개선책들이다. 그런데 박근혜 정부에선 '경제혁신'이건 '국가개조'건 새로 내거는 슬로건마다 모조리 더 강한 '줄푸세'로 귀결되고 있다. 최경환 경제부총리 후보의 경제관이 이를 또 한번 실증한다. "시장에 맡기자"며 현재보다 더 분배를 더 악화시키면 우리 아이들의 미래는 없다. 대한민국 전체를 세월호로 만들 셈인가?

경향신문 / 정동칼럼 / 2014.06.29.

정당이란 무엇인가?

내가 힘닿는 범위 안에서 선거운동을 한 두 후보는 당선됐다. 출구조사부터 널찍한 폭으로 이기는 것으로 나왔기에 여느 선거처럼 바작바작 애가 타지도 않았다. 더구나 교육감 후보는 4%에서 40% 지지로 기적을 빚어내며 승리했다. 그런데 다음 날 아침, 기초선거 결과가 보도됐을 때부터 지금까지 도저히 마음을 가눌 수가 없다.

발단은 이랬다. 마포구 오진아(정의당), 구미시 김수민(녹색당), 관악구 나경채(노동당) 의원은 모두 한 뿌리 진보정당 출신 현역 의원들이었다. 지난 4년 동안 이들은 빼어난 성과를 거뒀고 주민들과 한 호흡이었지만 모두 낙선했다. 여기에 더해 기초단체장 선거에서 과천의 서형원 후보(녹색당)도 낙선했다. 이들이 떨어진 이유는 도대체 뭘까? 흔히 듣는 답은 새정치연합과의 '후보 단일화 부재'이다.

진보정당은 교과서적 정당정치를 하는 곳이다. 비록 소수일지라도 가치와 비전, 정책에 관해 (간혹 과도할 정도로) 진지하게 토론하고 지역에 뿌리박으려 노력하는 정당들이다. 이들 정당은 기초선거의 정당공천제 폐지에 반대했다. 그러나 그들의 자랑스러운 정당은 후보의 발목을 잡았다.

도대체 정당이 뭐길래? 이 의문은 꼬리를 물고 점점 부풀어 올랐다. 진보성향의 교육감이 대거 당선된 것도 이번 선거의 특징이다. 이들의 지지율은 4년 만에 평균 9.3%포인트 올랐다. 흔히 세월호 참사의 여파라든가 후보 단일화, 그리고 혁신교육의 성과를 이유로 든다. 하지만 진보정당들의 지지율은 모두 합쳐 10%도 되지 않는다. 내가 아는 당선 교육감들의 성향은 새정치연합이라기보다 정의당이나 녹색당에 더 가깝다. 교육감 당선자들도 지지하는 당을 표기했다면 낙선했을지도 모른다.

　　그렇다고 새정치연합 소속이거나 후보 단일화가 당선의 충분조건인 것도 아니다. 같은 새정치연합 소속이라 해도 박원순, 최문순 당선자와 송영길, 김진표 낙선자를 비교해 보면 누가 뭐래도 후자가 더 '진성 민주당' 사람들이다. 즉 거의 같은 조건에서 시민들은 '비민주당' 인사를 더 선호한 것이다.

　　침몰하는 세월호 사진 속에서 치른 선거임에도, 침몰하지 않은 새누리당도 마찬가지다. 전국적으로 "박근혜 마케팅"에 의존하고 일부 후보의 경우 네거티브에 목을 맨 것은 정상적인 정당의 행위가 아니다. 스스로 정당임을 포기한 덕에 파국을 모면했다.

　　이 모든 현상들의 배후에 갖가지 "정치 혐오"와 "정당 불신"이 도사리고 있는 건 아닐까? 하지만 정치는 다른 무엇보다도 중요하다. 우리 모두의 공익, 또는 공공성의 내용과 실현 방식은 정치(숙의 민주주의)를 통해서만 정당하게 구성될 수 있기 때문이다.

　　무엇보다도 세월호 참사가 암시하는 사회적 재난, 극심한 불평등이 불러올 경제적 위기(한국의 피케티 비율은 우리나라가 선진국 어느 나라보다도 자산 불평등이 심하다는 것을 보여준다), 핵발전소의 당면한 위험, 나아가서 한 나라를 넘어서는 생태위기를 자동적으로 시장이 해결해 줄 리 없다. 오직 정치가 희망이고 이를 위해 존재하는 근대적 제도가 정당이다.

　　선거에서 개인의 도덕성과 능력은 매우 중요하며 이번 선거도 이를 입증했다. 하지만 서민적 엘리트라 해도 거대한 방향 착오를 일으킬 수 있고, 합당한 정책을 수행하려 해도 시민들의 적극적 참여 없이는 불가능하다. 정치 엘리트의 견제, 정책 형성과 실현, 둘 다 정당이 해야 마땅한 역할이다.

　　그런데 이 당 저 당 할 것 없이, 지금 우리 정당들은 정치를 가로막는 존재가 된 것처럼 보인다. 독립지역정당의 합법화, 비례대표제의 대폭 확대와 결선투표제 도입, 직접 민주주의 제도의 도입 등 부분 해법은 수없이 제시되어 있다. 직접적인 삶의 문제를 해결하기 위해서도, 거대한 위기와 맞서기 위해서도 현재의 정당정치는 총체적으로 개혁되어야 한다. 그러나 "어느 방향으로, 또 어떻게?" 이 의문이 한낱 시민을 가위처럼 짓누르고 있다.

경향신문 / 정동칼럼 / 2014.06.08.

누구의 책임인가

화창하다는 말이 딱 어울리는 계절인데 우리 마음은 캄캄한 어둠 속을 헤맨다. 뉴스를 볼 수도, 안 볼 수도 없다. 실낱같은 희망에 매달리면서 이 사회에 절망한다. 분노해야 한다. 도대체 무엇이 잘못되었는지, 누구의 책임인지 물어야 한다. 정치학자 보니 호닉이 명명한 "비상사태의 정치"가 발동되어야 한다.

지금이야 차마 입 밖에 못 내겠지만 주류경제학자들은 이렇게 중얼거릴 것이다. "청해진해운은 망한다. 그것이 시장의 처벌이다." 그럴 것이다. 시장은 모든 것을 "사후에 조정"한다. 하지만 우리 아이들의 목숨은 돌아오지 않는다. 생명은 사후에 조정되거나 정산될 수 없다. 또한 시장은 시행착오의 메커니즘이다. 인간과 자연의 생명은 시행착오를 겪어서는 안 된다. 이것이 "시장의 근본적 한계"이다.

그래서 규제가 존재하는 것이다. 금지와 의무, 그리고 공공 소유를 통해 규제는 위험을 사전에 줄이는 역할을 한다. 여객선의 수명은 20년으로 묶여 있었다. 낡은 선박은 생명을 위협하기 때문이다. 하지만 2009년 이 규제는 30년으로 완화됐다. 해운업체의 '전봇대'를 뽑아 준 것이다. 일본에서 18년이나 운항한 여객선을 사들인 청해진해운은 이 배를 증축했다. 더구나 한 시민단체에 따르면 목포해양경찰서는 2시간40분 동안 12척의 여객선을 '안전점검'했다. 한 척당 13분이다. 1년에 평균 4건의 사고가 발생한 위험지역을 지나면서 선장은 조타실에 있지 않았고 배가 기우는데도 탈출 명령을 내리지 않은 채 첫 번째로 배를 떠났다.

아주 직접적인 제도적 결함과 규칙 위반만 꼽아도 수없이 나열할 수 있을 것이다. 이에 연루된 사람들은 법적 책임(accountability)을 져야 한다.

사고 현장에서 예의 짧은 말투로 "명령"을 내린 대통령은 자신이 더 포괄적인 시스템에 대해 책임져야 한다는 사실을 알고 있을까? 2010년에 개정된 대한민국의 행정규제기본법 1조(목적)는 "행정규제에 관한 기본적인 사항을 규정하여 불필요한 행정규제를 폐지하고 비효율적인 행정규제의 신설을 억제함으로써…"로 시작한다. 대통령은 "규제는 암덩어리"라고 규정함으로써 이 법에 '산도 뽑아낼 만한' 힘을 불어넣었다. 바로 그만큼 우리 아이들은 위험해졌다.

"이게 나라인가?" 이 질문에 우리 모두 도덕적 책임(responsibility)을 져야 한다. 우리는 성장과 효율성의 신화를 수용했고 거기 어울릴 만한 지도자를 뽑았다. 투자가 늘고 GDP가 올라가면 아이들도 행복해질 거라고 생각하고 있지는 않은가? 그야말로 죽음의 경쟁을 시키면서 "내 아이는 승리할 것"이라고 스스로를 속이고 있지는 않은가? 광우병 우려 쇠고기 수입 때처럼 우리 아이에게 위험이 닥칠 확률은 "벼락이 머리 위에 떨어질 확률보다 적다"는 '전문가'들의 말을 믿는 것은 아닌가? 핵발전소와 고압 송전탑의 문제는 저 멀리 있는 생명을 위협할 뿐이라고 외면하고 있는 것은 아닌가? 이 모두 경제의 효율성을 위해서 누군가 부담해야 할 비용일 뿐이라는 경제학자들의 말에 끄덕거리고 있는 건 아닌가?

그렇지 않다. 한 톨의 모래가 산사태를 일으킬 확률은 0에 가깝지만 재난은 늘 그런 식으로 발생한다. 광우병은 전염되므로 독립적 확률이 아니다. 핵발전소는 우리가 전기를 아끼는 것만으로도 없앨 수 있다. 바보들처럼 1점 경쟁 속으로 애들을 내몰 이유는 그 어디에도 없다. 북유럽 국가들이 세계에서 제일 안전하다는 연구에 비춰 본다면 이 모두 효율성과 별 관계가 없다.

비상사태는 공감(empathy)을 폭발시킨다. 인간이 100만년 이상 발전시켜온 "측은지심"이다.

"우리 아이만은"이라는 요행심이 아닌 "모두가 우리 아이"라는 공감을 바탕으로 "어떤 사회를 원하는가?", 스스로 물어야 한다. 새로운 사회 제도와 규범이 공감 속에서 형성되고 실천될 때 비로소 비극은 사라질 수 있다. 호닉은 비상사태에서 오히려 새로운 민주주의의 가능성을 찾아냈다. 지금 우리 사회를 감싸 안은 공감이야말로 우리의 희망이다. "반드시 기억하자, 절대로 잊지 말자". 공감의 정치가 언제나 경제에 앞서야 한다. 이번 지방선거는 그 첫 번째 시험대가 될 것이다.

경향신문 / 정동칼럼 / 2014.04.20.

박근혜 대통령, 주민 의견 묻지도 않고…

여기저기 '규제 개혁'이란 말이 나부낀다. 규제를 완화하면 투자가 늘 것처럼. 지난 30년간 규제 완화와 민영화를 해서 현재의 위기가 온 것 아닌가. 규제와 공공성을 따져볼 때다.

학교 옆 관광호텔이 투자를 늘릴 수 있을까? 한 사업가가 "300여 명의 일자리를 창출할 수 있는 관광호텔 계획을 세우고 관할 구청에 사업계획 승인을 신청했으나 처리가 불투명한 상태"라고 호소하자 유진룡 문화체육부 장관은 "전혀 예측 불가능한 기준을 가지고 규제를 해 우리도 미치겠다"라고 맞장구쳤다. 박근혜 대통령 역시 "학교보건법 시행령이 최대 관심사"라면서 "시기에도 안 맞는 편견으로 청년들이 취직할 수 있는 일자리를 막고 있다는 것은 거의 죄악"이라고 단정했다.

박근혜 대통령이 지난 3월 20일 청와대에서 무려 7시간 5분 동안 주재한 '제1차 규제개혁장관회의 및 민관합동규제개혁 점검회의'에서 나온 말들이다. 박 대통령은 "규제 개혁은 ('경제혁신 3개년 계획'의) 모든 분야, 모든 세부 과제들을 관통하는 가장 중요한 과제다"라고 밝혔다. 그 이전에도 규제는 "우리가 쳐부술 원수이자 제거해야 할 암 덩어리"(3월 10일)이니 그 개혁을 "꿈까지 꿀 정도로 생각을 하고"(2월 5일), "불타는 애국심, 나라 사랑하는 마음(으로) 정말 사생결단하고 (이 문제에) 붙어야 한다"(3월 12일)라고 결기를 다진 바 있다.

글 첫머리의 예화가 나올 만한 상황이다. 박 대통령의 다급한 심정은 능히 짐작이 간다. 자신의 아버지에게 배운 바에 따르면 경제성장이야말로 정권의 정당성을 담보하는데, 지난 1년 동안 가계부채에 짓눌려 소비는 시원하게 늘어날 기미를 안 보이고 설비투자는 마이너스를 기록했다. 해서 기업들이 원하는 대로 규제를 모조리 없애려고 하는 것이다. 박정희 시대 이래 재벌들의 소원인 수도권 규제 완화가 대표적이다.

하지만 단언하건대 국민계정(National Accounts)상의 설비투자는 전혀 증가하지 않을 것이다. 우리의 경제 구조는 수출 증가에 비례하여 설비투자가 늘어나는데, 앞으로 몇 년간 수출증가율은 한 자릿수를 넘기지 못할 것이 확실하기 때문이다. 다만 재벌들이 남아도는 돈으로 수도권의 땅을 사들일 것은 확실하니 건설투자는 조금 늘어날지 모르겠다.

규제는 공공성을 보호하고 강화하기 위해 필요한 규칙이다. 어떤 사회의 공공성은 구성원이 합의하는 공공의 가치로 구성된다. 학교 옆 관광호텔이 교육에 미치는 악영향에 대해 우리 사회가 합의한 공공의 가치가 '보건법 시행령'인 것이다. 그런데 박 대통령은 학생, 교사, 학부모, 지역주민의 의견은 묻지도 않고 이를 '암 덩어리'로 규정했다. '규제 개혁'의 대상으로 지금 거론되고 있는 저탄소차협력금제도, 자동차 튜닝 규제, 개발부담금 제도, 영어 캠프 등이 모두 우리 사회의 중요한 가치와 직결된 것을 알 수 있다. 더구나 '규제 개혁'의 칼날이 겨누는 진정한 대상은 공공성 자체라고 할 만한 의료와 교육, 그리고 철도와 같은 네트워크 산업이다.

물론 현재의 규제 중 시대착오적인 것도 있고 과거의 지식 부족으로 불합리해진 것도 있을 터이다. 이해 당사자들의 목소리가 충분히 반영될 수 있다면 세세하고 엄격한 사전 규제는 필요 없어진다. 예컨대 스웨덴처럼 노동조합의 힘이 충분히 큰 나라의 노동 관련법은 의외로 허술하다. 노조나 하청기업의 단결권과 단체협상권, 교육 3주체의 목소리를 강화하는 것이 이런 규제를 없애는 길이다.

'규제 개혁' 칼날이 겨누는 의료·교육·철도 등은 공공성 그 자체

지난 20여 년간의 행동·실험 경제학 등의 성과도 현재의 규제를 합리화하는 데 이용될 수 있다. 예컨대 사람의 정보처리 능력은 대단히 제한되어 있기 때문에 사람들은 디폴트(초기값)를 웬만하면 변경하지 않는다. 그렇다면 시민들에게 가장 유리한, 가능하면 단순한 표준상품을 제시하고 이 기준에서 벗어날수록 더 많은 정보 공개와 처벌(예컨대 불완전판매의 엄격한 적용)이 뒤따르도록 할 수 있다.

장기적으로 봐서 지금의 세계는 재규제(reregulation), 폴라니식으로 표현하면 재착근(reembededness) 쪽으로 향하고 있다. 시장이 자기조절을 할 수 있다는 믿음으로 지난 30년간 규제 완화와 민영화를 한 결과가 현재의 위기이다. 시장이 다시 사회로 재착근되어야 비로소 '국민행복시대'를 열 수 있다. 이것이야말로 '규제'의 본래 의미이다. 지금 필요한 것은 시민이 참여하여 우리에게 꼭 필요한 공공성을 성의하고 이를 달성하기 위해 어떤 규제가 가장 합리적인지 토론해서 결정하는 일이다.

시사인 / 342호 / 2014.04.09.

'촛불' 댕긴 박상표, 그대 잘 가라

지난해 12월 12일 미국 무역대표부의 웬디 커틀러 대표보는 "한국은 환태평양경제동반자협정(TPP) 가입에 앞서 한·미 FTA(자유무역협정) 이행과 관련한 우려 사항을 우선 해결해야 한다"고 말했다. 원산지 검증 완화, 금융회사의 고객 데이터베이스(DB) 공유, 자동차 분야의 비관세장벽 완화, 유기농 제품의 인증시스템이 바로 그것이다.

미국(한국) 상품이 한·미 FTA로 인한 관세 혜택을 받으려면 그것이 미국(한국)에서 생산되었다는 것을 증명해야 한다. 이런 원산지 검증을 하는 곳은 관세청이다. 예컨대 한국에 수입된 오렌지 주스의 양이 미국 생산량보다 많다면 그건 분명히 원산지 규정을 어긴 것이다. 당연한 정부의 업무에 시비를 거는 건 주권 침해일 뿐이다.

커틀러가 마치 불법적 보호무역주의 조치인 양 '자동차 분야 비관세장벽'이라고 표현한 것은 환경부의 '저탄소 협력금' 정책을 말한다. 이산화탄소 배출량이 적은 차량 구입자에겐 보조금을, 기준 이상인 경우엔 부담금을 물리는 정책이다. 인류의 생존을 위협하는 기후온난화를 조금이라도 늦추기 위한 조치다. 미국 자동차 회사의 이익이 우리 아이들의 목숨보다도 소중하다는 얘기인가.

한·미 FTA와 한·유럽연합(EU) FTA는 금융기관이 보유하고 있는 금융정보를 해외에 위탁 처리할 수 있도록 했다. 미국은 금융거래 원장 같은 중요 정보까지 해외에 위탁하고, 재위탁의 범위도 확대하라고 요구하고 있다. 이제 당신의 개인정보 그 이상이 한반도를 뛰어넘어 미국이나 EU에 떠돌아다니게 될 것이다.

우리는 유기농 인증제를 2008년에 도입했다. 하지만 이 제도는 6년

이 지난 지금도 실행되지 않고 있다. 미국 정부의 요구 때문이다. 나아가 앞으로 몇 년이 더 걸릴지도 모를 미국과의 '상호동등성 협정'을 체결한 이후에나 이 중요한 정책을 실행하라는 것이다. 그때까지 우린 어떤 식품이 진짜 유기농인지 알 도리가 없다.

우리는 2006년의 한·미 FTA 4대 선결요건을 생생히 기억한다. 이번엔 TPP 4대 선결요건이다. 한·미 FTA 협상, 체결, 재협상, 비준 전 과정에서 그랬듯이 더 많은 요구가 뒤따를 것이다.

당장 의약품 가격제도, 쇠고기 완전 개방이 기다리고 있다. 보건복지부는 지난해 9월 약의 사용량이 일정 수준 이상 증가하면 약값을 인하하는 제도(사용량-약가 연동제)를 도입했다. 의료비에서 약값이 차지하는 비중이 선진국의 2배에 달하는 우리나라에 꼭 필요한 정책이다. 하지만 미국은 이 정책이 파이자 등 다국적회사에 불리하다고 반대하는 것이다.

지난해 12월1일 미국 농무부는 "광우병 관련 쇠고기 수입규제를 현대화하고, 국제수역사무국(OIE)이 정하는 기준을 따르겠다는 입장을 국제사회에 천명한다"고 밝혔다. 미국이 쇠고기 시장을 활짝 열 테니 다른 나라도 이를 따르라는 얘기다. 2008년 5월의 촛불은 "한국 소비자의 신뢰가 회복될 때까지" 30개월 이상 된 미국 소의 고기를 수입하지 않도록 만들었다. 미국의 뜬금없는 이 수입규제 현대화가 제일 먼저 노릴 곳은 상식에 비춰봐도 바로 한국이다.

'30개월 이상' 쇠고기가 위험하다는 사실을 우리는 어떻게 알게 되었을까? 광우병 위험물질이 무엇인지, 소의 어느 부위에 그런 물질이 있는지 누가 알려줬을까? 결국 2008년 촛불이 타오를 수 있게 한 사람은 누구일까? '국민건강을 위한 수의사 연대' 박상표 국장이 바로 그 사람이다. 온갖 사이비 학자들이 곡학아세할 때마다 정확한 사실로 반박한 것도 그였다.

그는 우리와 동물의 건강과 관련해 세계 전체에서 벌어지는 온갖 일들을 전광석화처럼 정리해서 알려주었다. 그는 실로 따뜻한 가슴을 지닌

부지런한 천재였다.

그가 떠났다. 이 추운 겨울에 아무런 예고도 없이 사라졌다. 새로 통상정책을 맡은 산업통상자원부는 미국의 요구를 수용하라고 담당 부처를 압박하고 있다. 우리는 박상표도 없이 미국의 압력을 막아내야 하고 TPP 협상도 감시해야 하며 국민의 건강은 안중에도 없는 경제관료들을 비판해야 한다. 시민과 동물들의 생명은 그가 비운 바로 그 자리만큼 위험해졌다. 하지만 하지만…. 그대 잘 가라. 터무니없이 모자란 우리지만 당신을 기억하는 시민들과 함께라면 또 한번 일어설 수 있다. 그러니 마음 푹 놓고 그대 잘 가라. 더 이상 생명을 걱정할 필요 없는 그곳으로 그대… 잘 가라.

2014.01.26.

새해 경제는 안녕할까

해가 바뀔 즈음에 보통 사람들이 토정비결을 보듯 나는 경제전망 통계를 들여다본다. 유엔 경제사회국(UN DESA), 경제협력개발기구(OECD), 국제통화기금(IMF) 등 국제기구들의 2014년 세계경제 전망치는 작년보다 확실히 나아졌다. 구매력지수를 사용하는 유엔의 경우 3.0%, 그리고 나머지 둘은 3.6%인데 어느 쪽이든 2013년 전망치(3분기까지의 실적 반영)보다 약 1%포인트 높여 잡았다.

세 기관이 보는 2014년 전망을 한마디로 줄이면 모두 "꽤 나아지겠지만 하방 위험은 상존한다"는 것이다. 작년보다 확실히 좋아 보이는 지역은 미국이다. 양적완화로 인해 풀린 돈이 주가와 부동산 가격을 부추기고 달러 가치가 떨어짐에 따라 수출도 늘어났기 때문이다. 셰일가스 특수 또한 확실한 플러스 요인이다.

하지만 이미 시작된 양적완화 축소는 작년 5~6월 같은 대혼란을 일으키지야 않겠지만, 미국의 내수와 수출 증가에 찬물을 끼얹을 것이고 공화당은 사사건건 정부의 발목을 잡을 것이다.

이들이 2012년 말에 전망했던 작년 성장률은 3.5% 언저리였지만 실적치는 2% 후반대에 머물렀다. 바꿔 말하면 이른바 '하방 위험'이 터지지는 않았지만 매년 예측이 빗나가게 만드는 요인으로 작용했다고 볼 수 있다. 나아가 2009년 런던 주요 20개국(G20) 회의에서 한목소리를 냈던 금융규제 강화도 거의 진전이 없으니 버블은 또 한번 골칫덩어리가 될 수 있고 일본의 아베노믹스는 벌써 수명이 다한 게 아닌지 의심스럽다. 유럽의 역내 불균형이나 중국의 각종 격차를 해소하는 일도 실로 요원한 일이다.

만일 세계경제가 3.6% 성장한다면 지난해 12월 27일의 정부 발표대로 한국 경제도 3.9%를 달성할 수 있지 않을까? 하지만 내용을 뜯어보면 이건 전망이라기보다 차라리 희망이다. 지난 몇 년간 정부의 경제전망이 1% 이상 틀린 것은 투자와 소비, 즉 내수 증가율을 한껏 낙관적으로 보았기 때문인데 금년도 예외가 아니다.

설비투자 실적은 2012년 마이너스 1.9%, 2013년(3분기까지) 마이너스 1.6%였는데 정부는 금년에 6.2%로 치솟을 것으로 전망했다. 2012년 12월에 했던 2013년 전망치가 3.5%였으니 이번 수치 역시 미덥지 못하다. 박근혜 정부는 작년 네 번에 걸친 '투자활성화 대책'을 통해 몇 십년 묵은 재벌들의 숙원을 다 들어 주었다. 수도권 규제 완화 등 각종 규제완화, 나아가 지금 전방위적으로 진행하고 있는 공공서비스 산업의 민영화가 그것이다. 해서 이런 수치가 나왔을 것이다. 하지만 수출이 획기적으로 늘지 않으면 정부의 희망은 한낱 꿈으로 판명날 가능성이 높다.

투자야 원래 '동물적 본능'에 따르는 것이니 그럴 수 있다 하더라도 소비는 그다지 크게 출렁거리지 않는다. 2011년부터 3년 연속 정부는 민간소비가 3% 이상 증가할 거라고 예측했지만 실적은 1%대였다. 정부는 가계흑자율과 고용의 증가를 근거로 댔지만 가계부채가 1000조원을 넘어 계속 증가하는 추세인 데다 사교육비, 의료비, 주택 관련 비용이 여전히 '등골 브레이커'인 한 다른 소비를 늘리기 어렵다. 또 고용이 증가하곤 있다지만 주로 50대 여성의 재취업이 늘어나고 있을 뿐이다. 결국 요약하자면 별다른 대형사고가 터지지 않는다 해도 세계경제와 우리 경제 성장률은 3% 언저리에 머물 가능성이 높다. 이 정도도 규제완화에 따른 건설경기의 덕을 톡톡히 본 결과일 것이다.

하지만 진정한 문제는 이런 총량 수치와 관계없이 사회의 양극화가 더욱더 심각해질 거라는 데 있다. 빈부격차야말로 세계경제가 7년째 수렁에서 허우적거리게 만든 가장 중요한 구조적 원인이다. 그사이 양극화는 더 심해졌고 따라서 세계의 총수요도 증가할 길이 없으니 악순환이 반복되고 있다. 더구나 박근혜 대통령의 '진격의 줄푸세'는 세계에서도 최악이다.

지난해 11월의 통계청 조사에서 국민 절반(46.7%)은 자신의 사회경제적 지위가 하층이라고 대답했다. 1988년 처음 조사를 실시한 이래 가장 높은 수치다. 나아가 "일생 동안 노력하면 사회적·경제적 지위가 높아질 가능성이 있다고 생각하느냐"는 질문에 "없다"고 응답한 국민이 57.9%였다. 다음 조사에서 또 최고치를 경신할 것이다. 일대 혼란이 벌어질 수 있다. 제발 '독재의 추억'을 벗어나 현실을 보기 바란다.

2014.01.05.

결국 '줄·푸·세'로 되돌아간 박근혜 정부

세계경제가 안갯속을 헤매고 있다. '장기침체'의 그림자가 드리워져 있다. 중국의 성장세도 주춤한다. 거대한 변화의 한복판에 있는 한국은 방향을 잃고 관성적으로 대응하고 있다.

또 한 해가 저문다. 이 글은 〈시사IN〉 독자들께 올해 마지막으로 드리는 칼럼이다. 해서 1년을 돌아볼 요량으로 올해 내가 여기저기 쓴 시론들의 제목과 결론 부분만 모아봤다. 내 컴퓨터에 저장되어 있는 것만 60개가 넘으니 한 달에 평균 5편 이상을 쓴 셈이다. 무에 그리 할 말이 많았던 걸까?

세계경제는 여전히 안갯속을 헤맨다. 2008년 세계 금융위기가 터졌을 때 나는 앞으로 '장기침체(Long Recession)'가 닥치리라고 썼다. 지난가을, 미국 경제학계의 3대 천재로 불렸던 래리 서머스, 폴 크루그먼, 제프리 삭스가 일제히 비슷한 말(Secular Stagnation:지속적 침체)로 현재 상황을 표현했다. 진단과 처방은 조금씩 다르지만 결국 양적 완화(중앙은행이 부실 채권과 정부 장기채를 직접 사들여서 돈을 푸는 일)를 축소해서도 안 되고 재정 지출을 늘려야 한다는 얘기다. 하지만 공화당의 티파티 의원들은 재정 확대를 원천봉쇄해서 결국 일시적인 정부 폐쇄마저 겪었다.

2009년 런던 G20에서 각국이 합의했던 거시건전성 규제는 별로 이뤄지지 않았다. 미국 경제가 회복세라고는 하지만 주로 달러화의 절하에 의해 수출이 증가한 탓이고 고용 증가의 내용은 별로 신통치 않다. 엄청나게 풀린 돈 때문에 주가만 폭등했을 뿐이다. 부동산 쪽도 들썩이는 등 침체 속에서 다시 거품이 부풀어오르고 있다. 또 다른 금융위기가 초겨울 눈 쌓이듯 조용히 자라나고 있다.

중국의 성장률도 7%대로 뚝 떨어졌다. 11월의 중국 공산당 3중전회는 중국 경제가 내수 확대 쪽으로 방향을 잡았다고 재확인했다. 특히 국영기업 이익의 30%를 사회복지 지출에 사용하도록 한 것은 중국의 비정상적(?) 저축률이 떨어지도록 할 것이다. 사회정책에서도 33년 만에 두 자녀를 가질 수 있도록 했고, 호적(후커우) 제도를 개혁하며, 사형 기준의 엄격화, 노동교화소 폐지 등 인권 및 노동권 개선도 약속했다. 중국은 물론 세계를 위해서 올바른 방향을 잡았다고 할 수 있지만 내부의 각종 불평등을 부드럽게 해결할 수 있을지는 의문이다.

국내 문제가 격해질 때 민족주의를 불러일으키는 일은 세계 어느 정부나 애호한다. 동아시아의 영토 분쟁, 역사 분쟁은 잘 마른 장작개비와 같다. 2010년 남중국해 주변에서 중·일, 중·베트남, 중·필리핀 간에 벌어진 영토 분쟁 또한 마찬가지였다. 문제는 일본과 아세안이 미국 주도의 환태평양경제동반자협정(TPP)으로 끌려갔다는 데 있다. 재정 적자에 허덕이는 미국은 일본 우파의 소원인 '정상국가화(=재무장)'를 허용했고 일본은 반대급부로 TPP에 참여하기로 했다. 1980년대 이래의 봉쇄·포용(congagement:군사적 봉쇄와 경제적 포용) 전략이 봉쇄(containment) 일변도의 '아시아 선회(Pivot to Asia) 전략'으로 바뀐 것이다.

'경제민주화와 복지' 말하더니 결국 '줄·푸·세'로 되돌아간 박근혜 정부

한국은 거대한 변화의 한복판에 있다. 박근혜 정부는 초기에 '전략적 모호성'을 표방했지만 이제 확연히 미국 쪽으로 기울었다. 변화의 방향이 불투명한 가운데 익숙한 구체제를 선택한 것이다.

우리 국민은 딱 1년 전에 현명한 판단을 내렸다. 자신과 사회의 안녕을 위해서 보편적 복지, 경제민주화를 요구했고 스스로 협동조합 붐을 일으켰다. 하지만 박 대통령은 여름이 지나면서 노골적으로 자신의 공약을 폐기했다.

경제민주화는 규제 완화로 돌변했다. 재벌들은 자신의 소원을 모두 투자 활성화의 조건으로 포장했다. 수도권 규제, 지방의 산지 규제, 철도·의료·교육 등 서비스 산업의 규제가 풀렸고 내친김에 민영화까지 노리고 있다. 박 대통령은 자신의 진면목인 '줄·푸·세'로 되돌아갔다. 경기 대책이라곤 부동산 경기 활성화뿐이었고, 치솟는 전월세에 아우성치는 국민에게는 "잘해줄 테니 집을 사라"고 꼬드기고 있을 뿐이다. 기초연금은 이명박 정부 시대보다도 적어졌고 4대 중증질환 보장 공약도 건강보험 비급여는 제외됐으며 반값 등록금, 반값 전세 모두 공염불이 되었다. 맞춤형 복지라더니 제로 복지라는 게 옳을 정도다.

프랑스 대혁명 이후에도 오랫동안 앙시앵레짐(구제도)이 맹위를 떨친 것처럼 한국은 전 세계의 격변 속에서 방향을 잃고 관성적으로 대응하고 있다. 한 해 마지막 칼럼에서 희망찬 얘기를 드리지 못하는 나도 안타깝기 그지없다. 불행하게도 세계 어디에도 별로 숨을 만한 곳이 보이지 않는다.

시사인 / 328호 / 2013.12.31.

"선생님 없으면 우린 어떡해요"

"우리 선생님을 우리가 지키자"(서울 오류여중),

"선생님께 배우고 싶습니다"(서울 송곡여고)

"스승을 절대 내 줄 수 없다"(전남 순천 효성고)

"우리 사랑으로, 우리 선생님을" "우리는 선생님을 사랑합니다"(광주 동

아여중·고, 충남 도고중, 서울 대림여중, 경북 영천 금호여고, 전남 옥과고, 서울 공

항고),

"내 선생님을 끝까지 지켜내자"(목포 홍일고),

"선생님과 우리는 하나"(온양여고),

"선생님 없으면 우린 어떡해요"(대구 성화중)

"우리는 참교육을 받고 싶디"(부신 동인고, 광주 송원여고),

"학교를 떠나지 마세요"(대전충전실업고),

"우리는 선생님을 찾고 싶습니다"(대전 신일여상).

1989년 봄에서 가을까지 대한민국은 아이들의 아우성으로 뒤덮였다. 아이들은 전국에서 해직된 1700여명의 전교조 선생님들을 눈물로 지키려 했다. 이 아이들의 절규가 없었다면, 선생님들은 1999년 전교조가 합법적 노동조합이 되기까지 10년을 견뎌낸 불굴의 힘을 얻지 못했을 것이다.

그 후 24년, 합법화 14년 만에 박근혜 정부의 고용노동부는 최후 통첩을 전교조에 보냈다. 한 달 안에 전교조 규약을 개정해서 해직교사 9명을 조합원에서 빼라는 것이다. 전교조는 총투표로 이를 거부했고 그예 정부는 10월24일, "'교원노조법상의 노동조합으로 보지 않는다'고 오후 2시 팩스를 통해 통보했다".

　그러나 그 '교원 노조법' 어디에도 정부가 팩스 한 통으로 기존 조합을 불법으로 만들 근거는 없다. 오직 '노동조합 및 노동쟁의조정법'의 시행령(제9조 2항)이 있을 뿐이다. 전교조는 모법의 근거도 모호한 시행령 하나 때문에 6만명의 노동권을 빼앗기게 되었다. 박근혜 대통령의 본령인 "줄푸세"의 "세"(법을 세운다)가 겨누는 곳이 어딘지를 보여준 것이다.

　국제노동기구(ILO)는 박근혜 정부 들어 전교조 관련 2회, 전공노 관련 1회 등 세 차례나 긴급 개입(urgent intervention)을 했다. 긴급 개입이란, 노동의 기본권 중 기본권인 87호와 98호를 다루는 ILO '결사의 자유 위원회'가 2년이 걸리는 통상의 절차를 밟을 수 없을 만큼 엄중하고 신속한 행동이 필요할 때 사무총장이 직권으로 적용하는 절차이다.

　ILO의 '결사의 자유 위원회'는 이미 전교조 케이스를 검토했고, 강력한 권고안을 내서 노동부 방하남 장관과 교육부 서남수 장관이 애지중지하는 시행령의 개정을 촉구한 바 있다. 그런데도 한국 정부가 전교조에 예의 '최후 통첩'을 보내자 이번에 또다시 긴급 개입을 한 것이다. 노동부는 기자 브리핑에서 이 긴급 개입을 "의견 조회"일 뿐이라고 창의적인 해석을 내렸지만 실은 "조속한 정책 변경"을 강력하게 촉구한 것이다.

　ILO의 조치는 지극히 상식적이다. 방하남 장관조차 장관 국회인사청문회에서 "해고자, 구직자, 실업자의 노동법과 노동관계법상 법적 지위는 국제적인 기준도 있고 외국 사례도 있다"며 사회적 합의를 거쳐 관련 법을 개정해야 한다고 말하지 않았는가?

　핀란드의 교원 노조는 은퇴자뿐 아니라 예비 교사인 학생까지 조합원으로 규정하고 있다. 그래서 핀란드 교육에 무슨 문제라도 생겼다는 말인가? 이게 노동 후진국이 아니고 무엇이랴. ILO 노동 대표의 성명이 언급한 바, 경제협력개발기구(OECD)의 노동권 감시까지 걱정하지는 않는다 하더라도 상식에 비춰서 이게 국제 사회에서 얼굴을 들고 다닐 수 있는 일이란 말인가?

　나는 전교조가 지금 궁지에 몰린 것이 꼭 정부 탓만은 아니라고 생각한다. 전교조가 현장의 '참교육'을 혹여 게을리해서 일반 국민의 눈에 자기 이익만 추구하는 '귀족 노조'로, 또는 강퍅한 자기 이념의 추구에 몰두하는 '이념 집단'으로 비치고 있는 건 아닐까?

　나는 전교조가 24년 전, 아이들의 눈물을 기억해 내기 바란다. "선생님 없으면 우린 어떡해요", "우리는 참교육을 받고 싶다"라는 아이들의 아우성 없이, 부모들의 진심 어린 지지 없이 어떻게 박근혜 정부 5년을 견딜 수 있을까? 참교육 배지만 봐도 가슴이 두근거린다던 아이들이 살 길이다. 전교조가 아이들의 마음속에 부활할 때 우리는 비로소 사회적 불평등, 학력 차별, 등수 경쟁, 획일적 교육을 사회에서 몰아낼 수 있을 것이다.

경향신문 / 정동칼럼 / 2013.11.03.

입장 바꿔 생각을 해 봐

"내게 그런 핑계를 대지 마. 입장 바꿔 생각을 해 봐."

1993년에 발표된 김건모의 '핑계'는 참으로 경쾌하게 슬픈 얘기를 능친다. 하지만 입장을 바꿔 생각하는 게 그리 쉬운 일은 아니다. 만일 인간이 경제학에서 상정하는 대로 자신의 물질적 이익만 추구하는 호모 에코노미쿠스라면 더더욱 그렇다.

〈국부론〉(1776)보다 17년 앞서 출판된 애덤 스미스의 〈도덕감정론〉은 "인간이 아무리 이기적이라고 상정하더라도, 인간의 본성에는 분명 이와 상반되는 몇 가지 원리들이 존재한다… 타인의 비참함을 목격하거나 또는 그것을 아주 생생하게 느끼게 될 때 우리는 이러한 감정을 느낀다"로 시작한다.

스미스의 이 문장을 놓고 그 감정이 동정(sympathy)이냐, 공감(empathy)이냐, 그도 아니면 동료애(fellow-feeling)냐, 나아가서 도덕감정론과 국부론의 관계를 어떻게 볼 것인가를 놓고 치열한 논쟁이 벌어지고 있다. 하지만 강약의 차이는 있을지언정 어느 경우든 "입장 바꿔 생각을 해 봐"가 그 밑에 깔려 있다. 이러한 감정을 전제하지 않은 호모 에코노미쿠스는 세상을 파국으로 몰고 가기 일쑤다.

이 아름다운 가을 산에서 힘겨운 싸움을 하는 밀양 할머니들의 경우가 바로 그렇다. 어떤 사람들은 할머니들이 보상금을 노리고 있으니 두둑하게 돈을 주면 그만이라고 주장한다. 또 어떤 이들은 전형적인 님비 현상이라고 비아냥거린다. 호모 에코노미쿠스의 머릿속에서 모든 인간들은 이기적일 수밖에 없다.

그 세계의 경전인 경제학교과서는 고압송전탑이 자아내는 외부성(냉정해 보이는 경제학 용어지만 대대로 죽음에 이를 수도 있다)을, 한전에 벌금을 물리거나 밀양 등의 피해주민에게 보상금을 주어서 해결하라고 속삭인다. 어느 쪽이나 전기를 사용하는 5000만명 국민이 밀양 등 고압송전탑 주위의 피해자들에게 돈을 주는 것이다.

만일 전국의 피해 주민이 10만명이라면 1년에 전기료를 1만원 올려서 매년 500만원의 보상금을 줄 수 있다. 그렇게 돈을 많이 준다면 차라리 우리 동네에 송전탑을 세우겠다고? 그렇다면 경매에 부쳐서 가장 적은 돈을 제시하는 지역에 송전탑을 세우면 된다. 참여정부 시절에 '방폐장 문제'를 해결한 방식이다. 경매도 "입장 바꿔 생각을 해 봐"를 시장 방식으로 실천하는 것일 뿐이다. 송전의 거리를 대폭 줄여서 전력낭비까지 막을 수 있도록 아예 수도권에 송전탑을 세우자는 김종철 '녹색평론' 발행인의 역제안(경향신문 10월10일자)은 더욱 더 경제적이다.

하지만 "입장 바꿔 생각"을 해 보면 아무리 돈을 많이 준다 해도 아이들이 암에 걸릴지도 모르는 위험을 선뜻 받아들이기는 힘들 것이다. 그럼 외부성 자체가 발생하지 않도록 하는 방법은 없을까? 있다. 원자력 발전이라는 대규모 전력생산이 고압송전탑을 요구하는 것이므로 각자 자기 지역에서 발전해서 소비하면 외부성이 없어진다. 태양광 등 재생가능한 에너지를 생산한다면 금상첨화일 테고 전기 소비를 대폭 줄이는 것은 더욱 좋은 방법이다. 서울을 비롯한 대도시의 화려한 조명을 줄이고 집집마다 콘센트에서 플러그를 뽑는 것, 그리고 에너지 다소비형 산업의 전기료 보조를 끊는 것만으로도 우리는 외부성 자체를 없앨 수 있다.

그뿐만 아니다. 기후온난화 등 에너지 문제를 생각해 보면 어차피 우리는 재생가능에너지의 분산 발전체제로 가지 않으면 안된다. 시민이 참여해서 정책을 공동수립(co-construction)해서 공공서비스를 공동생산(co-production)하는 21세기형 사회혁신은 우리를 이런 결론으로 이끌 수밖에 없다.

밀양은 우리의 에너지 문제를 전면적으로 재검토하게 만드는 선물일 수도 있다. 하지만 불행하게도 우리 언론은 밀양의 할머니들을, 배고픈 돼지에게도 모독일 "호모 에코노미쿠스"로 만들고 있다. 우리 모두 막연한 죄책감에서 벗어나려고 은연중 보조금이라는 '핑계'에 기대고 있는 것은 아닌가? 도덕감정을 전제로 하지 않고 '국가의 부'를 추구하는 것은 위험하기 이를 데 없다. 성장 제일주의에서 벗어나 입장을 바꿔 생각하는 것으로 경제관을 바꾸는 것이야말로 '창조경제'의 첫걸음일 테다. 이명박 전 대통령에 이어 박근혜 대통령의 귀도 쇠귀일까?

경향신문 / 정동칼럼 / 2013.10.15.

민생이란 이름의 '어명'

끝이 없을 것 같던 폭염도 한풀 꺾여 자연의 시계바늘은 여전히 째깍거리며 제 갈 길을 가는데 어이할꼬, 대한민국은 조선시대로 껑충 역행한 듯하다. 작금의 '내란 사태'가 내 머릿속 얄팍한 역사책에서 찾아낸 유사 사례는 선조시대 '정여립의 난' 정도다. 하지만 정국의 반전을 노려 조작된 사건이라는 점만 동일할 뿐, 쿠데타 주역의 능력과 명성은 비교조차 민망하고 그들이 작당해 모의했다는 내용 또한 1950~1960년대 지구의 어느 외진 부족사회에서나 가능할 수준이다.

하지만 내가 500여 년 전의 역사를 떠올린 건, 국가정보원 불법 사건 '물타기'가 끝나면 흐지부지 사라질 이 소동 때문이 아니다. 진흙탕 싸움에 혀를 치며 '민생'이 긱징될 때마다 '유체이탈 화법'의 어명을 하교하는 대통령 때문이다. 투자자를 업어줘야 한다는 비유를 쓰면 곧바로 일국의 부총리가 그 장면을 연출하고, 이마에 '나는 엘리트'라고 써붙인 기획재정부(기재부)의 공무원들이 총출동해서 만든 세법 개정안도 단 하루 만에 수정된다. 이 어찌 어명이 아니고 무엇이랴.

전·월세 대책을 세우라는 어명이 떨어진 지 열흘째인 8월 28일, 정부는 '전·월세 시장 안정대책'을 발표했다. 한마디로 "온갖 편의를 다 봐줄 테니 집을 사라"는 것이다. 특히 돈의 여유가 있는 다주택자가 집을 더 사도록 하는 데 초점을 맞췄다. 취득세율을 인하하면서 다주택자에 대한 차등세율을 폐지하고, '민간임대주택 공급 활성화'를 이유로 임대사업자들의 금리와 각종 세금을 깎아준 이유가 여기에 있다. 최초주택구입자에게 1%까지 특혜금리를 제공하겠다는 '장기주택 모기지 확대'도 다소 복잡해 보이지만 부자들을 위한 대책이긴 마찬가지다. 20년에 걸쳐 마이너스 실질

금리로 갚는다 해도 현재의 집값으론 가난한 신혼부부에게 그림의 떡일 뿐이지만, 돈 많은 부잣집 자녀는 시중 이자율과의 차이만큼 땅 짚고 헤엄쳐 돈을 벌 수 있다. 그러니 아이들에게도 빨리 집을 사주라는 얘기다.

돈 많은 다주택 소유자들을 움직여 집값이 꿈틀거리게 해서 그예 전세 수요자까지 주택 구매자로 만들겠다는 것이다. 집 하나 가진 중산층마저 빚을 더 늘려서라도 마지막 기회를 잡으려 할 것이다. 당장 전·월셋값을 구하지 못해 전전긍긍하는 서민들에게 싼 이자로 돈을 빌려 주겠다는 것도 현재의 전·월셋값 상승을 뒷받침해서 결국 구매로 발길을 돌리게 하겠다는 속셈일 뿐이다. 이런 황당한 정책은 더 큰 어명, '증세 없는 복지' '국민이 행복한 나라'와 직결돼 있다. 2008년에 시작된 '대침체'를 아직도 깔끔하게 벗어나지 못했는데 최근 터키·인도네시아 등의 금융불안까지 덮쳐서 한국의 수출 증가율은 지금 마이너스를 기록하고 있다. 더구나 설비투자 증가율은 계속 줄어들고 가계부채에 시달리는 서민들이 소비를 늘릴 방법도 없다. 그러니 남은 것은 오로지 건설투자뿐이고, 해서 정부는 집값 상승에 목을 매고 있는 것이다.

하지만 현재의 집값이 더 올라도 괜찮을까? '새로운 사회를 여는 연구원'(새사연)이 최근에 발표한 '가계 흑자 주택 구매력 지수'는 단호하게 "아니요"라고 대답한다. 새사연의 이 지수는 현실의 가계가 쓰고 남은 돈으로 집을 사는 데 몇 년이 걸리는지를 보여준다. 소득 1분위(소득 순서로 나열했을 때 하위 20% 가구)는 아예 불가능하고 그 다음 2분위는 40년, 3분위 27년, 4분위는 23년이다. 여기서 집값을 더 올리면 어떻게 되겠는가? 준재벌급 부모의 유산 없이(상위 20%인 5분위마저 18년이 걸린다) 우리 아이들이 자기 소득만으로 내집을 갖기란 불가능하다. 지금 당장 필요한 것은 전·월세 상한제이고 장기적으로는 서서히 집값이 떨어지도록 유도해야 하는데 정부는 정반대 정책을 끝까지 밀어붙였다.

혹여 정부의 이 정책이 성공한다 해도 단기간의 거품 이후에는 곧바로 붕괴의 지옥이 입을 벌릴 것이다. '증세 없는 복지'라는 어명은 내년 4% 경제성장이라는 환상 속에서도 실현되기 어렵다. 우리가 살길은 서민들의 임금이 올라가고 복지가 확대돼 소비가 늘어나는 것이 첫째요, 경제민주화를 통해 중소기업의 생산성 향상을 촉진하는 것이 둘째요, 그리고 현재의 협동조합 붐이 제자리를 잡는 데 있다.

'민생'이라는 이미지를 앞세운 대통령의 어명이 바로 그 민생을 더 깊은 수령에 빠뜨릴 게 뻔한데, 허무맹랑한 내란을 조작해서 정국을 주도한들 그 무슨 소용이랴. 그 앞에는 민심의 진정한 내란이 기다리고 있다.

경향신문 / 정동칼럼 / 2013.09.02.

부자에겐 '줄푸', 서민에겐 '늘세'

서울광장을 꽉 메운 인파, 또다시 촛불이 일렁거린다. 연단에 오른 민주당 의원들이 8일 발표된 '2013년 세법개정안'을 맹공한다. 민주당 홍종학 의원이 페이스북에 쓴 대로 "월급쟁이 434만명(전체의 28%에 해당)에게 세금폭탄을 투하한, 그야말로 오만한 박근혜 정부 아니면 불가능한 세제개편안"이라는 것이다.

이번 개정안에 대한 또 하나의 비판은 이 정도로 세수를 확대해선 박대통령이 대선 때 약속한 '맞춤형 복지'를 하기에 턱없이 모자라다는 것이다. 공약을 실행하기 위해서는 연평균 27조원가량이 더 필요한데 이번 세법 개정으론 고작 2조4000억원 정도 세수가 늘어나기 때문이다.

하지만 나는 이번 세법개정안 방향이 올바르다고 생각한다. 보편복지를 하려면 언젠가는 중산층의 소득세도 늘리지 않으면 안된다. 보편복지는 이른바 '공유지의 딜레마'를 안고 있다. 공급 쪽의 무임승차(남들보다 세금을 덜 내야 한다)와 수요 쪽의 무임승차('공짜 복지'를 되도록 많이 이용해야 한다) 유혹은 보편복지로 가는 길에 솟아오른 최대의 걸림돌이다. 이 딜레마는 "모두 내고 모두 누린다"는 보편의 원칙을 공정하게 적용해야만 해결된다. 이번 개정안은 공정성이란 면에서는 오히려 후퇴했지만 보편성이라는 면에서는 진일보한 것이다. 따라서 이번 개정안을 세금폭탄이라고 폄하하는 대신, 어려운 서민들이 세금을 더 내는데 부자들도 '노블레스 오블리주'를 실천해야 공정한 게 아니냐고 설득해야 한다.

즉 박근혜 대통령이 '국민행복시대'를 열려고 한다면 당장 법인세와 자산세를 이명박 정부 이전으로 되돌리고 경제사정이 나아진다면 '부자증세'까지 나아가야 한다. 그렇다면 유리 지갑을 가진 월급쟁이들도 이번 조치에 이토록 분노하지는 않을 것이다. 그런데 정부는 연구개발비 세액 공제, 고용창출 투자세액 공제 등 대기업에 주는 4조4000억원의 특혜를 없애기는커녕, 사실상의 재벌 상속인 '일감 몰아주기'에 대한 중과세를 대폭 후퇴시켰다. 기획재정부 김낙회 세제실장은 "일감 몰아주기 과세가 경영 효율화에 걸림돌이 돼서는 안된다"는 이유를 댔다. 투자자를 업어주는 부총리에 이어 대통령 말씀을 충실히 따르는 고위 공무원이 또 하나 탄생했으니 앞으로 다른 부처 공무원들도 앞다퉈 이 모범을 따를 것이다.

문제는 박근혜 정부의 '맞춤형 복지'를 사실상 전담할 중산층 사정이 점점 더 어려워진다는 데 있다. 장기침체와 저금리로 전셋값이 치솟고 있다. 이에 대한 유일한 단기 대책은 전·월세 상한제를 도입하는 것인데 현오석 부총리는 "시장 반응을 살펴보면 공급이 줄어 오히려 임차인에게 피해를 줄 수 있다"며 반대했다. 하지만 전·월세 상한제가 도입된다 하더라도 단기에 공급이 줄어드는 상황은 발생할 수 없다(수직의 공급곡선). 전·월세를 마음대로 올릴 수 없고 이예 집을 놀리겠다'는 나주백 소유자가 얼마나 될까? 물론 장기적으로는 임대 목적의 주택 건설이 줄어들 수 있다. 하지만 이야말로 서승환 국토부 장관의 '패러다임 전환', 즉 주택 공급의 축소에 이르는 길이 아닌가?

왜 부총리와 장관의 말이 어긋나는 것일까? 주택 공급 축소로 가격이 오를 것이니 중산층에게 빚을 내서라도 지금 집을 사라는 국토부 장관, 그리고 주택공급 축소가 걱정돼 전·월세 상한제를 도입할 수 없다는 부총리의 공통점은 오로지 하나, 부동산부자들과 건설업자의 현재 이익을 도모하는 것뿐이다.

대통령 취임 6개월이 막 지난 지금 정부의 경제정책기조는 확정됐다. 투자수요를 늘리기 위해 수도권 규제완화와 지방의 산지규제 완화 등 '푸'(규제를 푼다)는 재벌과 부동산 자산가들에게 베푼다. 이명박 정부가 이미 실천해 버린 '줄'(세금을 줄인다) 대신 중산층의 세금을 '늘'린다. KTX나 가스공사 민영화(역시 '푸') 역시 부족한 재정을 충당하는 데 사용한다. 중산층과 노동자들의 불만, 그리고 촛불에 대해서는 법을 엄정하게 집행(즉 '세', 법질서를 세운다)하면 된다. 부자들은 '줄푸'를 누리고 중산층 이하는 '늘세'를 감당하는 것이 우리들의 '국민행복시대'다.

경향신문 / 정동칼럼 / 2013.08.11.

NLL과 KTX

나이 들어 그리 된 건지, 아니면 세월이 하수상해서 그런 건지 잘 모르겠지만 되도록 날을 세우지 않고 살아가기로 한 지 꽤 됐다. 그 결과도 나름대로 괜찮았다. 예를 들어 대선 직전 TV 토론에서 혹시 내가 지지하는 후보에게 누가 될까, 날을 거두고 공손한 태도로 일관했더니 내가 한 토론 중에는 그나마 나았다는 평을 받은 바 있다.

하지만 "적이지만 훌륭하다"고 감탄하며 더욱 정교하게 반박 논리를 세워야 하는 상황은 이 땅에 좀처럼 없다. 작금의 NLL 논란은 기가 막혀 말이 나오지 않는다. 국가 기밀을 공개한 것도 문제려니와 문서 어디를 봐도 NLL을 포기한다는 얘긴 나오지 않는다. NLL 논란을 묻어두고 서해에 평화구역을 만들자는 계획에 양 정상이 합의한 것뿐이나. 대선 때 한껏 이용해 먹은 거짓말이 여지없이 탄로났는데도 새누리당과 정부는 후안무치, 요지부동, 적반하장이다.

상대에 대한 존중이 이다지도 어려운가, 한탄해야 할 일은 또 있다. 국토교통부가 26일 발표한 '철도산업 발전방안'이 그것이다. 2015년 개통 예정인 수서발 KTX를 철도공사 출자회사에서 운영하되 철도공사는 30%의 지분을 확보하고 나머지는 연기금 등 공공자금에서 지원한다는 것이다. 또한 2017년까지 개통할 신규 노선과 적자노선에는 새로운 사업자가 참여할 수 있도록 했다.

이미 2012년 한바탕 논란이 있었던지라 정부는 "공공자금 지분에 대해서는 민간 매각이 되지 않도록… 정관이나 주주협약 등에서 안전장치를 둘 예정"(여형구 국토부 차관)이라고 다짐했다. 하지만 국토부의 이 말을 100% 존중한다 해도 앞으로 대주주인 연기금이 어떤 이유로든 정관을 개정해서 민간 매각을 하겠다면 무슨 수로 막을 것인가? '국민연금 기금운용 위원회'의 과반수를 국토부가 장악하겠다는 이야기일까? 결국 이번 방안 은 황금알을 낳는 흑자노선(철도공사의 노선 중 KTX만 흑자가 난다)과 지방의 적자노선을 모두 민영화하겠다는 얘기나 다름 없다.

지난 30년 시장 만능주의가 판을 치기 전의 경제학 교과서에는 철도 는 국가가 운영하는 것이 당연하다고 돼 있었고 이를 뒤집어 철도 민영화 를 행했던 나라들의 결과는 별로 신통치 않다. 정부가 규제하는 기본 요금 외의 이용료가 폭등하고 돈 안되는 지방 노선이 없어졌으며 심지어 철도 사고까지 빈번해졌다. 왜 정부는 이제 소음이 돼 버린 철 지난 유행가를 트 는 것일까?

정부 말대로 철도공사(코레일)가 적자투성이인 것은 사실이다. 하지만 그건 적자노선에 대한 교차보조(시골에도 기차가 하루 한번은 다녀야 할 것 아닌 가?), 노선 건설비용의 부담, 낮은 요금 때문이다. 말 그대로 네트워크산업 의 공공성 때문에 생긴 적자일 뿐이다. 만일 이 적자가 국토부의 주장대로 공사 운영의 비효율성 때문이라면 그건 전적으로 자기 책임이 아닌가?

이런 공공성 비용을 치르지 않는 민간 자회사는 흑자를 볼 수 있고 정 부 주장대로 수서발 KTX 기본 요금은 내려갈 수도 있을 것이다(물론 엉터 리 예측으로 악명 높은 교통연구원의 발표대로 20%나 내려가진 않을 것이고 초호화 노 선을 만드는 등 부가 요금을 올릴 테지만). 그렇다고 서울발 KTX 기본 요금을 경쟁적으로 따라 내린다면 철도공사의 적자는 눈덩이처럼 부풀어 오를 것 이 불을 보듯 뻔하다. 그럼 또다시 민영화 확대의 목소리가 높아질 것이다. 도대체 대기업의 횡재와 국토부 퇴직 공무원들의 일자리 외에 어떤 이익 이 있다는 건가?

더구나 이 땅에는 한·미 FTA가 발효돼 있다. 수서발 KTX 운영회사 의 70% 지분 중 일부를 미국인 투자자가 사들인다면 그 때부터 투자자· 국가제소가 가능해진다. 손실은 사회화하고 이익은 사유화하는, 이 엉터리 정책이 영원한 생명을 얻게 된다. NLL과 KTX 논란이 쌍끌이로 이 여름의 수은주를 더 끌어올리고 있다. 나아가 '노후 의료보장 보험'이라는 의료 민영화까지, 도대체 '줄푸세'가 아닌 얘기를 이 정부에 기대할 수는 없는 걸까?

경향신문 / 정동칼럼 / 2013.06.30.

국민을 행복하게 하는 법

행복지수를 깎아내리는 요인은 각종 불평등이다. 소득 분배가 잘 되는 나라일수록 치안 상태가 좋고 성차별이 덜하다. 박근혜 대통령이 공약만 제대로 지켜도 국민행복시대가 열릴 것이다.

박근혜 대통령이 취임했다. 그의 공언대로 "국민행복시대" "100% 대한민국"은 열릴 것인가? 우선 국민행복시대의 핵심어인 행복은 도대체 무엇이고 어떻게 해야 행복해질 수 있는 걸까?

경제학이 행복에 관심을 가진 건 최근의 일이다. 피구 이래로 경제학은 행복을 소득(GDP)으로 대체했고 대부분의 정부 정책도 GDP 증가, 즉 성장에 맞춰져 있다. 이런 흐름에 최초로 파문을 일으킨 것이 저 유명한 '이스털린 역설(Easterlin Paradox)'이다. 미국의 경제학자 이스털린은 1974년 일정한 수준(대체로 1인당 GDP 1만5000달러에서 2만 달러 정도)을 지나면 국민소득의 증가가 그만큼의 행복의 증가로 이어지지 않는다는 주장을 폈다.

각종 행복 지표에서 하위권에 속해

이후 이 명제를 둘러싼 수많은 논쟁이 지금까지 이어지고 있다. 반대파는 주로 횡단면 분석과 단기 시계열에서 소득과 주관적 삶의 만족도가 비례한다는 사실을 찾아냈고, 이스털린 쪽에서는 장기 시계열에서 둘 사이에 의미 있는 상관관계가 존재하지 않는다고 반박했다. 나는 통계 해석에서도 이스털린 쪽을 지지하지만, 직관적으로도 소득이 늘어난다고 해서 꼭 그만큼 주관적 만족도, 즉 행복이 증가할 거라고 보지 않는다. 실제로 이스털린의 위 논문을 보면 한국은 평균 5% 남짓의 성장마다 0.4% 정도만 삶의 만족도가 증가하는 것으로 나타났다.

어쨌든 이스털린의 이 주장은 행복경제학의 탄생으로 이어졌다. 미국의 '일반 사회조사'나 '세계 가치조사' '유로 바로미터' 등의 조사에는 "종합적으로 볼 때 당신은 요즘 얼마나 행복하십니까" "당신의 최근 건강은 어떻다고 생각하십니까" 같은 주관적 질문을 포함하고 있다. 이런 주관적 행복도(삶의 만족도)와 소득이나 교육과 같은 객관적 지표를 합치면 '행복지수'를 구성할 수 있다. 어떤 지표를 집어넣고 얼마의 가중치를 곱하느냐에 따라 결과는 사뭇 다르겠지만.

불행하게도 우리 국민은 별로 행복하지 않다. 스티글리츠 등의 보고서에 따라 주관적 행복 지표를 적극 반영한 OECD의 '더 나은 삶 지표'(Better Life Index · BLI)를 단순 가중평균하면 34개국 중 22위, 한성대 이내찬 교수 방식으로 가중치를 곱하면 32위이다. 특히 생태의 지속가능성, 사회적 자본 부문이 최하위이다. 세계 가치 조사에서는 37개국 중 28위(2007년), 영국 신경제재단의 국가별 행복지수에서는 178개국 중 102위, 보건연구원의 행복지수로는 36개국 중 25위이다.

특히 우리의 행복지수를 깎아내리는 요인은 소득 불평등, 젠더 불평등 따위 각종 불평등이다. 일반적으로 소득 분배가 잘 되어 빈곤가구가 적은 나라가 치안 상태와 성차별에서 나은 성과를 보인다. 한국은 1995년경부터 급격하게 소득 분배가 악화되고 있어서 이 점을 방치하면서 '국민행복시대'를 여는 건 '나무에서 물고기 잡기'에 가깝다.

그럼 박근혜 정부의 정책은 국민을 얼마나 행복하게 할 수 있을까? 대통령직 인수위원회의 보고서 '국정 비전 및 국정 목표', 그리고 '국정 과제'까지 훑어보았다. 훌륭하다. 성장률 대신 고용률을 내세운 것, 사회적

자본을 곳곳에서 강조한 점, 꿈과 끼를 키우는 교육, 쾌적하고 지속 가능한 환경, 신뢰받는 정부 등은 모두 행복을 늘리는 주요 요소이다.

하지만 이런 훌륭한 목표들을 실행할 구체적인 정책은 좀처럼 찾기 힘들다. 10년 전에도 관료들이 하던 얘기들이 새로운 제목 아래 나열되어 있을 뿐이다. 나아가 "협동조합이나 사회적 기업, 자활기업, 마을기업 등 공동체적인 경제 주체들을 활성화시키는 '두 번째 새마을 운동'을 제안할 것"이라는 대통령 측근의 발언에는 아연실색할 수밖에 없다. 박정희 시대의 새마을 운동도 당시 우리의 지역공동체에 풍부하게 존재하던 사회적 자본, 예컨대 두레나 계, 각종 조합들을 말살했고 농협을 어용조직으로 만들었다. 이제 겨우 폐허 위에서 다시 꿈틀거리는 사회적 경제를 중앙 정부에서 하향식으로 조직하겠다니.

정부3.0도 마찬가지다. 일방향의 정부1.0, 쌍방향의 정부2.0을 넘어서 정보의 개방과 공유, 소통과 협력의 정부를 만들겠다는 참으로 아름다운 목표다. 하지만 박근혜 정부가 인수위부터 최근의 인사까지 한 일을 보면 박정희 시대의 정부1.0에도 못 미친다고 해도 과언이 아니다. 다른 데 답이 있는 게 아니다. 지난 선거의 쟁점이었던 경제 민주화(시장에서의 분배 개선), 보편 복지, 그리고 사회적 경제와 생태 혁신이 그 답이다. 박근혜 대통령이 공약만 제대로 지켜도 '국민행복시대'의 문은 열릴 것이다.

시사인 / 286호 / 2013.03.13.

통상교섭본부는 어디로?

2005년 2월 새벽 나는 대통령을 만났다. 비서관이라는 직책에 어울리지 않게 일주일간 무단(?) 휴가를 낸 다음날이었다. '동북아 비서관'을 그만두고 '국민경제 비서관'으로 옮기라는 지시에 약간의 항명을 한 뒤, 결국 항복한 날이기도 했다. 대통령은 세 가지를 지시했는데 그중 하나가 "한·일 FTA를 어떻게 처리할 것인지, 의견이 분분한데 정 비서관이 답을 가져오라"는 것이었다. 김현종 당시 통상교섭본부장은 2004년 겨울, 5년 넘게 진행돼온 한·일 FTA를 일방적으로 중단시켰다. 일본이 김(해태) 수입에 소극적이라는 게 직접적 이유였다. 또다시 밝히는 진실이지만 이때만 해도 대통령의 머릿속에 한·미 FTA는 없었다. 김현종 본부장은 5년이 지나 자화자찬으로 기득찬 자서전 〈김현종, 한·미 FTA를 말하나〉에서 놀라운 수장을 했다. 한·일 FTA를 맺으면 "제2의 한일합방"이 될 것이 뻔해서 중단시켰다는 것이다. 한·미 FTA를 하면 우리나라가 선진국이 되고 한·일 FTA를 하면 식민지가 될 것이라는 황당한 주장에 나라 전체가 끌려간 것이다.

나는 그 자리에서 의견을 말했다. "모든 FTA는 안으로 산업 구조조정입니다. 먼저 우리나라의 산업이 어떻게 변화해 나갈 것인지, 또 어떻게 가는 게 좋을지 굵은 그림을 그린 뒤 거기에 맞춰서 어느 나라와 FTA를 할지, 어떤 정도의 수준으로 맺을지 결정해야 합니다." 어쩌면 한·미 FTA는 이 주장에 부합하는 것이었는지도 모른다. 김현종은 한·미 FTA 청와대 브리핑 제1호에서 "한·미 FTA는 낡은 일본식 법과 제도를 버리고 미국의 글로벌 스탠더드를 받아들이는 것"이라고 주장했다. 2006년 3월, 한·미 FTA 협상을 어떻게든 막아 보려고 다시 청와대에 갔을 때 대통령 역시 "제조업에서 중국의 추격이 거세니 금융 등 서비스 산업으로 넘어가야 한다"는 재경부와 삼성의 '샌드위치론'을 거론했다.

옳고 그름을 떠나서 이런 어마어마한 결정은 과연 누가 해야 하는 것일까? 한·미, 한·EU, 한·중 등 거대 경제권과의 FTA가 우리 사회에 어떤 영향을 미칠지 누가 판단해야 하는 걸까? 한·미 FTA 때는 우리 경제나 사회에 대해 일반인의 상식도 갖추지 못한 김현종이 단독으로 대통령을 설득한 것으로 보인다. 외교부는 김현종이 정통 관료가 아니라 그렇다고 항변할지 모른다. 하지만 한·미 FTA 토론회, 청문회에서 수없이 만난 정통 외교부 관료인 김종훈 본부장도 김현종 못지않게 무지하고 미국 시스템을 맹신했다. 내 경험으로 보면 외교부는 대통령과 미국, 이 둘의 뜻대로 움직이는 부처라고 할 수밖에 없다. 더욱이 외교부의 비밀주의는 매우 유명하다. 도대체 우리의 삶을 좌지우지할 정책을 왜 무지한 관료가 비밀로 처리해야 하는 것일까?

외교부가 학자들을 동원한 모양이다. 이 언론, 저 언론에서 외교부가 통상교섭본부를 계속 맡아야 한다는 주장이 난무한다. 제조업 위주의 사고는 낡았다든가, 현대의 FTA는 국제정치를 고려해야 하므로 외교부가 맡아야 한다는 것이다. 하지만 한·미 FTA에 관련되지 않은 부처는 하나도 없다고 할 정도다. 예컨대 최대 쟁점인 '투자자 국가 제소권'은 한 나라의 헌법 자체를 위협하고 의약품 분야는 건강보험제도를 뒤흔든다. 외교를 다뤄야 하므로 외교부여야 한다는 주장도 설득력이 없다. G2 체제에서 우리가 어떤 FTA를 맺어야 하는지, 동아시아 공동체처럼 완전히 새로운 구상을 해야 하는지, 외교부가 그럴듯한 얘기를 하는 걸 본 적이 없기 때문이다. 이런 결정을 할 주체는 국민이요, 그 방식은 민주주의여야 한다는 것만 명백하다. 모든 부처의 이견을 조정하는 것이 핵심이라면 대통령이나 국무총리 직속의 위원회여야 할 테고 아예 감사원처럼 독립적인 기구가 더 나을 수도 있다. 하지만 어떤 경우든 국회의 철저한 통제를 받아야 한다.

그보다 더 중요한 것은 G2 체제하에서의 외교, 그리고 우리 경제의 미래 모습에 대한 토론과 합의이다. 이런 사안이야말로 대통령이 나서서 국민적 합의를 이끌어야 하는 것이 아닐까?

경향신문 / 정동칼럼 / 2013.02.08.

'100%의 대통령'이 되려면

문득 그런 생각이 들었다. 나를 포함해서 48% 중 얼마쯤이 '멘붕'에 빠졌다 해도 첫사랑이 깨졌을 때보다 더할까? 이런저런 발버둥이 치유의 시간을 얼마나 줄였는지도 의문이지만 결국 영원할 것 같던 시간도 지나지 않았던가? 다음으로 '먼저 패배의 원인을 정확히 알아야 한다'는 주장이 지극히 옳다 해도, 아직 관련 통계도 정리되지 않은 상태에서 그리 서두를 필요가 있을까? '민주진보진영'의 재편은 족히 1년은 걸릴 텐데 '정확한' 진단을 지금 내놓아야 할 이유도 별로 없어 보인다.

그렇다면 48%의 '힐링'에 당장 필요한 일은 뭘까? 어쩌면 박근혜 당선인이 그들의 소원을 들어주는 일이 아닐까? 예컨대 문재인 후보의 공약 중 쓸 만하고, 동시에 본인에 대한 지지를 넓히는 데도 방해가 되지 않는 것들을 인수위에서 확정하면 어떨까? 당선인도 '맞춤형 복지'와 '경제민주화'를 내세우지 않았던가?

당장 현재의 '장기침체'를 벗어나려면 일단 소비가 늘어야 한다. 이를 위해선 서민층의 소득이 증가해야 하고 동시에 소비를 가로막는 요인을 없애야 한다. 그렇다고 최저임금 획기적 인상, 노동조합 강화, 하청업체 단체협상권 인정 등 시장에서 양극화를 억제하는 정책은 박 당선인의 정책기조에 비춰 차마 할 수 없는 일일 것이다. 그렇다면 복지를 늘리는 수밖에 없다. '맞춤형 복지'를 늘리는 만큼 경제는 더 빨리 회복된다. 민주당 역시 이런 목적의 적자재정이라면 48%를 위해 찬성해야 한다. 증세나 국채나를 따질 때가 아니다(물론 '부자증세'가 훨씬 낫지만).

건강보험 보장성 강화는 복지인 동시에, 소비 방해 요인을 제거하는 일거양득의 정책이다. 이 정책에 관한 한 문 후보의 정책이 훨씬 더 설득력 있다. '4대 중병만 중병인가'를 넘어서 만성병 환자 역시 절망적이다. 보장성을 90%까지 올리는 데 얼마 정도의 보험료 인상이 필요한가는 이미 시민단체에서 정리해 두었으니 계산하느라 뜸을 들일 이유도 없다. 재정 문제나 급작스러운 국민 부담에 신경이 쓰인다면 연간 상한액은 200만원 정도로 조정해도 될 것이다.

두 번째로 서민의 소비를 가로막고 있는 것은 역시 가계부채다. 만일 집값까지 폭락한다면 우리 경제는 위기상태에 빠질 것이다. 금년과 내년 역시 2%대의 성장에 머물 것이기에 지금 정부나 언론처럼 안이한 얘기를 할 때가 아니다. 이 역시 문 후보 쪽의 정책 방향이 옳았다. 당선인의 '국민행복기금'은 기실 '은행행복기금'이다. 은행의 채권회수에 정부가 보조금을 주는 정책이기 때문이다. 일단 '약탈적 대출'을 통해 그동안 천문학적 수익을 올린 금융권이 책임져야 한다. 번번이 금융소비자에게만 이른바 '도덕적 해이'의 책임을 묻고 그 원인을 제공한 금융기관, 그리고 감독당국의 '도덕적 헤이'에 대한 책임을 엄중히 묻지 않는다면 이런 금융위기는 또 일어날 것이다.

셋째로는 사교육비인데 당선인은 심야 사교육과 선행학습의 규제만 제시하고 있다. 이 문제는 사실 대학입시를 개혁해서 '경쟁교육'을 뿌리뽑아야 해결될 문제지만 거기까지 기대하는 건 정책기조상 불가능할 것이다. 하지만 당장이라도 입시제도를 간소화하고 더 획기적인 사교육 규제를 하면 소비는 대폭(학원 관계자와 학부모의 한계소비성향 차이만큼) 증가할 것이다. 이 정책에는 돈도 들지 않는다.

쓴 김에 팁 하나 더. 우리나라 사람 중 어느 누구에게도 부담을 주지 않고 세수를 확보할 방법도 있다. 바로 토빈세(돈이 국경을 넘을 때 물리는 세금)다. 단 0.01%만 부과해도 약 2조원의 세수를 확보할 수 있을 것이다. 물론 탄소세까지 검토한다면 금상첨화겠지만 이건 그냥 꿈으로 간직하겠다.

이 정도만 인수위에서 확정한다면 48%는 절망을 거두고 생업에 몰두할 수 있을 것이다. '국민대통합'을 원한다면 이 정도는 해야 하지 않을까? 마지막으로 엄동설한에 고공농성을 하고 있는 분들이 기꺼이 내려올 수 있도록 중재한다면 어느 누가 당선인을 '100%의 대통령'이라고 부르지 않을까?

경향신문 / 정동칼럼 / 2013.01.03.

박근혜의 심장, 경제위기의 근원

박근혜 후보의 눈빛이 흔들린다. 경황이 없어서, 어린 동생들 생각에 30년 전 6억원을 받았고 나중에 돌려줄 거라는 말까지 했다. 만일 어린 동생들 때문에 모든 게 용서된다면 "무전유죄"를 호소하는 대부분의 범죄자는 무죄다. 이처럼 이정희 후보는 송곳처럼 박근혜 후보의 아킬레스건을 찔렀다.

5년 전 유권자들은 무려 14건이나 되는 이명박 후보의 전과를 대수롭지 않게 여겼다. "어떻게든 경제를 살릴 거 같은데 그 어떠랴"는 괴이한 분위기에 휩쓸렸다. 5년이 흐르는 동안 경제는 위기에 빠졌고 대통령의 모범을 따라 주변인사들은 줄줄이 전과자가 되었다. 이번엔 "어떻게든 위기를 극복하겠지…적어도 이명박보다는 낫겠지", 현직 대통령의 실정이 심판의 대상이 아니라 비교 대상이 되는 요상한 분위기가 형성되고 있다.

1차 토론에서 박 후보는 시종일관 굵은 기조를 유지했다. "위기가 닥쳤다, 신뢰의 정치를 통해 국민통합을 이룩하겠다"는 것이다. 핵심어는 위기-신뢰-통합이다. 박 후보의 취약점은 과거에 있지만 미래의 심장은 여기에 있다.

정치에선 박 후보의 위기-신뢰-통합이 그럴듯해 보인다. 박 후보가 30년 전 청와대에서 나온 이래 한 일이라곤 한나라당-새누리당을 위기의 수렁에서 건진 것뿐이다. 분명 박 후보는 적을 간명하게 규정해서 궤멸시키는 유전자를 물려받았다. "고도성장의 추억"은 그를 '선거의 여왕'으로 만들었고 보수층을 결집시켰다. 그러나 경제도 그렇게 될까?

현재의 경제위기는 한마디로 "줄푸세"(세금은 줄이고 규제는 풀고 법은 세운다) 때문이다. 시장에 모든 것을 맡겨서 양극화를 초래한 결과가 세계경제의 위기이고 곧 한국의 위기다. 박 후보의 "줄푸세"가 "시장만능주의

(market fundamentalism)”의 한글 번역이니 당연한 일이다. 최근 새누리당은 “줄”은 빼고 “푸세”만 한다지만 지난 5년 감세액만 82조원(국회 예산처 추산)이었고 세법을 고치지 않는 한 이런 재정상태가 계속된다는 걸 의미한다. 위기에 빠지면 부자에게 증세해서 아래로 돈이 흐르게 해야 하는데 이런 기본적 위기대책을 아예 포기했다는 얘기다.

박 후보는 “줄푸세와 경제민주화는 다르지 않다”고 강변했다. 최근에는 경제민주화가 재벌의 투자를 가로막는다고 주장했다. 이명박 대통령은 “줄푸세”와 박정희의 “삽질”을 실천한 “불도저”였다. 그러나 주로 돈을 챙긴 재벌의 투자는 그다지 늘어나지 않았고 고용은 오히려 줄어들었다. 당연하다. 불황기에 투자는 늘어나지 않는다. 그러므로 중산층과 서민들의 소비가 늘어나도록 하는 게 즉효약이다.

1000조원에 이르는 가계부채가 이들의 소비를 가로막고 있다. 박 후보는 18조원의 ‘행복기금’을 조성해 문제를 해결하겠다고 했다. 하지만 그 내용은 정부보증 채권을 발행해 은행의 부실채권을 해결해 주겠다는 데 불과하다. 즉 정부 돈으로 은행의 골칫거리를 해결해 주겠다는 것이다. 올바른 방향은 채무자들이 최소한의 인간다운 삶을 유지할 수 있도록, 필요하면 빚을 탕감해주거나 이자를 줄여주고 괜찮은 일자리를 얻도록 하는 것이다. 여기에 필요한 재원은 지난 5년간 천문학적 돈을 번 은행 스스로 조달해야 한다. 여기서도 돈이 채무자에게, 즉 아래로 흐르도록 하는 게 핵심이다.

“경제는요?”가 통하지 않는 이유는 그의 선문답을 알아서 실행할 주변이 모두 “줄푸세”의 주역들이기 때문이다. 이들은 아직도 돈이 위로 흘러야 위기를 극복할 수 있다고 굳게 믿고 있다. 이런 줄푸세가 양극화, 즉 국민 분열을 초래하고 결국 경제위기를 심화한다는 것은 세계와 우리의 역사가 이미 증명했다.

박 후보의 심장이 여기에 있다. 경제에서 그의 “위기-신뢰-통합”은 더 큰 위기와 불신, 그리고 분열로 이어질 것이다. 1차 토론에선 박 후보가 조연에게 발목을 찔려 중심을 잃었는데도 주연은 그저 겨냥만 했다. 조연만 빛난 드라마는 실패한다. 과연 문재인 후보는 그 심장에 최후의 일격을 가할 수 있을 것인가? 이번 선거는 다음주 TV토론에서 또 하나의 결정적 고비를 맞을 것이다.

경향신문 / 정동칼럼 / 2012.12.06

9부

한국경제 시평

이중의 공포에서 벗어나는 길

해고 없는 지원, 모든 사람에게 지급되는 긴급재난지원금, 그리고 긴장을 늦추지 않는 사회적 거리두기가 바이러스와 경제의 공포에서 빠져나오는 마지막 활로다.

통계와 그래프도 공포를 자아낼 수 있다. 미국의 셋째 주 실업수당 청구 건수는 328만 건이었다. 여느 때의 30만 건에 비하면 10배 증가다. 무디스는 넷째 주에는 450만 건을 돌파할 것으로 예측했다. 1982년 2차 오일쇼크와 2008년 세계 금융위기 때 수치의 5배 정도다. 이 추세라면 미국의 금년 실업률은 30%를 넘는다. 역사상 이런 경험은 1929년 대공황(Great Depression) 시절밖에 없었다. 〈뉴욕타임스〉는 이 비상한 사태를 보여주기 위해 신문의 오른쪽 여백 자리로 치솟는 그래프를 실었다.

영국의 〈파이낸셜타임스〉가 매일 경신하는 코로나19 확진자 그래프도 마찬가지다. 특히 미국의 그래프는 그동안 최악이었던 이탈리아와 스페인을 능가하는 기울기로 가파르게 상승하고 있다. 트럼프 대통령 말대로 대수롭지 않은 독감으로 여겼다가 갑작스럽게 확진자와 사망자가 급증하면서 미국 전역은 공포에 휩싸였다. 전대미문의 바이러스 공포가 '경제 공황'으로 이어졌다.

스웨덴의 '집단면역' 전략은 성공할까

방역 전문가들은 인구의 60%가 면역이 생겨야 이 신종 바이러스의 전염이 멈출 것이라고 말한다. 즉 한국으로 치면 3000만 명이 확진자가 되어야 하고 현재의 한국 치사율에 해당하는 1% 정도가 죽는다면 30만 명, 이탈리아 치사율로는 300만 명이 죽는다는 무시무시한 결론이 나온다. 이런 결론은 R0(R제로)라 불리는 '기본감염재생산수(basic reproductive number)'에서 직접 도출된 것이다. R0는 이 세상이 순수한 감염 대상으로 가득 차 있을 때 한 명의 감염자가 몇 명을 감염시킬 수 있는가를 나타내는 수치다. 코로나19의 R0는 보통 2.5 정도(즉 1명이 2.5명을 감염시킨다)로 잡으니 더 이상 감염이 증가하지 않는 상태를 만들려면 면역자의 숫자가 인구의 60%가 되어야 한다.

R0는 매우 복잡한 수학적 모델에서 도출되는 수치여서 가정에 따라 매우 다른 값이 나올 수 있고 현실은 순수한 감염 대상으로 가득 차 있지도 않다. R0는 면역자의 증가에 따라 점점 줄어들 것이고 '사회적 거리두기'를 잘 실천하고 감염 즉시 격리할 수 있다면 바이러스는 숙주를 찾을 수 없어 갈 곳을 잃을 것이다.

R0 개념은 현실의 대응전략에도 큰 영향을 미쳤다. 어차피 60%가 감염되어야 끝나는 상황이라면 평소와 마찬가지로 생활하면서 특히 위험하다고 알려진 고령자와 기저질환을 앓고 있는 사람만 치료하는 편이 더 낫다. '집단면역(herd immunity)'이라는 이름의 이 전략은 한정된 의료자원을 효율적으로 사용하며(한국처럼 모든 의심자를 추적하고 치료한다면 많은 병상과 의료진이 필요할 것이다), 예전처럼 일하니까 경제적으로도 우월할 것이다. 하지만 현실은 그 반대다. 방치되었던 감염자들이 무더기 중증 환자로 나타나자 시민들은 공포에 빠지기 시작했고 결국 의료진은 살릴 사람과 죽을 사람을 분류하는 윤리 딜레마를 맞아야 했다. 이제 유럽에서도 스웨덴만 이 전략을 사용하고 있다. 사회적 신뢰 세계 1위, 개인적 책임을 바탕으로 스웨덴은 과연 이 전략을 성공시킬 수 있을까?

경제도 마찬가지이다. 국민의 반이 자택에 격리되어야 한다면 필경

생산은 축소될 테고 생산의 국제화로 예컨대 이탈리아에서 생산하는 부품을 조달할 수 없다면 연쇄적으로 생산 네트워크가 마비될 것이다(생산 쇼크). 미국이나 인접 국가의 금융위기가 달러 부족을 불러일으키면 상당히 안정적인 거시건전성을 지닌 국가도 금융위기에 직면할 수 있다. 중국과 한국이 지금처럼 방역에 성공해서 V자 회복을 할지라도 여타 국가가 침체에 빠진다면 수출은 좀처럼 늘어나지 않을 것이다(수요 쇼크).

R0에 의한 추론은 '순수한 상태'를 가정했을 때 성립한다. 거리두기, 자가격리만 잘해도 현실의 R0는 낮아져서 현재 우리처럼 상당한 수준의 경제활동을 계속할 수 있다. 외국의 영향을 받더라도 미국처럼 대규모 해고를 하지 않는다면 내수는 살아서 움직일 수 있다. 해고 없는 지원, 모든 사람에게 지급되는 긴급재난지원금, 그리고 긴장을 늦추지 않는 사회적 거리두기가 바이러스와 경제의 공포에서 빠져나오는 마지막 활로다.

시사인 / 656호 / 2020.04.18.

한국 경제 거덜 낼 '재정긴축'

경제위기 때 오히려 긴축을 강요해서 경제성장률 저하와 적자 확대의 악순환을 일으킨 사례가 많았다. 케인스도 이 재정균형론에 부정적이었다. 문재인 정부가 유념해야 한다.

6월 5일 문재인 대통령은 '환경의 날'을 맞아 "2022년까지 미세먼지 배출량을 2016년 대비 30% 이상 줄이겠다"라고 약속하면서 국회에 계류 중인 추가경정예산을 신속히 처리해달라고 거듭 요청했다. 하지만 6조 7000억 원에 불과한 추경예산이 언제, 어떤 조건으로 통과될지는 아무도 모른다. 제1야당인 자유한국당이 국회 정상화의 조건으로 선거제, 사법제도 개편안의 패스트트랙 지정을 문제 삼고 있다. 최근 암울한 경제지표가 잇따르자 자유한국당은 정부의 경제정책을 신랄하게 비판하면서도 추경예산을 볼모로 대통령과의 담판을 요구하고 있다.

　　1분기 경제성장률이 곤두박질친 것은 무엇보다도 설비투자 축소 때문이다. 더욱이 6개월째 마이너스를 기록하고 있는 수출 증가율도 쉽사리 회복될 것 같지 않다. 현재진행형인 미·중 무역 통상마찰도 6월 G20 회의에서 극적으로 타결되지 않는다면 금년을 훌쩍 넘길 태세다.

완전고용 유지하기 위한 '투자의 사회화'

유일한 활로인 정부투자는 재정균형이라는 장벽을 넘어서야 한다. '국가채무 비율 40%' 논쟁은 그 서막에 불과하다. 재정건전성이라는 금과옥조의

원조는 리카도의 '동등성 원리'다. 200년 묵은 경제학의 이 논쟁은 네오케인스주의라는 어설픈 타협을 거쳐 지금은 재정균형론이 완전히 승리한 듯보인다. 하지만 경제위기 때 오히려 긴축을 강요해서 경제성장률 저하와 적자 확대의 악순환을 일으킨 사례는 IMF 구제금융의 역사를 따라 라틴아메리카, 구사회주의권, 동아시아에서 30년 동안 잇따라 벌어졌고 지금도 유럽에서 목하 진행 중이다(오직 미국만 예외였다).

1930년대 대공황 때부터 제2차 대전의 전시경제, 그리고 브레턴우즈 체제의 설계까지 영국 재무부의 정책에 줄곧 개입했고, 결국 토드 벅홀츠로부터 "잘 먹고 잘 산 구원자(Bon vivant as savior)"라는 칭송을 들은 케인스에게도 이 재정균형론은 짜증나는 상대였다. 현재의 포스트케인지언들은 케인스의 해답이 현대화폐 이론(Modern Monetary Theory, MMT)과 이에 입각한 기능재정론(Functional finance)이라고 주장한다. 즉 화폐는 기업과 가계의 대출 수요에 따라 창조되는 것이며(화폐의 내생성), 따라서 정부의 재정정책과 통화정책, 나아가 국가채무는 오로지 그 정책이 경제에 미칠 결과에 비춰서 판단되어야지 전통적인 건전성 여부를 따질 필요가 없다는 것이다(물론 지출 확대의 상한은 인플레이션이다).

케인스는 이론적 시시비비를 가리기보다 정치권과 경제학자들을 설득('설득의 경제학')해서 어떻게든 정책을 실행하는 쪽을 택했다. 그렇게 해서 나온 케인스의 아이디어가 '자본예산(Capital budget)'이라는 범주다. 전후 정책에서 가장 중요한 것은 유효수요의 관리였다. 특히 기업가들의 '동물적 감각'에 의존할 수밖에 없는 투자의 변덕스러움을 어떻게 조절할 것인가가 관건이다. 이자율은 그다지 믿음직스럽지 못하며 '금리생활자의 안락사'를 유도할 만큼 항상 낮은 수준에 머무르면 그만이다. 필요한 것은 저축과 투자의 괴리를 메워서 완전고용을 유지하기 위한 '투자의 사회화'이며 자본예산은 바로 여기에 쓰인다. 정부의 통상적인 업무에 사용되는 예산, 즉 경상예산(Current budget)은 오직 불가피한 상황에서만 단기적으로 적자 편성할 수 있다.

애초 2017년의 천운은 반도체 주기에 따라 단명할 것이었다. 문재인 정부는 처음부터 가상의 자본예산, 즉 장기적인 대규모 정부투자 계획을 짜야 했다. 문재인 대통령은 미세먼지 대책으로 생태 인프라의 일부인 전기 및 수소 충전소 설치를 약속했다. "시작은 미미하지만 끝은 창대하리라!" 탈탄소화를 위한 대대적인 생태 인프라 투자 계획을 세워서 내년부터 시행해야 한다.

절대로, 절대로 하지 말아야 할 일도 있다. 여야 거대 정당이 한목소리를 내고 있는, 재무건전성과 국가채무에 관련된 법이 바로 그것이다. 과거 금본위제라는 '황금구속복'이 세계경제를 위기에 몰아넣었듯이 긴축이라는 '잿빛구속복'은 한국 경제를 거덜 낼 것이 틀림없다. 청와대가 환골탈태할 때다.

시사인 / 613호 / 2019.06.21.

반도체에서 반도체로

정부가 산업정책을 활용해 현재의 반도체 위기를 극복해야 한다. 그 정책은 재벌 등 기득권의 이해를 뛰어넘는 '자율적 발전국가'의 성격을 회복했을 때만 성공할 수 있다.

4월 26일 한국은행이 올해 1분기의 실질 국내총생산 속보치를 발표했다. 1분기 경제성장률은 지난해 4분기 대비 -0.3%를 기록했는데, 이 추세라면 올해 성장률도 1.8%에 머무를 전망이다. 필수적 정치 개혁을 온몸으로 막아내던 보수 야당과 언론, 그리고 전직 경제관료, 나아가 젊은 학자들이 단비를 만난 듯 일제히 정부의 무능을 성토했다.

건설투자는 0.1%(작년 동기 대비 7.4%) 줄었고, 설비두사는 무려 -10.8%(작년 동기 대비 -16.1%)를 기록했다. 반도체와 자동차 모두 미래가 불투명하기 때문이다. 이대로라면 올해 경제성장률은 1%대에 머무를 가능성이 높다. 애초 이 정부의 출범을 축복했던 2017년의 경제성장도 투자가 이끌었다. 당시 박근혜 정부의 부동산 붐 정책은 건설투자를 7.6% 증가시켰고, 2016년부터 반도체 수출이 급증하자 설비투자도 14.6% 늘어났다. 이 두 항목만으로도 성장률이 2%가량 올라갔다. 이러한 반도체 요인을 뺀다면 2015년 중반 이후 경제는 계속 내리막길을 걸었다.

한국 비메모리 반도체 산업 생태계가 빈약한 까닭

한국의 반도체 산업이 메모리 분야에 편중되어 있다는 사실은, 내가 이 산업을 공부한 1990년대에도 새삼스러운 일이 아니었다. 정부가 발표한 '시스템 반도체 비전과 전략'은 이 진단의 4차 혁명 버전이라고 할 만하다. 삼성이 세계 최고의 경쟁력을 자랑하는 디램은 단순한 기억장치이고, 인텔의 마이크로프로세서는 명령과 실행이 담겨 있는 비메모리(시스템) 반도체이다. 말하자면 반도체에 특정한 명령과 실행을 장착한 시스템이 담겨 있는 것이다. 그 옛날의 손톱만 한 지식에 기대어 거칠게 요약하면, 디램의 생명은 집적이고 비메모리의 생명은 프로그램이다.

메모리 분야에서는 집중적 투자를 통해 가장 빨리 고집적 칩을 생산해내야 성공한다. 한국의 재벌이 성공한 이유가 여기에 있다. 비메모리 반도체는 어떤 산업에서 어떤 용도로 필요한지에 따라 각양각색이므로 설계 기능(보고서의 '팹리스·fabless')이 생명이다. 대량생산을 할 수 없으므로 소규모 기업이 고가의 반도체 생산설비를 모두 갖춘 파운드리(공장)를 만들 수는 없다. 세계적으로 타이완의 중소기업 네트워크가 클러스터의 공동 설비를 이용하는 이유가 여기에 있다.

삼성이 미루고 미루던 시스템 반도체 투자에 본격적으로 나선 이유는 여러 가지다. 중국에는 화웨이처럼 세계 10대 기업에 드는 전기·전자 대기업(하류 부문)이 존재하지만, 생산요소를 공급하는 상류의 반도체 기업은 그동안 값싼 제품만 생산해왔다. 하지만 현재 미·중 무역전쟁의 원인 가운데 하나인 '제조 2025'에는 메모리 분야도 포함돼 있으며, 계획대로라면 몇 년 내에 삼성을 바짝 추격할 것이다. 특히 실리콘밸리에 흔전만전인 중국인 기술자와 타이완의 중소기업들, 그리고 칭화유니그룹의 공격적인 M&A는 그동안 뒤처졌던 메모리 분야를 단기간에 성장시킬 전략적 자원들이다. 중국 국영기업은 메모리 분야에 최적 조건을 갖추고 있다.

4차 혁명, 그중에서도 사물인터넷에 집중하고 있는 삼성에 다종다양한 고품질 시스템 반도체는 필수적이다. 하지만 현재 한국 비메모리 반도체 산업의 생태계는 빈약하기 그지없으며 삼성이라는 공룡의 존재도 그 원인 중 하나다. 과연 삼성은 1970년대 실리콘밸리의 휴렛팩커드처럼 혁신 중소기업들에 기술과 공동 장비라는 공공재를 공급할까, 아니면 그들의 혁신 성과를 그동안 그랬듯이 약탈할 것인가? 정부의 역할이 여기에 있다.

나는 지금도 자동차건 반도체건, 정부가 산업정책을 활용해서 현재의 위기를 극복하는 데 찬성한다. 그 정책은 탈중심적 실험으로 구성되어야 하며 재벌 등 기득권의 이해를 뛰어넘는 '자율적 발전국가'의 성격을 회복했을 때만 성공할 수 있다. 이 산업의 특징 중 하나인 표준을 장악하기 위한 전략적 제휴가 미·중 기업 사이에 벌어지는 상황에서는 외교도 일정한 몫을 해야 한다. 현재의 보고서에 존재하지 않는 이런 '비전과 전략'을 과연 현 정부가 주도할 수 있을지가 관건이다.

시사인 / 608호 / 2019.05.16.

섬뜩한, 멋진 신세계

실리콘밸리의 혁신가들은 4차 산업혁명 기술이 멋진 신세계를 만들어낼 거라고 말한다. 그러나 기술은 신뢰와 협동의 원리를 따를 때 비로소 모두에게 도움이 된다.

요즘 목소리 명령으로 집안의 가전제품을 작동시키는 서비스 광고 경쟁이 한창이다. 기본적인 사물인터넷 원리와 목소리 인식 기술이 결합된 것일 텐데, '혁신 성장'의 핵심 목표인 '4차 기술혁명'의 미래가 실감난다. 이 편하고 아름다운 멋진 신세계가 KT 화재처럼 예기치 않은 아주 작은 사고 하나로도 마비될 수 있다는 건 그저 비약에 불과할까?

4차 산업혁명의 핵심 기술은 빅데이터와 인공지능이다. 현재 인류 사회에 축적된 데이터는 1년에 두 배로 늘어난다고 한다. 즉, 신이 "태초에 빛이 있으라"고 명령한 이래 2017년까지 인류가 쌓은 데이터를 2018년 한 해 동안 또 쌓았다는 것이다. 10년 안에 전 세계에는 1500억 개 센서가 연결되고 이제는 12시간 만에 데이터가 두 배로 늘어나게 된다는 예측도 나온다. 이 어마어마한 빅데이터를 인간에게 유용한 정보로 바꾸는 건 인공지능이다.

아마존·구글·페이스북이 뭘 했기에

실리콘밸리의 스타 혁신가들은 이 기술이 멋진 신세계를 만들어낼 것이라고 설파한다. 독일의 '산업 4.0' 등 각국 정부 역시 경쟁적으로 청사진을 내놓고 있다. 한국의 '4차 산업혁명 위원회' 역시 그 일환이다. 이들에게 가장 큰 문제는 현재의 사회 시스템, 특히 규제가 이미 낡아버린(혹은 낡아버릴) 세계를 반영하고 있다는 점이다. 그리하여 규제 완화가 '혁신 성장'의 고갱이가 된다.

하지만 이 기술은 부와 소득의 불평등을 가속화하고 있다. 이른바 디지털 디바이드(정보 격차)다. 현재 세계 최고 부자 상위는 아마존·구글·페이스북 등 디지털 플랫폼이 차지하고 있으며 바이두와 알리바바 등 중국 기업도 10위 안에 이름을 올렸다.

과연 이들 기업은 무엇을 했기에 이토록 거대한 부를 쌓는 것일까? 세계경제포럼이 스스로 선언했듯이 '자산(asset class)' '새로운 석유'로서의 정보를 축적했기 때문이라면 그건 디지털 자산의 소유에 기초한 지대일 테다(논쟁 중이지만). 그런데 그 데이터 대부분은 각 개인이 플랫폼에 제공한 것이다.

일라딘이나 아마존에서 책을 구입하면 당신이 흥미를 가실 만한 책 목록이 제시된다. 당신이 사는 화장품 정보는 당신의 피부가 어떤 종류인지 알려준다. 이들 기업은 말하자면 '데이터 필터'를 만들고 있으며 어느덧 나는 이 필터를 통해 세상을 보게 된다. 내비게이터가 길치를 양산하는 것처럼 어느덧 난 세상에 대한 판단능력을 잃어버릴지도 모른다. 작년에 노벨상을 수상한 리처드 세일러, 그리고 캐스 선스타인은 아이들의 급식이나 노후 연금제도 실험에서 이미 놀라운 성과를 보인 '넛지(옆구리 슬쩍 지르기)'를 "자유지상주의적 가부장제(libertarian paternalism)"로 분류했다.

경제를 넘어 정치에서도 빅데이터를 이용한 '빅 넛지'를 할 수 있다. 실제로 이들 기업은 특정 집단에 선거 불참을 유도하는 정보를 배포해서 어느 정도 영향을 미치는지 알아보는 사회 실험을 한 바 있다. 그들이 현실 정치에 얼마나 개입하는지 우리는 알 수 없으며, 그들이 사용한 알고리즘을 공개하지 않는 한 막을 수도 없다. 적어도 어느 대통령 후보, 국회의원 후보도 이들 기업이 요구하는 바를 마냥 외면할 수는 없을 것이다.

이제 자유지상주의 가부장은 4차 산업혁명 시대에 자비로운 독재자가 될 수 있다. 영국의 한 연구는 트위터에 쌓인 데이터를 이용해 당시 사회 분위기가 어떤 상태인지를 7가지로 구분해서 각각 대응할 수 있다고 발표했고, 싱가포르는 데이터에 기초한 '사회적 실험실'을 천명했으며, 중국은 '시민 점수매기기(citizen scoring)'를 통해서 거주와 교육, 해외여행 등 여러 사회적 기회를 차별하려고 한다. 독립적이고 합리적인 개인이 소멸한다면 민주주의는 뿌리째 흔들린다.

4차 산업혁명의 대표적 낙관론자 리프킨과 뱅클러가 '디지털 코먼스'를 거론하고 있듯이 기술은 신뢰와 협동의 원리를 따를 때 비로소 우리 모두에게 도움이 될지도 모른다. 지금 우리는 낙관론과 비관론을 모두 검토해서 디지털 사회가 안정적으로 번영할 수 있도록 하는 법과 규범 자체를 새로 만들어내야 한다.

시사인 / 586호 / 2018.12.08.

블록체인과 경제학의 대화

블록체인은 기존 시스템을 비판할 것이 아니라 이들 제도와 함께 가야 한다. 아무런 신뢰 없이도 수학 프로그램만으로 사회가 돌아갈 수 있다는 '이상'부터 재검토해야 한다.

나는 그동안 비트코인 현상을 애써 '찻잔 속의 태풍'으로 간주했다. 그런데 얼마 전 한 젊은 논객이 암호화폐를 탈집중적인 새로운 사회로 가는 혁명 수단이라고 강조하고, 이어서 청년들이 당국의 암호화폐 규제를 부동산으로 한몫 챙긴 구세대의 공격이라고 비난하는 걸 보면서 달라졌다. "이게 도대체 뭐길래"라는 심정으로 본격적으로 들여다보기 시작했다.

마침 노벨경제학상 수상자인 스티글리츠와 크루그먼 교수, 2008년 금융위기를 예언해서 일약 스타가 된 루비니 교수, 최근에는 점잖은 경제사가인 해럴드 교수까지 암호화폐 비판에 나섰다. 암호화폐 가치가 폭락하면서 유럽은행과 국제결제은행의 금융 감독기구 수장들도 목소리를 높였다.

경제학자들이 암호화폐를 비판하는 것은 당연하다. 현재의 비트코인이나 이더리움은 화폐의 일반적 기능을 지니지 못했고, 경제학 훈련을 받은 사람이라면 앞으로도 그럴 것이라고 추론할 것이다. 무릇 화폐는 교환의 매개, 가치 척도, 그리고 가치 저장의 기능을 갖춰야 한다. 비트코인이나 이더리움으로 일반 상품을 구입하기란 매우 어렵다. 몇백%씩 가치가 변동하는 어떤 존재를 가치의 척도로 사용할 순 없다. 현재는 오직 가치 저장 수단으로 쓰이고 있는데 이 또한 높은 변동성 때문에 앞날이 밝지 않다.

블록체인이라는 '분산 원장 기술'은 획기적 발상이며 암호화폐는 천문학적 투자 자금을 동원하는 데 성공했다. 모두가 공유하는 암호 장부를 만들어서 시간 순서대로 연결하면 장부 조작도, 해킹도 불가능하다. 누가 검증과 확인의 비용(현재의 암호화폐 발행=채굴은 상당한 인력과 에너지를 요구한다)을 감당할 것인가 하는 무임승차 문제는 새 비트코인이라는 인센티브로 해결했는데 이 또한 천재적이다. 역사적으로 새로운 기술 패러다임의 확산에는 예외 없이 투기가 개입했으니 현재의 '비이성적 열광'을 그렇게 비난할 일이 아닐지도 모른다.

하지만 이 기술은 보안·투명성의 대가로 속도라는 효율성을 희생시켰다(이른바 확장성의 문제). 퍼블릭 블록체인은 성공할수록, 즉 많은 사람이 참여할수록 점점 더 속도가 느려질 것이다. 블록의 크기를 늘리거나 샤딩 등의 대처 방안이 논의 중이지만 현실에서는 암호화폐 공동체가 분열하고 있으며 이미 700종에 이르는 코인들을 쉽사리 하나로 통일할 수도 없을 것이다. 이런 억제 요인의 강도에 따라 각 코인의 최적 규모가 결정될 것이고 결국 현재의 열풍도 사라질 것이다.

사실 비트코인 거래란 거래 당사자 장부에 잔고가 있는지, 송금 결과가 정확히 기록됐는지를 확인하는 데 불과하다. 이더리움의 스마트 계약도 주식의 컴퓨터 매매나 선물 거래처럼 특정 기준을 충족하면 자동적으로 계약을 실행하는 것뿐이다. 이들 비용은 경제학에서 말하는 거래 비용의 극히 일부에 불과하다.

보안·투명성의 대가로 속도라는 효율성 희생시켜

대기업들, 그리고 정부가 앞다퉈 나서고 있다는 블록체인 프로젝트들은 대부분 프라이빗 블록체인, 즉 특정 개인이나 기관들만 활용하는 데이터 처리이다. 대기업이나 기관들은 자신의 전체 사업 중 일부를 블록체인 기술로 보완하고 있다. 예컨대 삼성은 '사물 인터넷' 사업에서 해킹에 의한 시스템 마비를 방지하는 데 블록체인 기술을 사용할 수 있다.

블록체인은 여러모로 쓸데가 많은 기술이지만 과장은 금물이다. 예컨대 '프로그램 경제(programmable economy)'에서 말하듯이 전 세계 경제를 하나의 컴퓨터 안에서 돌아가는 프로그램처럼 만들 수 있다는 주장은 말 그대로 환상일 뿐이며 이 때문에 오히려 신뢰를 잃을 것이다. 내가 보기에 블록체인은 기존 시스템(즉 중앙집중화한 신뢰받는 제3자)을 비판할 것이 아니라 이들 제도와 함께 가야 한다. 아무런 신뢰 없이도 수학 프로그램만으로 사회가 돌아갈 수 있다는 '이상'부터 재검토해야 한다. 행동/실험 경제학은, 신뢰가 없어도 되는 사회란 환상이며 그 반대로 적절한 제도와 규범으로 신뢰를 쌓아야 한다고 주장한다. 블록체인과 경제학의 진지한 대화가 필요하다.

시사인 / 544호 / 2018.03.01

경제학이라는 색안경

한때 혁명적으로 여겨졌던 행동경제학은 경제학과 경제를 혁신적으로 바꾼 것이 아니라 주류 경제학에 무난하게 흡수되었다.

시카고 대학의 리처드 세일러 교수가 2017년 노벨 경제학상을 받았다. 한국에서도 〈승자의 저주〉〈넛지〉〈똑똑한 사람들의 멍청한 선택〉 등이 출간되었을 정도로 그의 책은 대중적이다. 그도 그럴 것이 그의 책에는 온갖 재미있는 일화들, 특히 교과서적 경제 이론을 정면으로 거스름으로써 읽는 이들의 호기심을 자극하는 일화들이 가득하다. 초기에 주류 경제학은 리처드 세일러 등의 지적을 '호기심 천국'이라고 무시했다.

리처드 세일러 교수는 1980년대 말부터 〈경제 전망(The Journal of Economic Perspectives)〉에 '이상현상(Anomalies)'이라는 제목의 시리즈를 연재했다. 이 글들을 나중에 〈승자의 저주〉로 엮었다. 경제학의 기본 가정으로는 일어날 수 없는 일들이 그의 눈에는 부지기수였다.

그는 그 이유를 인간의 인지능력 부족에서 찾고 이러한 한계를 정리했다. 첫째는 사이먼(1978년 노벨 경제학상 수상자)의 저 유명한 '제한 합리성'이다. 인간은 모든 정보를 활용하여 '합리적으로' 극대화(maximizing)한 행동을 하는 것이 아니라 대충 그냥 만족할 만한 정도(satisfying)의 행동을 한다는 것이고, 이는 나중에 '정신적 회계(mental accounting)' 이론으로 발전했다(예금통장에 충분한 돈이 있는데, 이자율이 훨씬 높은 카드 빚을 갚지 않는다). 두 번째는 '제한 의지(bounded will power)'로 '계획자-실행자 모델(planner-doer model: 우리 마음 안에는 멀리 보는 계획자와 근시안적 쾌락을 추구하는 실행자가 항상 갈등한다)'로 발전했다. 세 번째는 '제한 이기성(bounded self-interest)'이다. 사람은 보통 경제학이 예측하는 만큼 이기적인 행동을 하지 않는다는 것으로 이는 '사회적 선호(social preference)' 이론이 되었다.

그의 예리한 관찰은 독특한 정책 방향을 낳았는데 '넛지(nudge)'가 바로 그것이다. 이것은 국가가 모든 것을 결정하거나 완전히 시장(즉 개인의 선택)에 맡기지 않고 쿡쿡 옆구리를 찌르는 제한적인 개입으로 아주 훌륭한 성과를 거둘 수 있다는 제안이다. 연금의 확충(자동 가입과 탈퇴의 자유)이나 학생들의 건강한 식생활(뷔페의 앞쪽에 야채와 유기농 음식을 놓는다) 등에서 이미 상당한 성과를 거뒀다. 오바마 정부와 영국의 캐머런 정부 등 각국의 전략실에 넛지팀이 생길 정도였다.

리처드 세일러의 행동경제학은 경제학과 경제를 혁신적으로 바꿀 수 있을까? 가끔 그런 희망을 품는 사람들이 있다. 결론부터 말한다면 그런 일은 일어나지 않는다. 리처드 세일러의 주장은 상당한 갑론을박을 거쳐 주류 경제학에 무난하게 흡수되었다. 코즈-윌리엄슨으로 이어지는 거래비용 이론도 마찬가지인데, 신사유주의의 본산인 시카고 대학이 코즈와 리처드 세일러를 영입한 것은 매우 흥미롭다. 30년 전, 리처드 세일러의 연재물 제목 '이상현상'은 쿤의 패러다임 혁명을 연상케 하는 제목이지만 현실에선 라카토스의 '보호대(핵심 명제를 보호하는 주변의 여러 이론들)'가 된 셈이다.

이질적 행위자의 상호작용에서 거시적 흐름 파악해야

한편 현재의 금융위기 맥락에서 주류 경제학을 근본적으로 비판하는 거시경제 이론의 대가들(스티글리츠, 크루그먼 등)도 행동경제학에서 경제학 혁명의 미시적 기초를 찾는다. 즉 이질적 행위자의 상호작용에서 거시적 흐름을 파악해야 한다는 것이다. 경제의 균형이란 제도와 규범의 일정한 범위 안에서 안정성을 보이는 것이며, 이질적 개인들의 누적 상호작용의 결과, 그 범위를 벗어나면(이것이 '티핑포인트' 또는 '임계점'이다) '돌연변이=이상현상'이 복제를 거듭한 결과 새로운 정상(new normal)이 된다는 것이다. 이런 변화에 적응하지 못하면 지금과 같은 대위기와 장기 침체가 지속될 것이다.

기실 리처드 세일러의 '이상현상'이란 보통 사람들이 매일 겪고 당연하게 여기는 일상의 실천이다. 단지 경제학자들에게만 어떻게든 해명해야 할(리처드 세일러를 공격하건 옹호하건) 괴이한 현상이 되곤 한다. 이는 경제학이라는 색안경을 벗는 사람이 리처드 세일러처럼 가끔씩만 나오기 때문이 아닐까.

시사인 / 527호 / 2017.10.26.

위기 외면하는 정부 경제 전망치의 비밀

**정부의 경제성장률 전망보다 민간 연구소의 전망이 더 비관적이다.
대체로 정부 예측이 실제 결과와 차이가 난다. 한국 경제의 양대 기관
차였던 수출과 설비투자의 엔진은 꺼졌다.**

지난 9월 초, 나는 캐나다에 있었다. 제2회 국제사회적경제협의회(GSEF)
가 몬트리올에서 열렸기 때문이다. 세계 각지에서 온 33명의 시장이 한입
으로 "사회적 경제가 살길"이라고 외치는 장면은 감동스럽기까지 했다. 하
지만 지금 나에게 몬트리올의 추억은 두 개 화면으로 남았다.

　시차 때문에 잠이 오지 않아 켠 CNN에서는 24시간 내내 시시콜콜한
미국 대선 애기만 내보냈다. 특히 처음으로 트럼프가 클린턴을 앞서기 시
작한 CNN의 자체 여론조사가 주 메뉴였다. 혹시나 9월 6일 항저우에서 열
린 한·중 정상회담 소식이 나올까, 멍한 상태에서도 화면을 주시했지만
단 한 컷도 나오지 않았다. 닷새째, 드디어 한국 뉴스가 첫머리를 장식했
다. '북한 5차 핵실험(추정)', 우리에게도 익숙한 중년 아나운서의 북한 말
투가 생생했다. 멀리서 본 한반도는 전쟁 분위기가 역력했다.

　몬트리올 공항의 TV 화면에 또 한 번, 한국이 잡혔다. 첫 장면부터 섬
뜩했다. 휴대전화 배터리에 불이 붙는 장면이 생생하게 나왔고, 이어서 그
화면을 촬영한 중남미 사람이 상황을 설명했다. 중간 중간 삼성 갤럭시 노
트7의 성능을 보여주는 장면이 나온 뒤, 리콜 장소와 전화번호를 알려주
었다. 뉴스가 아니라 삼성의 광고였다. 캐나다에서도 처음 방송되었는지,
에어캐나다의 스튜어디스들이 웅성거렸다. "우리 크루 중 누가 갤럭시 쓰
지?" 아마 한국에서는 이런 광고가 나오지 않겠지만 전 세계에 방영됐으리

라. 이렇게 솔직한 광고를 하고도 삼성이 옛 위용을 자랑할 수 있을까? 한국의 내셔널 챔피언이 강력한 훅을 맞고 비틀거리고 있다.

이런 상황에서 우리 경제는 어떻게 될까? 정부와 한국은행이 공식 전망을 내놓지 않았지만 내년 경제를 조금 앞당겨 들여다본다. 먼저 지난해 말 정부의 2016년 전망과, 요즘 나온 민간 연구소와 국회의 예측을 비교해보자. 정부는 올해 경제성장률을 3.1%로 전망했는데, 요즘 나온 2016년 예측(2분기의 실적치를 반영했으므로 훨씬 정확할 것이다)은 LG경제연구원과 현대경제연구원 2.5%, 한국경제연구원 2.3%다. 0.6~0.8%포인트 낮다. 11조원의 대규모 추경, 떠들썩한 '코리아 세일 페스타'를 감안해도 그렇다는 얘기다.

정부의 고위 관료들은 지금도 올해 2.8%를 달성할 수 있고 내년에는 3.0%로 더 좋아질 거라고 공언한다. 하지만 현대경제연구원은 2.6%, LG경제연구원과 한국경제연구원은 2.2%로 훨씬 비관적이다. 과거 민간 연구소들은 대체로 한국은행이나 KDI와 비슷한 전망치를 내놓았는데 그보다 낮은 전망을 한 것이다.

우리 수출이 비집고 들어갈 구멍은 보이지 않고…

정부는 왜 이렇게 틀리는 걸까? 지난해의 내 예측대로 설비투자였다. 정부는 4.4% 증가할 것이라고 전망했지만 민간 연구소는 -1.7~-3.4%로 예측했다. 약 7%포인트 차이가 났고 여기서 GDP 성장률을 약 1%포인트 깎아먹었다. 정부가 2% 증가할 것으로 전망한 수출은 -7.1%(LG경제연구원), -5.2%(현대경제연구원), 1%(한국경제연구원)로 나타났다. 오직 건설투자(정부 전망 4.3%)만 민간의 전망치(6.7~7.6%)가 웃돌았다.

이례적으로 정부가 낮게 전망(2.4%)한 소비증가율은 역시 조금 더 저조한 것으로 드러났다. 즉 한국 경제의 양대 기관차였던 수출과 설비투자의 엔진은 꺼졌고 오직 정부가 밀어붙인 건설, 특히 주택 건설이 성장률을 2% 초반대까지 끌어올린 것이다. 나는 지난해 말 1.8% 정도가 될 것이라고 예측했는데, 올해에도 주택 건설이 이렇게 늘어나리라고 상상할 수 없었기 때문이다.

내년 역시 마찬가지다. 미국의 경제성장을 이끌어온 소비가 시들해지고 유럽은 이제 본격적인 브렉시트 협상의 소용돌이에 말려들 것이다. 중국은 독야청청 6% 남짓한 성장률을 유지하겠지만 일본의 성장은 다시 0%대를 향하고 있다. 우리 수출이 비집고 들어갈 구멍은 좀체 보이지 않는다.

아직도 놀라운 속도로 증가하고 있는 가계부채는 소비를 더욱 억누를 것이고 주택 건설이 앞으로도 계속 증가하리라고 믿는 건 무리다. 이제 본격적인 구조조정에 들어갈 중화학공업에서 투자가 획기적으로 늘어날 리도 없다. 결국 내년은 더 나쁜 성과를 거둘 테고 지금도 확연한 절망의 그림자는 더욱 짙어질 것이다.

시사인 / 474호 / 2016.10.19.

잃어버린 10년

"이 나라엔 모든 게 있습니다. 여기선 당신이 원하는 게 무엇이든 찾을 수 있습니다. 당신이 찾을 수 없는 게 있다면 그건 희망입니다."(영어를 옮겼으므로 일어 원본이나 한국어 번역본과 다를 수 있다). 무라카미 류가 자신의 소설에서 한 얘기다.

1991년 일본의 부동산 거품이 터진 뒤, 딱 10년째 되는 해에 나온 소설이었다. 예술가는 어떤 천재 사회과학자보다도 더 정확하게 미래를 예감한다. 2000년이면 일본은 이미 "잃어버린 10년"을 겪은 상태였고 그 이후 15년을 또다시 잃어버려야 하는 시점이다. 그 어떤 경제학자가 역사를 이렇게 해석하고 예측했을까? 1985년 플라자 합의로 엔화 가치가 두배로 뛰면서 위기론이 대두했지만, 오히려 미국의 상징인 엠파이어 스테이트 빌딩, 그리고 칼럼비아 영화사마저 사들이지 않았는가?

'세계 최고의 일본'(Japan as No.1)이라는 자부심도 이제 희미한 기억으로 남았을 뿐이다. 이후 25년간의 침몰이야말로 끝이 어딜지 모른다는 점에서 진정한 공포일 테다. 일본은 인구를 잃었고, 성장과 고용을 잃었으며 그예 희망을 잃었다. 프리터스(Freeters, 오로지 알바), 니트(NEET, 교육·고용·훈련을 받지 않는 젊은이들)에서 오타쿠, 히키코모리(은둔자)를 거쳐 이젠 초식남, 건어물녀가 일본 젊은이들을 일컫는 이름이 되었다. 젊은이들은 일자리와 세상을, 그리고 미래를 차례로 잃었다.

일본의 역사로 치면 지금 우리는 어디쯤 있는 걸까? 한국의 모든 사회경제지표는 1997년 외환위기를 즈음해서 뚜렷하게 나쁜 쪽으로 치달았다. 압축성장만큼이나 압축침체를 겪고 있는 셈이다. 젊은이들의 비명 역시 88세대, 3포세대와 5포세대(연애, 결혼, 출산, 집, 인간관계 포기 세대)를 지나 '헬조선'까지 빠르게 진화했다. 바로 '희망의 제국에서 탈출하자'(무라카미 류의 소설 제목)는 얘기가 아닌가? 어쩌면 우리는 일본의 1995년쯤에 와 있고 앞으로 20년간 침몰을 더 겪어야 하는 건지도 모른다.

정부는 무엇을 해야 했을까? 일본의 잃어버린 25년은 곧 신뢰상실의 역사였다. 잃어버린 25년 중 딱 3년 빼고 계속 집권한 자민당은 1995년의 고베지진 때, 야쿠자보다 정부가 더 느리다는 사실을 새삼 일깨웠다. 그리고 2011년 후쿠시마 원전 사태를 맞으면서, 일본주식회사를 이끌던 '발전국가'의 이미지는 완전히 사라졌다. 아베노믹스라는 이름으로 아베 총리가 들고나온 건 기껏해야 2008년에 파산한 신고전파 구조개혁이고 외교안보는 종전 이전의 "과거로 돌아가자"는 퇴영적인 것이다.

이에 뒤질세라 한국 정부는 세월호와 메르스 사태 등 국가위기에 대해 "나몰랑"으로 일관했고, 경제정책이라곤 일본의 1980년대 말 부동산 투기 정책을 되풀이하는 것이 고작이다. 노무현 대통령이 "경포대"(경제를 포기한 대통령)라면 2%대의 경제성장률을 거둘 박근혜 대통령은 "성망대"(경제를 망친 대통령)라 불러 마땅하다. 일본의 '게이레쓰'(계열)도 한국의 '재벌'처럼 동네 빵집이나 문구류까지 집어삼키려 하지는 않았다. 일본의 정경유착이 악명 높다지만 검찰과 재판관까지 매수한 게이레쓰는 없었다.

우리가 나은 점도 있다. 20년의 시차 덕에 우리 시민들은 현재의 위기를 벗어날 방향을 명료하게 알고 있으며 선거 때마다 이 방향을 요구했다. 경제민주화와 복지, 소득주도성장이 그것이다. 박근혜 정권은 선거가 닥치면 이런 요구를 수용하고 현실에선 완전히 반대쪽으로 치달았다. 당연한 결과로 침체와 위기가 왔고, 대통령은 버릇처럼 세계적 환경, 피치 못할 사건, 그리고 국회를 탓했다. 이런 억지와 무능을 용인해서 장기집권을 허용한다면 그 대가로 우리 아이들은 '압축적 침몰'을 겪어야 할 것이다. 세월호의 그 아이들처럼….

한겨레신문 / 세상 읽기 / 2015.08.24. 18:36

'가지 않은 길'을 가야 할 때

전직 대법관이 위원장인 '삼성 백혈병 조정위'에서 조정권고안을 내놓았다. 이 권고안의 핵심은 '사회적 해결'에 있다. 삼성이 명실상부한 공익법인을 세우고 새로운 길을 열어가길 바란다.

"'선한 마음으로 나서면 하늘이 도우리라'는 믿음과 더불어, 이상과 같이 조정 조항 및 그 제안의 이유에 대한 설명을 마치겠습니다." '삼성전자 반도체 등 사업장에서의 백혈병 등 질환 발병과 관련한 문제 해결을 위한 조정위원회'(이하 조정위)의 조정권고안, 마지막 문장이다.

딱 세 명으로 구성된 이 위원회(위원장:김지형 전 대법관, 위원:정강자 인하대 법학전문대학원 초빙교수·백도명 서울대 보건대학원 교수)는 기나긴 이름이 말하듯 '삼성 직업병' 문제를 다루고 있다.

영화 〈또 하나의 약속〉은 아직 끝나지 않았다. 2007년 영동고속도로 싸리재, 아버지의 택시 안에서 숨을 거둔 황유미씨의 소망은 '조정권고안'에 오롯이 담겼다. 얼마나 오랜 시간 우여곡절을 겪었는가. 엄청난 수술비에 짓눌린 아버지에게 단돈 500만원으로 문제를 덮으려던 삼성에, 8년 만인 2015년 조정위의 권고안이 배달됐다.

"삼성이 하면 뭐가 달라도 다르다"를 실천하려면

2015년 현재 '반올림'(반도체 노동자의 건강과 인권 지킴이)에 제보된 삼성 관련 피해 제보자는 200명을 넘어섰다. 사망자 수가 늘어나는 만큼 가족들의 싸움도 한 걸음씩 나아갔다. 2011년 법원이 고 황유미씨와 이숙영씨의 백혈병을 산업재해로 인정한다는 선고를 했고, 2012년에는 정부가 '반도체 공장에서 유해물질 수백 종이 사용되며 백혈병 등을 유발하는 발암물질이 제2 부산물로 발생한다'고 인정했다. 이때부터 삼성은 가족과 반올림이 요구한 '법정 바깥의 대화'에 응했고, 2013년 12월부터 사과·보상·재발방지 대책 등 세 가지를 의제로 교섭이 시작되었다.

2014년 영화 〈또 하나의 약속〉과 〈탐욕의 제국〉이 개봉되어 시민들의 눈물과 분노를 자아냈고, 이건희 삼성 회장의 병세는 악화됐다. 그해 5월 14일 삼성전자의 권오현 부회장은 "삼성전자가 성장하기까지 수많은 직원들의 노고와 헌신이 있었고… (중략) 이분들과 가족의 아픔과 어려움에 대해 저희가 소홀한 부분이 있었습니다. (중략) 이 자리를 빌려 진심으로 사과드립니다"라고 밝혔다. 7년 만의 반전이었다.

권고안은 이 발표를 집어서 "삼성전자가 세계 초일류 기업의 위상에 걸맞은 징도의 사회적 책임을 다하려고 애쓴다. (중략) 보상 문제뿐 아니라 사과와 대책을 의제로 삼아 교섭을 진행하였다(111쪽)"라고 상찬함으로써 이번 권고안의 의미가 '사회적 해결'에 있다는 점을 다시 한번 못박았다. 권고안이 제1장을 '공익법인의 설립과 운영'(2~4쪽)으로 삼고, 뒤이어 2장에서 보상을 다룬 이유가 여기에 있다. 즉 공익법인은, 산업재해라는 사회적 질환을 해결하기 위한 핵심 제도 장치다. 만일 현재의 삼성 주장대로 이 부분이 빠진다면, 죽은 사람들과 산 사람들이 함께 쌓은 지난 8년간의 역사는 의미를 잃는다.

반면 명실상부한 공익법인을 세우는 순간, 삼성은 한국 경제의 새로운 단계를 선도하게 될 것이다. 어디 반도체 산업뿐이랴. 한국 사회는 모든 산업 분야에서 경쟁력을 이유로 노동자들의 건강, 시민의 안전을 외면해왔고 이제 이 문제를 해결하지 않고는 한 발자국도 나아갈 수 없는 지경에 이르렀다. 다른 산업에도 유사한 공익법인이 출현하고 결국 국가의 제도와 결합될 때 한국에서도 이른바 '창조경제'가 가능해질 것이다. 회사가 정한 규칙에 따라 죽음의 노동을 하는 노동자에게서 창조성을 기대할 수는 없기 때문이다.

삼성은 이미 과거의 추격자가 아니다. 이제 어떤 목표를 향해 일사불란하게 움직이는 전략을 고집한다면 중국에 추월당할 것이다. 추격자 중국은 삼성보다 돈과 인재가 더 많고 더 일사불란하기 때문이다. 하여 '이재용의 삼성'은 "마누라 빼고 다 바꿔야 한다"라던 1993년 이건희의 삼성보다 더 근본적으로 바뀌어야 한다. 추격자가 아니라 선도자로, 수직 계열이 아니라 수평적 협력 체제로, 법의 파괴자가 아니라 존중자로, 동네 골목상권의 약탈자가 아니라 수호자로 거듭나지 않으면 삼성은 공룡처럼 사멸할 것이다. 창조자가 되려면 자율적으로 행동하는 하부 조직이 수평적 네트워크를 이뤄야 한다. 힘으로 사회의 승인을 받는 것이 아니라 규범을 지킴으로써 사회의 존경을 받아야 한다.

삼성은 진정으로 '가지 않은 길'을 가야 할 때가 되었다. 상상해보라. 〈또 하나의 약속〉 엔드크레디트에 후원자 8075명의 이름이 올라가듯, 전 국민이 마음으로 후원하는 삼성의 모습을. 이제 삼성은 조정위가 보낸 '또 하나의 약속'을 받아들여야 한다.

시사인 / 413호 / 2015.08.14.

세 정치인의 '소득주도성장론'

한국에서 수출과 부채 주도 성장의 시대는 막을 내렸다. 사회적 대타협에 의한 소득 주도 성장은 현재 한국에 절실하다. 이는 분배를 통한 성장, 균형성장, 합의에 의한 성장의 길이다.

뜻밖의 일이 벌어지고 있다. 2012년 내가 원장이었던 '새로운 사회를 여는 연구원'이 공동 저서 〈리셋 코리아〉에서 '소득 주도 성장'을 내세웠을 때 당시 제1야당 대통령 후보의 캠프에서는 별 관심을 보이지 않았다. 그런데 3년이 흘러 새정치민주연합의 문재인 대표 등이 '소득 주도 성장'을 입에 올리더니, 유승민 새누리당 원내대표가 최근의 교섭단체 대표연설에서 이에 대해 "진심으로 환영하는 마음"으로 "재검토가 필요하다"라는 논평을 하고, 안철수 새정치민주연합 전 공동대표도 최근 당에서 주최한 '정책 엑스포'에서 '공정성장론'을 대안으로 내세우는 등 봄꽃이 만발하는 백화제방 가운데 자리 잡았다.

소득주도성장론은 임금 주도 성장으로 불리는, 포스트 케인지언 경제학자들의 주장이다. 여기서의 '소득'은 임금소득을 말하며 임금소득이란 1인당 평균임금×노동자 수(고용)이므로 임금 주도, 소득 주도, 고용 주도의 구분은 별 의미가 없다. 다만 한국에서는 자영업자의 비율이 높기 때문에 소득 주도로 표현하는 편이 더 나을 것이다. 소득주도성장론에 대한 가장 큰 오해는 소득 주도 성장을 노동시장 정책, 간단히 말해서 '임금이 올라가야 한다'는 주장으로 한정하는 것이다. 물론 이것만으로도 상전벽해다. 지난 50년간의 '수출 주도(-부채 주도) 성장' 기조에서 임금 인상은 수출경쟁력을 낮추는 것으로 인식되었기 때문이다.

소득주도성장론은 임금 인상이 총수요(내수)를 늘려서 성장률을 높인다는 주장이다. 최근의 계량경제학 연구에 따르면 한국도 소득 주도 경제에 속하며, 투자와 수출에도 도움이 되는 것으로 나타났다. "적절한 속도의 최저임금 인상, 취약 계층에 대한 복지 지출의 확대는 빈곤과 양극화 해소라는 차원에서 동의(하고), 내수 진작에 어느 정도 도움이 된다는 점에서 동의합니다"라는 유승민 원내대표의 발언은 어쩌면 획기적인 인식 변화다. 하지만 유승민·안철수 두 정치인은 "저성장의 대재앙이 예고된 우리 경제에 대하여 이 정도의 내용을 성장의 해법이라고 말할 수는 없다"(유승민), "정부가 할 수 있는 게 아니라 기업의 결심이 필요한 일인데, 기업을 움직이게 할 정부의 수단이 줄어들고 있다"(안철수)라고 비판한다. 소득 주도 성장을 좁은 우리에 가둔 것이다.

하지만 소득 주도 성장은 포스트 케인지언 경제정책을 아우르는 정책 기조이며 그들의 경제학 방법론을 집약한 용어다. 예컨대 임금은 노동시장에서 결정되는 것이 아니라, 각종 사회적 힘들이 작용한 결과이며 이렇게 분배가 결정된 이후에 다른 경제변수가 결정된다. 또한 상품의 가격은 기업의 독점력에 따른 마크업(비용에 일정한 이윤을 가산하는 것)이 결정하며 중앙은행은 기준금리를 설정한다. 따라서 포스트 케인지언의 정책 기조는 각 이해 당사자(보통 모델에서는 노동자·기업·금리생활자)의 이해관계를 조정하는 사회적 합의를 필요로 한다.

소득 주도 성장을 주창한 포스트 케인지언 경제정책의 핵심은 '사회적 합의'

역사를 봐도 그렇다. 1970년대 로빈슨이나 칼레츠키 등 '케임브리지 케인지언'들(포스트 케인스주의의 창시자들)이 적극적으로 옹호한 소득정책(incomes policy)은 현재 소득주도성장론의 원형이다. 해서 포스트 케인지언들은 노동조합의 강화뿐 아니라 고용주 연합(예컨대 대한상공회의소)의 단결을 통한 중앙교섭을 지지한다. 당시에는 인플레이션에 대해서, 그리고 지금은 '장기 침체'에 대해서 노동자와 고용주, 정부가 사회적 합의를 해야 한다. 바로 유 대표의 연설에 나오는 '합의의 정치' '여야의 합의기구'야말로 포스트 케인지언 경제정책의 핵심이다.

포스트 케인지언들은 세계적인 '장기 침체'가 부와 소득의 분배 악화에 의한 총수요 부족에서 비롯되었다고 생각한다. 각국은 내수 부족에 수출 주도 성장(중국과 독일)과 부채 주도 성장(미국과 영국)으로 대응했다. 한국은 1990년대 중반 이후 수출 주도에 부채 주도를 결합한 모델이었다. 하지만 지금 한국의 원화 표시 수출은 2년째 마이너스 증가율을 기록하고 있으며 140%에 달하는 부채 비율로 인해 더 이상 가계가 빚으로 소비를 늘리는 것도 불가능하다.

유승민 원내대표의 연설은 환호를 받았지만 그의 말줄기 밑바닥에는 균형재정의 사상이 깔려 있다. 그가 '증세에 의한 복지'를 주장하는 이유도 여기에 있다. 앞으로 유 원내대표가 제출하는 경제정책은 한국개발연구원(KDI) 고유의 안정정책=긴축정책의 기조를 따를 것이다. 앞으로 소득 주도 성장과 균형재정 성장은 서로 토론을 하고 합의도 해나가야 한다. 하지만 지난 역사와 유럽연합의 현재 상황은 유 원내대표의 정책 기조가 불황의 장기화를 불러올 뿐이라는 것을 이미 확인했다.

시사인 / 396호 / 2015.04.21.

두 '슈퍼스타'의 경고

한 달의 간격을 두고 두 명의 슈퍼스타가 한국을 찾았다. 프란치스코 교황과 토마 피케티 교수, 둘의 공통점은 무엇일까. 한껏 품위를 자랑하는 영국의 이코노미스트지는 이들에게 붉은 색칠을 했다.

교황은 현재의 사회구조를 "규제 없는 자본주의, 곧 새로운 독재"로 진단하고 "경제적 수익을 국가가 합법적으로 재분배하고 동시에 사적 부문과 시민사회가 불가결하게 협동해야 한다"는 처방을 제시했다. 나아가 이런 상황에 대해 "아무 일도 하지 않는 사람은 착취나 노예, 그리고 다른 사회적 질병에 대해 공모하는 것"이라며 특히 "사제들은 거리로 나서야 한다"고 촉구했다.

피케티는 부와 소득에 관한 300년 장기통계를 통해 최근 30여년간 부와 소득이 최상위 부자들에게 집중되고 있는 사실을 보여줬다. 그래도 희망적이었던 전후 30년은 두 번의 세계대전과 대공황이라는 어마어마한 사건 때문에 생겨난 예외적 기간이었다. 그의 처방은 글로벌 자본세와 80%에 이르는 누진소득세다. 전 세계를 휘돌아 월스트리트에서 정점에 달했던 오큐파이 운동의 "1% 대 99%" 구호는 그의 통계에서 비롯되었다.

마이클 노박 등 보수주의 가톨릭 신학자들은 프란치스코 교황이 아르헨티나의 특수한 경험을 일반화하는 오류를 범했다고 비판했다. 노박은 '아메리칸 드림'을 좇아 빈털터리로 미국에 건너온 자신의 할아버지가 오로지 자신의 재능과 노력만으로 성공했으며, 나라로는 전쟁으로 완전히 폐허가 됐던 한국의 기적을 보라고 외쳤다.

하지만 피케티는 노박의 할아버지 시대가 오히려 예외라는 사실을 U자형 그래프를 통해 보여 주었다. 미국민들이 아직도 금과옥조로 믿고 있는 능력주의(meritocracy)는 금권주의(plutocracy)로 변했다. 18세기 귀족과 왕의 구대륙을 비판하며 세워진 '기회의 땅' 신대륙(토크빌은 물론 마르크스도 이 땅을 예찬했다)은 1970년대 이래 유럽보다 훨씬 빠른 속도로 불평등해지고 있다.

노박이 손꼽은 한국도 마찬가지다. 한국은 일본인 재산 몰수와 농지 개혁, 그리고 전쟁으로 인해 1960년 세계 그 어느 나라보다도 평등했다.

하지만 한국은행과 통계청의 국민대차대조표로 계산한 2012년 한국의 베타값(자산 가치를 한 해 국민소득으로 나눈 수치)은 선진국 중 최고 수준이다. 1990년대 중반 이래 빠른 속도로 양극화가 진행되고 있지만 아직 선진국보다 나을 것이라는 막연한 생각은 여지없이 무너졌다.

교황도, 피케티도 '빨갱이'가 아니다. 가톨릭 사회 교리는 자본주의와 공산주의 양쪽을 비판하며 애초부터 '제3의 길'을 주장했으며, 열여덟의 나이에 소련의 붕괴를 지켜본 피케티에겐 일말의 환상도 없다. 두 슈퍼스타가 진정으로 걱정하는 것은 바로 민주주의와 자유다. 국민의 50%가 부의 5%밖에 차지하지 못하는 사회, 상위 10%가 부의 70%를 차지하고 있는 사회(한국의 공식 센서스 통계로는 45%이지만 세금자료로 분석하면 이 수치는 훨씬 커질 것이다. 영국도 센서스 자료로 44%이지만 피케티의 계산으로는 71%다)에서 민주주의가 제대로 돌아갈 리 없고 서민은 자유를 한껏 누릴 수도 없다.

특히 자산소득 대 노동소득의 비율이 일정하다는 '보울리의 법칙', 자본주의 초기에는 불평등이 심화되지만 어떤 시점을 지나면 평등해질 것이라는 '쿠즈네츠 가설', 모든 사람의 보수는 그가 사회에 기여한 바에 따라 시장에서 결정된다는 '클라크의 한계생산력설' 등 1960년대에 정립된 가설들을 현재의 사실에 비춰 꼼꼼하게 검증해야 한다.

불평등을 시정하는 시장의 객관적 법칙이란 이론적 유토피아에만 존재한다. 오히려 지금처럼 규제를 없애고 최고 세율을 낮추면 현재의 불평등은 19세기 말 귀족사회를 능가하게 될지도 모른다. 우리의 아이들이 그런 사회에서 살기를 바라는가. 두 슈퍼스타는 맨눈으로 현실을 보라고 촉구하고 있다. 빨갱이들의 헛소리라며 두 귀를 막는다면 세상은 파국으로 향할 것이다.

경향신문 / 정동칼럼 / 2014.09.21.

"대공황 그 이상"

"대공황 그 이상(The Greater Depression)". 버클리대학의 들롱 교수가 쓴 며칠 전 칼럼의 제목이다. 미국의 서브프라임모기지 붕괴에서 촉발된 2008년 금융위기는 "대침체(The Great Recession)"라고 불린다. 2차 세계대전으로 이어진 1929년 대공황(The Great Depression)이 미국이나 유럽 사람들에게 'D자 공포'를 심어줬기 때문에 애써 공황이라는 말을 피한 것이다. 2008년 금융위기로 발생한 미국의 실업은 5년이 지나서야 해소됐다. 전후의 어떤 경제위기와 비교해도 2배 이상 오랜 시간이 걸렸다. 그나마 시간제 저임금 일자리가 대폭 늘어났다. 6년째인 금년 초, 국제기구들은 이제 세계 경제가 본격적인 회복 국면에 들어서리라 장담했다. 미국 연방준비제도이사회도 채권을 무제한 사들이는 "양적완화"의 규모를 단계적으로 축소하고 있다.

하지만 금년 상반기의 경제 실적은 온통 잿빛이다. 미국의 경우 1분기 마이너스 2.1%를 경험한 후 2분기에는 4% 가까이 반등했지만 상반기 전체로 보면 겨우 1%에 불과할 뿐이다. 아베노믹스에 환호하며 1분기에 6.1% 성장했던 일본 경제는 소비세 인상의 여파로 2분기에 6.8%나 후퇴해서 평균 0.3% 성장에 그쳤다. 유로존의 위기는 독일과 이탈리아로 확산돼 두 나라는 2분기에 마이너스 성장을 했고 프랑스는 제로 성장에 머물렀다.

들롱 교수는 적어도 2011년경에는 이런 현실을 받아들여 "좀 나은 대공황(The Lesser Great Depression)"이라고 불러야 했으며 이제라도 제대로 명명을 해야 할 때가 된 게 아닌지 묻고 있다. 공자도 그러지 않았는가? 정명(올바로 이름 붙이는 것)이야말로 모든 일의 시작이라고.

전후의 여느 위기와 달리, 왜 이렇게 경제는 회복되지 않는 것일까?

경제학자들은 "대차대조표 위기"라는 표현을 쓴다. 쉽게 얘기하면 빚이 너무 많아서 웬만해선 투자나 소비를 늘리기 어렵기 때문이라는 것이다. 소득이 조금 늘어나도 빚을 갚으려 할 테니 돈은 도로 금융기관으로 돌아가고 이런 상황에서 대규모 투자를 한다면 그게 오히려 이상할 테니 말이다. 지난 30년 동안 금융완화 속에서 "부채주도성장"을 한 결과다.

더 심각한 문제는 지난 30년 동안 자산과 소득의 불평등이 극도로 심해졌다는 점이다. 그리고 지난 5~6년 동안 돈을 퍼부어 거둔 성장의 과실은 전부 상층에 돌아갔기 때문에 빈부격차는 더욱 악화됐다. 정치와 경제정책 기조가 근본적으로 바뀌지 않는 한, 불평등과 저성장의 문제는 해결될 수 없다.

상황이 이러니만큼 나는 확대정책에 반대하지 않는다. 아니 최경환 부총리가 인사청문회에서 "가계소득의 증대"에 의해 새로운 방향의 성장을 꾀하겠다고 했을 때, 실제로 "소득주도성장"을 정책기조로 삼는다면 그의 팬이 되겠다고까지 했다. 하지만 지난 한 달 최 부총리는 "부채주도성장"을 지속하겠다는 의지를 분명히 했다. 상층으로 돈을 몰아줘서 이들이 부동산 경기의 불씨를 살리면 중산층이 빚내서라도 이를 뒤따라 올 것이라는 얘기다. 장기적으로는 서비스산업의 모든 규제를 풀어서 대기업들에 투자 기회를 주겠다는 "경제혁신 3개년 계획"도 재확인했다.

"소득주도성장"은 경제를 살리기 위해서는 아래로 돈이 내려가야 한다고 주장한다. 경제민주화와 보편복지, 그리고 사회적 경제가 바로 그런 정책들이다. 하지만 대통령, 부총리, 총리가 돌아가면서 담화를 발표하면서까지 이 정부는 정반대의 길로 국민을 몰아가고 있다. 노벨경제학상 수상자인 스펜스 교수는 최근에 이렇게 얘기했다. "소득 불평등의 심화는 정책결정자들이 위험한 길로 들어서도록 유혹한다. 소비 수준을 유지하기 위해 부채를 늘리는 정책을 쓰는데 이 정책은 때로 자산버블과 결합되어 있다."

어쩌겠는가? 국민들에게 호소하는 수밖에…. 아무리 집값이 들썩거리다 해도 절대로 빚내서 투기 대열에 동참하지 마시라. 현재의 경제 상황에서 그 거품은 앞으로 1~2년 내에 꺼질 수밖에 없다. 그때는 지금도 잔뜩 끼어 있는 거품까지 한꺼번에 걷힐 가능성이 높다.

경향신문 / 정동칼럼 / 2014.08.31.

교황의 경제학

미사 마지막 순서에 '성찬의 전례'가 있다. 줄 서서 사제가 나눠주는 얇은 밀가루 빵을 받아먹는 순서다. 나는 "그레고리오"라는 세례명을 지닌 엄연한 신자지만 이 의식엔 참여할 수 없다. 고백성사를 하지 않았기 때문이다. 한마디로 '날라리 신자'라는 얘기다. 그러므로 그런 자가 경제학을 좀 안다고 해서 감히 "교황의 경제학" 운운하는 것은 불경일 테다.

하지만 생각이 바뀌었다. 교황께서 "유민이 아빠"의 손을 잡았을 때, 나도 뭔가 해야겠다는 생각이 솟구쳤다. 새사연은 공식 번역이 나오기 전에 "복음의 기쁨" 2장을 한국어로 가장 먼저 옮긴 바 있고, 더구나 이교도마저 사랑으로 감싸는 교황이 아닌가?

복음의 기쁨, 그리고 국내외에서 행한 강론들은 일관된 논리구조를 지니고 있다. 첫째는 당대의 사회구조에 맞서 형제애의 공동체(즉 연대의 공동체)를 만들어야 한다는 것이다. 예컨대 이번에 복자의 지위에 오른 순교자들은 조선후기의 봉건적 사회구조에 맞서, 사제 없이도 스스로 "연대의 공동체"를 만들어냈다. 교황은 그 행동이야말로 하느님 사랑과 이웃 사랑을 일치시킨 것이라고 칭송했다. 즉 예수님의 뜻이라는 것이다. 또한 이는 우리 마음속의 "우리"를 되찾는 길이다(칼리에리 강론). 이것이 곧 공공선, 진보, 발전이다.

둘째, 그렇다면 현재의 사회구조는 어떠한가? 바로 "규제 없는 자본주의, 곧 새로운 독재"(복음의 기쁨)다. 이 사회는 여러 강론에서 "비인간적인 경제모델" "무한경쟁과 이기주의의 세계" "배제의 모델" "쓰고 버리는 문화" "죽음의 문화" 등으로 묘사됐다. 여기서부터 한국을 비롯해 전 세계에서 벌어지고 있는 정치적 분열, 경제적 불평등, 생태 파괴가 비롯됐다.

셋째, "자본의 세계화"는 전 지구적인 차원의 사회구조라고 할 수 있다. 교황은 자본의 세계화를 "연대의 세계화"로 바꾸어야 한다고 역설한다. "연대의 세계화는 모든 인류 가족의 전인적인 발전을 그 목적으로 하는 것"이다.

넷째, 이런 국내외의 사회구조 안에서 새로운 형태의 가난이 만들어지고 노동자와 가난한 사람들이 소외되고 있다. "새로운 가난"은 "새로운 독재"에 조응하는 말일 것이다. 생산력은 충분한데도 빈부격차가 극심해지면서 생긴 사회적 배제를 말한다.

다섯째, 하여 신자와 사제의 사명은 가난한 자의 편에서 당대의 사회구조와 맞서 싸우는 것이다. 특히 사제들은 거리로 나서야 한다. "아무 일도 하지 않는 사람은 착취나 노예, 그리고 다른 사회적 질병에 대해 공모하는 것이다. 침묵을 통해, 행동하지 않는 것을 통해, 무관심을 통해 우리들은 그것들과 공모하는 것"이다.

교황은 지난 5월 9일 유엔 사무총장과의 만남에서 조금 더 구체적인 얘기를 했다. 개인과 국가, 국제의 모든 차원에서 우애와 연대의 정신이 과학적인 능력과 만나야 한다고 강조했다. 즉 우애의 정신에 입각해서 가장 효과적인 제도를 만들어내야 한다는 것이다. 특히 국가 수준에서는 "경제적 수익을 국가가 합법적으로 재분배하고, 동시에 사적 부문과 시민사회가 불가결하게 협동"해야 한다. 교황은 정신적, 도덕적 운동과 동시에 국내외의 제도 개선을 촉구한 것이다.

우리 사회는 어떠한가? 재·보선에서 대승하자 박근혜 대통령은 지난 3월 이래 잠시 미뤄뒀던 규제완화, 투자활성화의 칼을 뽑아들었다. 지난 8월 12일의 "6차 투자활성화 대책"은 앞으로 "기업 맞춤형"으로 규제완화가 일어날 것임을 보여주었다.

교황은 연대와 공공선을, 대통령은 경쟁과 성장을 제도 개선의 지침으로 삼았다. 박 대통령에게 "규제는 없애야 할 암덩어리"인데 교황은 "규제 없는 자본주의는 독재"라고 정의했다. 교황의 말씀이 맞는다면 박 대통령의 숙원이 이뤄지는 순간 우리는 정치와 더불어 경제에서도 독재를 맞게 되는 것이다. 그래서 대통령은 비록 예포와 예도라지만 대포와 칼로 교황을 영접한 것일까?

경향신문 / 정동칼럼 / 2014.08.17.

'피케티 비율'과 한국

프랑스의 젊은 경제학자 토마 피케티는 이제 월드컵의 스타 축구선수만큼 유명인이 됐다. 그의 책 〈21세기 자본〉은 분배에 관한 이야기다. 1960년대 이래 분배 문제는 주류경제학에서 찬밥 신세였으니 상전벽해인 셈이다.

이론적으로는 보울리가 "자본과 노동이 가져가는 몫은 일정하다"는 주장을 해서 노벨경제학상 수상자인 새뮤얼슨의 지지를 받았고('보울리 법칙'이라는 이름을 붙였다), 같은 상을 받은 쿠즈네츠는 "자본주의 발전 초기에는 분배가 악화되지만 일정 단계를 넘어서면 분배가 개선된다"는, 저 유명한 '역U자 가설'을 내놓았다. "시장에서 자본이나 노동은 생산에 기여한 만큼 보수를 받게 된다"는 '한계생산력설'은 우리나라 고등학교 교과서에도 나온다. 따라서 "분배는 신경쓰지 말고 성장만 하면 된다", "정부가 함부로 분배 문제에 개입하면 성장을 방해해 오히려 더 나쁜 상황이 올 것"이라는 주장이 50년간 우리를 지배했다. 피케티는 이런 '정설'들을 단숨에 뒤집었다.

그의 무기는 쉽게 부정할 수 없는 장기 통계, 즉 역사적 사실이다. 가장 중요한 통계는 우리나라의 전 자본스톡(국부)을 한 해의 국민소득으로 나누면 얼마나 될까를 보여주는 $\beta(=W/Y)$이다. 이 수치에 자본의 수익률(r)을 곱하면 국민소득에서 자본이 차지하는 몫$(\alpha=r\beta)$이 된다(제1법칙). 그리고 역사에서 찾아낸 이 수치를 신고전파의 '균형성장 조건'$(\beta=s/g$, s는 저축률, g는 경제성장률)과 비교했다.

실제 서구의 역사에서 β, 즉 자본스톡의 상대적 크기는 19세기 말(프랑스의 벨 에이포크, 미국의 도금시대)에 6~7배에 달했고 1910년부터 1950년대까지 2~3배까지 뚝 떨어졌다가 1980년대부터 급격히 상승해서 현재는

5배를 넘어섰다. 또 그는 자본수익률(r)은 전 역사를 통해서 4~5%로 일정했다는 사실도 발견했다. 하여 현재 선진국의 불평등 지표는 2차대전 후 최저치를 기록한 후, 1980년대부터 19세기 말 상황으로 치닫고 있다는 것이다.

20세기 초에 분배가 개선됐던 것은 두 번의 전쟁에 의한 자본의 물리적 파괴, 그리고 뉴딜 등 사회개혁에 의한 자본 및 소득의 중과세(최고 부자에 대한 소득세가 90%를 넘었다) 때문이었다.

또한 앞으로 경제성장률은 점점 더 낮아질 전망이므로 세계는 '잠재적으로 가공할' 상황에 빠질 것이다.

그렇다면 한국의 피케티 비율은 어느 정도일까? 지난 14일 한국은행과 통계청은 '국민대차대조표 공동개발 결과'(잠정)에서 "2012년 말 현재 우리나라의 국민순자산(국부)은 1경630.6조원으로 국내총생산(1377.5조원)의 7.7배로 추계(잠정)된다"고 발표했다. 이 수치를 피케티의 정의대로 다시 계산하면 우리나라의 β는 약 5.6이 된다. 한편 한국은행이 발표하는 노동소득분배율(1-a)은 60% 정도니까 우리나라의 a는 약 40%이다. 그러므로 한국의 r(=a/β)는 약 7.1%나 되는데, 이 수치는 세계 평균보다 훨씬 높다.

현재 우리의 β는 일본과 이탈리아 다음이고 a는 세계 1위일 것이다. 한은과 통계청 보고서의 부록을 보면 2000년 이후 이 수치가 대단히 빠르게 증가하고 있다. 즉 우리나라의 불평등은 선진국 어느 나라보다 더 빨리 극단으로 치닫고 있다. 아마도 1960년대에 우리나라의 β는 세계 최저 수준이었을 것이다. 농지개혁과 한국전쟁 때문이다. 하지만 외환위기 이후 불평등의 늪이 걷잡을 수 없이 깊어지고 있다는 사실을 우리는 체감하고 있다.

세월호가 우리를 절망케 했던 것은 뻔히 눈뜨고도 단 한 명의 생명도 구하지 못했다는 데 있다. 한국의 피케티 비율이 의미하는 바는 우리 모두의 아이들이 전부, 곧 세월호에 갇힌 아이들 신세가 될 수 있다는 사실이다. 피케티의 주장대로 과감한 자산재분배와 소득재분배가 답일 테다. 그 스스로 '유토피아적' 해법이라고 말하지만 우리 아이들에 대한 현재의 심정이라면 결코 못할 일이 아니다. 아니 당연히 해야 할 일이다. 다시 한번 문제는 정치다.

경향신문 / 정동칼럼 / 2014.05.18.

'내 아이만' 살릴 길은 그 어디에도 없으니

토마 피케티의 저서 '21세기 자본'은 자본주의의 불평등을 역사적 통계로 해명한다. 그리고 앞으로 점점 더 극심한 불평등에 빠져들 것이라고 예측한다. 한국 경제는 어디로 갈 것인가.

아마도 '세월'을 외면하고 싶은 뻔뻔함도 있었을 것이다. 촘촘히 알파벳이 틀어박힌 685쪽이나 되는 두툼한 책을 정신없이 읽어내린 데는…. 지금 막 마지막 장을 덮은 책 표지에는 〈21세기 자본〉이라고 쓰여 있다. 요즘 전 세계, 특히 미국을 강타하고 있는 토마 피케티의 책 얘기다. 서문에 스스로 밝혔듯이 프랑스 혁명으로부터 200년 되던 해, 그리고 베를린 장벽이 무너진 1989년에 피케티는 열여덟 살이었다. 이때부터 학문을 시작했다 쳐도 이제 겨우 25년, 자신의 첫 번째 저서에 감히 마르크스의 '자본'이라는 이름을 붙이기에는 너무 이른 나이 아닐까? 하지만 그렇지 않다.

그의 무기는 장기 시계열 통계다. 각국의 공식 국민계정, 세금환급 자료, 17세기 이후의 각종 문헌, 프랑스 대혁명 이후의 재산 조사 등을 꼼꼼하게 모아서 길게는 300년에 이르는 일관된 통계를 만든 것이야말로 그의 빛나는 업적이다. 그의 천재성은 자본주의 사회의 불평등을 해명하기 위해 선택한 지표에서 번득였다. 경제학과 역사학은 물론 정치학과 사회학 그리고 곳곳에 등장하는 발자크와 오스틴의 소설까지 두루 천착했기에 찾아낸 핵심 지표, 그것은 '자본/소득 비율'(β=W/Y, 현재의 총자산이 국민소득 몇 배에 해당하는가)이다. 이 비율에 수익률(r)을 곱하면 국민소득에서 자본이 차지하는 몫(α=rβ)이 나오고 장기 정상상태(steady state)의 균형조건, 즉 저축률/경제성장률과 비교하면(β=s/g), 불평등의 추이를 짐작할 수 있다.

이런 상황을 상상해보자. 오랜 성장을 통해 자본이 충분히 축적된 사회에서 어떤 이유로든 성장률이 0이 되었다고 하자. 이런 상황이라면 임금은 전혀 오르지 않을 테지만 재산을 가진 사람은 여전히 어디선가 수익을 얻을 것이다. 그렇다면 부채를 고려한 순자산이 0에 가까운 사람(국민의 50%를 넘는다)과 이미 재산을 많이 가진 사람(보통 상위 10%가 70% 이상을 가지고 있다) 사이의 격차는 더욱 벌어질 것이다.

핵심은 수익률과 경제성장률의 격차($r-g$)인데 벨에포크(유럽)나 도금시대(미국)에 이 격차와 자본/소득 비율(β)은 동시에 정점을 찍었다. 300년 자본주의 역사에서 1914년에서 1970년까지는 오히려 예외에 속한다. 두 번의 전쟁과 대공황이라는 충격이 자본/소득 비율을 한껏 낮췄기 때문이다. 바로 이 때문에 전후의 '영광의 30년'이나 '자본주의의 황금시대'가 가능했던 것이다.

피케티의 장기 통계에 따르면 자본의 수익률은 역사적으로 4~5% 주위에서 움직였는데 현재의 인구성장률 추이를 감안하면 21세기의 경제성장률은 기껏해야 1.5% 남짓일 것이다. 그렇다면 이제 21세기 자본주의는 19세기 말처럼 점점 더 극심한 불평등에 빠져들 것이다. 피케티가 책 곳곳에서 한탄한 대로 "과거가 미래를 먹어치운다".

우리 역사도 마찬가지다. 해방과 농지개혁, 그리고 6·25 전쟁은 지주계급을 사실상 소멸시켰다. 이때 달성한 평등은 고유의 교육열과 함께 한국의 고도성장을 끌어냈다. 동서고금을 막론하고 평등이야말로 성장의 원천인 것이다. 그러나 외환위기 이후 부는 놀라운 속도로 집중됐고 이제 추격 성장도 한계에 다다랐다. 분배 상태를 그대로 놓고 과거의 고도성장기로 되돌아갈 방법은 없다.

피케티의 해법은 자본세를 통한 자산 재분배와 누진세를 통한 소득 재분배

세월호의 비극은 눈앞에서 아이들이 죽어가는 걸 보면서도 속수무책이었다는 데 있다. 현재 한국의 경제 상황은 세월호처럼 침몰하고 있다. 활로는 없을까? 피케티는 '자본세'(우리로 치면 종부세와 종합금융세를 합친 세금)를 처방했다. 즉 r를 g에 수렴하도록 해서 얼마간이라도 불평등을 완화해야 한다는 것이다. 한 나라만 자본세를 도입하면 국내의 자본이 유출될 것이므로 세계가 동시에 '글로벌 자본세'를 도입하는 것이 바람직하다. 피케티도 현재의 세계 정치에 비춰볼 때 이 제안이 너무 '이상적'이라는 것을 안다. 해서 그는 유럽연합이나 미국과 같은 거대 경제권이 먼저 이 정책을 채택해야 할 것이라는 희망을 내비친다.

하지만 아시아가 더 낫지 않을까? 중국에서는 아직 대대적인 부의 집중이 이뤄지지 않았고 성장률은 그 어느 곳보다도 높다. 더구나 공산당의 자본 통제력은 여일하다. 즉 자본세율이 다른 곳보다 낮아도 되고 실행가능성도 높다는 얘기다. 우리도 함께 자본세를 통한 자산재분배, 누진세를 통한 소득재분배를 할 것인가, 아니면 경제의 세월호를 그저 보고만 있을 것인가? 행여 우리 아이만 살릴 길을 찾으려 하지 말기를! 그 길은 어디에도 없으니.

시사인 / 348호 / 2014.05.14.

일본은 우리의 미래?

일본의 '아베노믹스'가 1년도 채 안돼 좌초의 기미를 보이고 있다. 일본 내각부가 지난 17일 공개한 2013년 4분기 국내총생산(GDP) 증가율은 연율로 환산해 1.0%에 그쳤다. 각 기관들의 2.8% 예측을 무색하게 한 성적이고 3분기의 1.1%에 비해서도 둔화했다. 지난 1월 스위스에서 열린 '다보스 포럼'에서 "일본의 신새벽"이라는, 자화자찬 일변도의 연설을 한 아베 총리가 아연실색할 만하다.

사실 일본의 희망은 아베가 야심차게 들고 나온 임금 인상에 있다. 일본의 경제인단체연합까지 나서 사회적 대타협의 모습으로 임금 인상이 이뤄진다면 내수에 의한 성장이 가능할지도 모른다. 하지만 현재까지의 통계는 오히려 실질임금이 감소한 것으로 니다있다. 오는 4월 소비세율이 예정대로 인상된다면 소비는 더욱더 줄어들 것이다.

하지만 '아베노믹스'의 진정한 문제는 시위를 떠난 지 얼마 안된 세 번째 화살에 있다. 환태평양경제동반자협정(TPP, 미·일 FTA라고 생각해도 좋다)이라는 외부 충격에 의해 서비스 시장의 민영화와 규제완화를 노리는 정책은 그나마 유지되고 있는 일본 고유의 안정성마저 뒤흔들 것이기 때문이다. 이른 시기에 총리를 바꾸지 않는다면 일본은 그야말로 희망없는 사회가 될 것이다. 관심있는 분은 지난해 이 지면에 쓴 '과녁을 벗어난 화살'(2013년 6월 10일자)을 읽어 보시기 바란다.

일본은행은 즉각 돈을 더 풀겠다고 천명했다. 15년 전 미 경제학자 폴 크루그먼이 내놓은 인플레이션에 의한 소비진작 정책을 더 밀고 나가겠다는 것이다. 단기 정책으로 나무랄 데 없는 뻔한 이야기인데 왜 소비는 늘지 않는 것일까? 정책 효과가 나타나려면 시간이 좀 더 걸리기 때문일까?

내 생각에 일본의 인구문제를 함께 숙고하지 않으면 이 문제는 풀리지 않는다. 2009년 일본의 65세 이상 인구는 23%였고 2030년에는 3명 중 1명이 될 것이며, 5명 중 1명은 75세 이상이 될 것으로 전망된다. 말 그대로 초고령사회이다.

문제는 이들 노인이 부를 움켜쥐고 있다는 사실이다. 일본 통계청 소비자실태 조사(2009)에 따르면, 30대 가계의 부채를 뺀 순금융자산은 마이너스 262만엔인 반면 60대 가계의 순금융자산은 1785만엔, 70세 이상 고령자는 이보다 많은 1860만엔이다. 한 통계에 따르면 무려 1600조엔(약 16조달러, 한국의 1년 GDP의 약 15배)이 예금으로 묶여 있다.

이들은 웬만한 인플레이션에는 꿈쩍도 하지 않을 것이다. 인플레이션이 일어나 미래의 소비가 현재 소비보다 10%나 줄어든다 해도, 진료비가 없거나 생활비가 부족해 아이들에게 부담을 주는 상황은 어떻게든 막아야 하지 않겠는가?

핵가족마저 또다시 분열 반응을 하는 상황에서 믿을 것은 돈밖에 없다. 1992년 노벨경제학상 수상자 케리 베커 교수가 설파한 호모 이코노미쿠스(경제적 인간)의 합리적 선택이 그러하다. 돈이 효도를 낳는다는 것이다. 하지만 모두 그렇게 행동하면 거시경제는 더욱 깊은 늪으로 빠져든다. 아이들을 위한 행동이 바로 그 아이들을 곤경에 빠뜨린다.

한국이라고 다를까? 노인복지를 얘기하자면 일본의 꽁무니도 못 따라가는데 지역의 작은 공동체나 노인들끼리 상부상조하는 협동조합도 없다. 어떻게 해야 할까? 품격있는 노인으로 죽을 수 있다면 굳이 수전노가 되어야 할 이유가 없다. 단순히 기초연금 얼마가 아니라 노인이 존중받는 사회, 노인의 지혜를 배우려는 사회, 품격있는 죽음을 위해 모두 노력하는 사회가 되면, 즉 진정한 의미의 노인복지가 이뤄진다면 거시경제 문제도 해결될 수 있다.

조세제도 개선부터 노인 친화적 도시설계까지, 세대 간 학습에서 노인 참여형 마을 만들기까지 해야 할 일은 무수히 많다. 기실 노인이 행복한 사회는 아이도, 장애인도 행복할 터이다.

1997년 이래 우리 사회는 "어떻게든 나와 내 아이만은 살아남아야 한다"는 경쟁 속에서 "부자되세요"를 실천해 왔다.

하지만 일본의 현실은 "우리 모두 함께 사는 방향밖에 다른 길은 없다"는 사실을 10년 앞서 보여주고 있다. 다시 말하면 정치와 사회의 논리가 경제에 선행해야 한다. 이것이 "경제를 사회에 재착근시켜야(reembedded) 살 수 있다"고 한 칼 폴라니의 말이 의미하는 바일 것이다.

경향신문 / 정동칼럼 / 2014.02.19.

삼성의 세 얼굴

삼성은 대한민국 전체가 키워낸 기특한 자식이다. 그런데 글로벌 기업다운 품격을 갖추었는가? 국민이 오냐오냐하는 심정으로만 대하다간 공망의 길에 접어들 우려가 크다.

첫 얼굴 2004년 9월 모스크바 공항.

고 노무현 대통령은 2004년 9월, 3박4일 일정으로 러시아를 방문했다. 당시 청와대 동북아 비서관으로, 시베리아를 관통해서 한반도까지 이어지는 철도·가스관·IT망을 꿈꾸던 나는 TSR-TKR(시베리아 철도와 한반도 철도) 연계에 관한 국제 심포지엄에 참석하기 위해 대통령의 러시아 방문 일주일 전에 모스크바 공항에 도착했다.

공항에서 모스크바 시내로 가는 대로변에 삼성과 LG의 광고 깃발이 끝없이 걸려 있었다. 모스크바 시내 곳곳의 광고탑, 무엇보다 아파트 바깥에 설치된 에어컨 실외기에 박혀 있는 이들의 붉고 푸른 로고는 나를 뭉클하게 했다.

이렇듯 삼성은, 특히 해외에서 만난 삼성은 말 그대로 내셔널 챔피언이다. 김연아의 연기를 보고, 또는 싸이의 춤을 따라하며 열광하는 외국인들을 볼 때와 마찬가지로 삼성은 우리의 자부심을 북돋우는 존재다.

둘째 얼굴 2014년 1월 서울.

삼성의 입사 시험에는 매년 20만명 이상의 지원자가 몰린다. 과열을 걱정했던 것일까? 지난 1월15일 삼성그룹은 서류전형을 부활시키고 대학총장 추천을 받겠다고 발표했다. 일주일 뒤에는 대학교별 추천 인원을 공개했다. 계열 대학인 성균관대가 115명, 경북대가 100명이고 부산대 90명, 전남대 40명이었으니 곳곳에서 '대학 서열화' '지역 차별' '남녀 차별' 등 다종다양한 비난이 일었다. 결국 삼성은 2월 초 총장추천제를 유보했다.

1970년대 말까지만 해도 삼성은 은행보다도 인기가 없는 직장이었다. 삼성은 5공화국 때부터, 특히 외환위기 이후에 무섭게 성장해 내셔널 챔피언이 되었고 이제 서울대나 연세대·고려대에도 인원을 할당할 정도가 되었다. 삼성은 "아무도 2등은 기억하지 않는다"라는 자기 광고의 카피를 입증하듯 독보적 1위임을 만천하에 선언한 것이다. 이제 시장의 힘에 의해 삼성으로 돈과 사람이 몰려가는 시대다.

셋째 얼굴 2014년 2월 한국.

먼지 한 톨도 허용하지 않는 반도체 산업의 클린룸은 청정 이미지를 뽐내지만 실은 대단히 위험한 곳이다. 머리카락 2000분의 1폭의 간격으로 회로가 촘촘히 실계되어 있기 때문에 '합선'을 막기 위해 끝없이 화학약품으로 먼지를 씻어내야 한다.

이 때문에 삼성반도체나 LCD 회사에 근무했던 노동자들이 백혈병·골수암 등 불치병으로 사망하고 있다. 이들을 대변하는 단체 '반올림'에 신고한 피해자만 138명, 사망자도 56명에 이른다. 영화 〈또 하나의 약속〉은 삼성반도체에 다니다 2005년 23세의 나이로 백혈병에 걸려 숨진 황유미 씨의 실화를 바탕으로 제작됐다.

이 영화는 개봉일인 2월6일 오전 현재, 7% 정도의 예매율로 당당히 예매율 1위를 기록했다. 하지만 실제 상영관은 전국 112개로 여느 1위 영화의 2분의 1 내지 3분의 1에 불과하다. 영화관들은 왜 뻔한 이익을 포기하면서까지 이 영화를 내걸지 않는 것일까?

삼성은 시장에서만 승리한 게 아니다. 정부는 2012년 한 해 동안, 조세감면 등 간접 지원을 빼고도 1684억원을 직접 지원했다. 2위인 현대자동차의 883억원에 비하면 두 배에 가깝다. 김용철 변호사가 4년 전 〈삼성을 생각한다〉에서 밝혔듯이 삼성은 경제부처와 검찰, 국회, 그리고 사법부까지 돈으로 구워삶았다.

우리가 영화 〈또 하나의 약속〉을 보아야 하는 이유

절대 권력은 절대 부패하고 그래서 망한다. 이 진리는 기업에도 적용된다. 물론 절대 권력자가 스스로 민주주의를 실천하기란 지극히 어렵다. 스스로 글로벌 기업다운 품격을 갖추지 못한다면 시민이 나서는 수밖에 없다. 하청단가를 낮춰서 초과이윤을 얻지 못하도록 경제도 민주화해야 하고 기업 단위에서는 노동조합의 설립이라는 기본적 자유를 확보해야 한다. 자신의 기업에서 일어난 사고를 외면한 채 돈으로 매수하거나 끝없는 법정투쟁으로 몰고 가는 파렴치함을 응징해야 한다. 다른 무엇보다도 국가의 모든 부분을 부패하게 하는 불법 행위를 즉각 중단시켜야 한다.

삼성은 대한민국 전체가 키워낸 기특한 자식이다. 하지만 국민이 오냐오냐하는 심정으로 '상상의 공생'에 머물다가는 '공망'의 길에 접어들 공산이 크다. 우선 〈또 하나의 약속〉을 보는 것으로 '현실적 공생'의 첫걸음을 내딛자.

시사인 / 335호 / 2014.02.13.

경제의 발목을 잡는 정치

"마치 영국 날씨 같다." 아내와 함께 아버지의 병문안을 가는 길, 차창 밖으로 내다본 풍경은 스산했다. 우리는 1996~1997년 겨울을 영국에서 보냈다. 외환위기는 외국에 있는 사람에게 훨씬 더 절박하다. 한국에서 똑같은 돈을 부쳐도 파운드화로 바꿀 때마다 형편없이 줄어드는 상황을 매달 겪었다. 소문처럼 모라토리엄이라도 선언하는 날에는 우리 가족은 영락없이 국제 거지가 될 판이었다. 설령 한국에 수십억원의 재산이 있다 하더라도 단 1원도 달러나 파운드로 바꿀 수 없을 테니….

물론 지금 한국 경제는 그때보다 낫고 나는 한국에 있다. 하지만 이번엔 세계 전체가 2008년 금융위기의 수렁에서 헤어나지 못하고 있다. 아주 거칠게 말하자면 지난 30년긴의 '금융화'가 원인이다. 오랫동안 낮은 이자율과 부동산과 금융시장의 버블 속에서 나라, 기업, 가계 모두 빚의 무서움을 잊어버렸다. 미국이 주도해서 전 세계가 빚을 "레버리지"라고 부르면 최신 경영기법쯤으로 여겼다. 다행히 한국 기업은 외환위기 이후 강화된 건전성 규제 때문에 조금 낫지만 가계 부채는 1000조원을 넘어설 것으로 전망된다.

앞으로의 소득은 불투명한데 빚이 많다면 소비를 줄이는 건 당연한 처사다. 기업의 '야성적 본능'은 자중할 때라고 소리친다. 2008년 가을의 리먼 브러더스 사태 이후, 매년 이때쯤이면 국내외의 '믿을 만한' 경제예측 기구들이 내년엔 서서히 회복될 거라고 5년이나 외쳤지만 아직 아무도 "이젠 회복 국면"이라고 말하지 못한다. 전 세계적인 '양적완화'(주로 중앙은행의 장기 국채와 부실채권의 직접 매입)에 따라 어마어마한 양의 돈이 마치 모르핀처럼 미래의 공포를 누그러뜨리고 있을 뿐이다.

급기야 장기침체(secular stagnation)라는 음울한 예측이 나오고 있다. 1980년대 말부터 미국의 3대 천재로 일컬어졌던 로렌스 서머스, 폴 크루그먼, 제프리 삭스가 11월 들어 일제히 장기침체라고 호들갑을 떨었다. 단순화하자면 이제 마이너스 실질금리가 '새로운 정상'(new normal)이 되었다는 것이다. 즉 일본의 '잃어버린 20년'처럼 이자율을 0으로 만들어도 경기는 좀처럼 살아나지 않을 것이란 얘기다.

하여 크루그먼은 인플레이션을 일으켜서 억지로라도 소비를 늘리도록 해야 한다고 주장하고 삭스는 에너지와 생태 인프라, 교육과 보건에 대한 장기투자가 더 낫다고 반박했다. 하지만 오바마 정부는 결코 삭스의 제안을 실천할 수 없다. 공화당과 다수의 경제학자들이 당장 빚이 문제니까 정부 빚부터 줄여야 한다고 주장하고 있기 때문이다. 현재의 상태에서 정부 지출까지 줄어든다면? 당연히 총수요는 더 줄어들 것이고 양적완화가 계속되더라도 미국은 침체를 벗어날 수 없을 것이다.

"정치가 경제의 발목을 잡는다"는 주장이 이렇게 딱 들어맞는 경우를 또 찾기란 쉽지 않다. 한국의 박근혜 대통령도 무릎을 칠 것이다. 아니 한국이 더 맞는 사례라고 생각하고 있음이 틀림없다. 이미 박 대통령은 국회가 10개월이나 지난 '과거사'에 얽매여서 민생을 살리는 법을 통과시켜 주지 않는다고 국회에 책임을 돌렸다.

하지만 한국에서 "경제의 발목을 잡는 정치"는 바로 대통령 자신이 하고 있다. 지난 50년간 우리 경제를 이끌어 왔던 수출은 세계적 장기침체 상황에서는 미덥지 못한 존재다. 하지만 중산층의 소득은 옆으로 걷고 저소득층의 수입은 오히려 줄어들었다. 그나마 형편이 좋은 상류층의 돈은 또다시 거품을 일으키는 쪽으로 몰리고 있다. 현금을 쟁여 놓은 최상위 재벌들도 세계적 '장기침체'에 대규모 투자를 할 수는 없다.

결국 경제의 발목을 잡지 않으려면 정부가 증세를 해서, 서민들의 소비가 늘어나도록 해야 하고 환경과 교육, 보건에 장기투자를 해야 한다. 그런데 박근혜 대통령은 엉뚱하게도 경기침체를 빌미로 지난 대선 때 약속했던 '경제민주화'와 '생애 맞춤형 복지'를 내팽개쳤다. 지금이라도 아래로 돈이 흐르도록 복지 예산을 대폭 늘리고 경제민주화를 약속한다면 한국의 야당은 틀림없이 쌍수를 들어 환영할 것이다. 지금 한국의 대통령은 경제를 살릴 수도, 죽일 수도 있다. 서민들이 지난 6년간의 음울한 날씨를 벗어나 따뜻한 봄을 맞을 때도 이젠 되지 않았는가?

경향신문 / 정동칼럼 / 2013.11.24.

워싱턴에서 '여의도'를 본다

'셧다운'까지 초래한 미국 공화당의 정치가 미국 경제, 나아가 세계경제의 발목을 잡고 있다. 1인 1표의 정치는 1원 1표의 경제를 죽일 수도, 살릴 수도 있다. 그렇다면 한국 정치는?

경북 안동 병산서원의 부드러운 곡선과 여위어가는 강줄기, 그리고 영주 부석사 안양루의 날렵한 기와, 욕심을 한껏 부린다면 봉정사까지 그리운 때가 왔다. 단풍이 짙어지는 만큼 선량들의 목소리는 높아지고 보좌관들은 부산해진다.

바야흐로 국정감사와 예·결산 심의의 계절이다. 미국에서는 이미 경천동지할 일이 벌어졌다. 지난 9월 30일 미국 의회는 예산안을 통과시키지 않았다. 셧다운, 즉 정부 폐쇄다. 10월 17일까지 정부 부채상한선 인상에 합의하지 않는다면 미국 정부는 디폴트(채무불이행)에 빠진다.

17년 전, 미국의 마지막 정부 폐쇄가 있었던 그때 나는 미국에 있었다. 실리콘밸리를 연구하기 위해 국가로부터 돈을 받은(문민정부의 '세계화' 전략의 일환이었다), 버클리 대학의 방문학자였다. 비자 문제로 이민국에 들락거려야 했던 나는 그 수많은 창구 중 단 두 개 열려 있는 창구 앞에 온종일 줄을 섰다. 바쁘고 돈이 없기도 했지만 국립공원마저 문을 닫아서 짬짬이 여행을 한다는 건 그저 꿈이었을 뿐이다. 이것이 정부 폐쇄다.

1980년대 이래 11차례의 정부 폐쇄, 또는 그 위협은 정부·여당의 상당한 양보를 끌어냈다. 2011년에는 오바마 대통령이 굴복하기도 했다. 하지만 이번에는 다르다. 1995년의 마지막 폐쇄는 호경기 때 일어났다. 경기에 거의 영향을 미치지 못했으며 나아가 공화당의 과잉 행동은 클린턴의 재선으로 이어졌다. 지금 미국 경제는 침체의 수렁에서 깔끔하게 벗어나지 못한 채 양적 완화라는 대량 수혈에 기대고 있다. 오바마 또한 이미 재선에 성공했기에 자신의 업적인 건강보험 개혁법(오바마케어)의 예산을 줄일 리 없다. 따라서 만일 이 사태가 상당 기간 지속된다면 당장 정부 지출의 축소부터 미국 경제의 숨통을 죄기 시작할 것이다.

디폴트는 바깥 사람들한테 빚 얻어서 흥청망청 잘살고 난 뒤 "나 돈 없으니 배 째라"고 하는 선언이다. 세계에서 가장 잘사는 나라가, 마치 29만 원밖에 없다던 한국의 어느 노인처럼 돈 없다고 나자빠지는 꼴이다. 위력이 현저히 떨어졌다고는 하지만 달러는 여전히 세계의 기축통화이고 미국 재무부 증권은 마이너스 실질금리일 때도 너도나도 구입할 만큼 안전하다. 디폴트 사태는 이런 믿음을 뒤흔들 것이고 세계경제라는 배의 닻은 바다를 떠돌게 된다.

도대체 세계경제를 담보로 공화당, 더 정확히 말해서 공화당의 일부 과격파는 무엇을 원하는 것일까? 그들은 재정건전성을 내세워 오바마의 의료개혁을 원점으로 되돌리려 한다. 과연 이런 행동을 미국 유권자들, 나아가서 세계의 시민이 용납할 수 있을까? 그런데도 이런 행동을 하는 이들이 있다. 티파티의 지지에 힘입어 상원에 처음 입성한 테드 크루즈 의원도 그중 하나라고 영국 〈텔레그래프〉의 존 애블런은 말한다.

정치는 이렇게 경제에 엄청난 영향을 미칠 수 있다. 정치가 경제의 발목을 잡아끄는 형국이다. 물론 정치와 경제는 언제나 얽혀 있다. 경제는 정치의 일부일 뿐인데 시장의 1원 1표 원리는 부자 편 결론을 내기 마련이다. 지난 30년 동안 시장에 모든 걸 맡겨놓자는 주장이 세상을 지배한 결과, 즉 사실상 지배계급의 전횡을 방치한 결과 대다수 나라에서 불평등이 극심해졌고 세계는 위기에 빠졌다. 정치의 1인 1표 원리가 부와 권력의 집중을 막아서 경제를 살릴 수 있다.

공약보다 축소된 복지 예산, 여전히 많은 '토건 예산'

한국에서는 국회가 정치 본연의 사명을 다할 수 있을까? 정부가 제출한 예산안을 보면 한국 정치 역시 경제를 살리는 쪽은 아니다. 박근혜 정부는 역대 최초로 100조원 복지시대(105조9000억원)를 열었다고 자랑하지만 절반 이상이 공적연금 증가, 건강보험 국고 지원 등 자연증가분이다. 오히려 기초연금과 4대 중증질환 본인부담액, 반값 등록금, 무상보육 등 복지 관련 정책들의 예산은 대선 공약에 비해 줄줄이 축소됐다.

한편 사회간접자본(SOC) 예산은 금년에 비해 4.3% 감소했다고는 하지만 액수로는 여전히 23조3000억원에 달한다. 2008년 본예산 19조6000억원이었던 SOC 예산은 이명박 정부와 박근혜 정부를 거치면서 23조~25조원으로 정착한 셈이다. 국토와 강을 얼마나 더 훼손해야 경제가 활력을 찾을 수 있다는 걸까?

한국이나 미국 어디에서나 예산안 공방은 경제와 정치가 직접 어우러지는 현장이다. 특히 장기 침체 속에서 헤매는 지금, 정치는 더욱더 경제를 죽일 수도, 살릴 수도 있다. 병산서원·부석사·봉정사의 가을은 여의도에서 국민 모두가 함께 누릴 수 있을 만큼 아름답게 빛날 수 있다.

시사인 / 317호 / 2013.10.14.

과녁을 벗어난 화살

어렸을 적 읽었던 〈세개의 화살〉은 일본 이야기였다. 16세기 다이묘 모리 모토나리는 세명의 아들을 두었다. 하루는 모리 모토나리가 아들에게 화살 하나씩을 나눠주고 부러뜨리라고 말했다. 아이들은 쉽게 아버지의 명을 따랐다. 그러자 세 개를 한 묶음으로 주면서 분질러 보라고 했다. 이번엔 모두 실패했다. 협동과 단결을 강조한 얘기다.

아베 총리의 세 개의 화살은 이 이야기에서 따온 것이다. 무제한 양적완화라는 비전통적 금융정책, 확대 재정정책이 각각 첫 번째와 두 번째 화살이요, 지난 5일 발표한 '성장전략'이 마지막 화살이다. 이 화살들을 각각 쏘면, 지난 20년간 일본의 경제정책사가 말해주듯 별로 효과가 없겠지만 한꺼번에 쏘면 시너지효과가 닐 깃이린 얘기다.

지난번에도 쓴 일본 얘기를 또 끄집어낸 것은, 변덕 심한 일본 주가 때문이 아니다. 틀리든 맞든 논리의 일관성을 지켜야 할 한국의 언론 때문이다. 예컨대 조선일보는 4월23일 "한국, 늙은 일본에 경제활력 역전당했다"며 아베노믹스를 격찬했다가 5월28일에는 "요동치는 아베노믹스… 금리 위기에 은행 문의 쇄도"라는 제목으로 아베노믹스는 "근본적으로 모순이고 회의론이 비등하다"고 비판했다. 한편 이런 조선일보의 태도를 비판한 프레시안은 "아베노믹스, 구조개혁 없이는 실패할 운명"이라는 보수주의적 관점을 견지하고 있다.

아베노믹스의 성공 여부를 예견한다는 건 분명 도박이지만 아베 총리가 세 번째 화살을 효과적으로 밀어붙인다면 일본경제가 완전히 파산할 것이라는 정도는 말할 수 있다. 아베의 모든 정책은 2% 수준의 인플레이션을 일으키는 데 맞춰져 있다. 일본은 깊은 디플레이션의 수렁에 빠졌다. 물가가 떨어지면 현재의 제로금리도 실질로는 플러스가 된다. 투자는 위축되는데 그동안의 실질임금 하락과 고령화로 소비도 늘어날 수 없었다. 하여 크루그먼은 이미 15년 전에 4% 수준의 인플레이션을 만들어내야 한다고 강조했고 지난 5월 23일에는 뉴욕 타임스에 '일본이 모델'(Japan the Model)이라는 글을 실었다.

하지만 일본은 지금 유동성 함정에 빠져 있다. 풀려난 돈이 다시 은행으로 돌아오고 실물 투자는 일어나지 않기 때문이다. 즉 '케인스 효과'는 기대하기 어렵고, 남은 것은 그 반대편의 '피구효과'이다. 그런데 젊은 층의 임금은 계속 떨어지는 상태이고 정작 부동산과 금융자산을 가지고 있는 노년층은 별로 소비를 늘리지 않을 것이다.

그렇다면 풀려난 돈은 어디로 갈까? 인플레이션 없이 자산버블만 일어날 수도 있다(현재 일본의 필립스 커브는 수평선이다). 중앙은행이 국채를 무한정 사들인다 해도 최근 몰려든 외국인 투자자가 내다 팔기 시작하면 장기금리가 급등할 수도 있다. 설상가상, 일본을 지탱해 온 수출마저 세계적 불황으로 여의치 않아 일본은 1980년대 이래 최초로 무역적자를 기록했다.

진정한 문제는 세 번째 화살에 있다. 핵심은 개방과 규제완화이다. 도쿄를 세계의 금융중심지로 만드는 국가전략특구의 설치, 의약산업과 전력산업의 규제 완화에 의한 투자 유도가 그것이다. TPP를 통한 개방을 합치면 그것이 바로 아베노믹스의 비판자들이 주장하고 있는 구조개혁이다. 그리고 이런 시장만능주의의 실패는 이미 증명됐다.

정작 일본에 필요한 것은 정반대로 스티글리츠의 '불평등의 대가'가 내린 처방이다. 소득과 자산의 재분배가 일어나지 않으면 일본의 내수가 살아날 길은 없다. 특히 일본에서는 노년층의 부가 청년층으로 이전되지 않으면 안된다. 후쿠시마의 기억을 밑천으로 삼아 대대적인 에너지체제 재편을 한다면 투자도 늘어날 것이다. 일본의 빗나간 화살은 한국에도 나쁜 영향을 미칠 것이다. 만일 중국까지 침체에 빠진다면 끔찍한 사태가 벌어질 수도 있다. 이런 상황에 박근혜 대통령의 '창조경제'나 '반듯한 시간제 일자리', 사실상의 '줄푸세'까지 겹치면? 상상조차 하기 싫다.

경향신문 / 정동칼럼 / 2013.06.09.

녹색성장과 창조경제

이제 곧 서울에서도 창밖에 벚꽃이 분분히 날릴 텐데 각 부처 공무원들은 휴일의 책상머리 앞에서 땀을 흘리고 있을 것이다. 우리 부처의 창조경제, 예컨대 농림축산부의 창조경제는 뭐라고 할까? 십중팔구 과거에 해왔던 부처의 역점 사업을 창조경제라는 낱말로 새롭게 분칠하는 데 그칠 것이다.

진심으로 얘기하건대 그리 나쁜 일은 아니다. 공무원들의 이런 행동은 정권을 넘어선 장기 정책이 실행되는 길이기도 하다. 특히 나는 환경부 공무원들이 전 정권의 '녹색성장'을 '창조경제'로 포장하기 바란다.

최근까지도 이명박 정부의 녹색성장은 세계적인 저널에 성공사례로 오르내린다. 단언컨대 이 이명박 정부의 녹색성장은 4대강 사업과 핵발전 확대로 사실상 "녹색 반혁명"이었다. 하지만 한국 정부가 세계에 내민 보고서는 녹색성장을 "사회경제적 패러다임의 변화"라고 정의했으며, 이는 단순히 생태적 목표와 경제적 목표를 양립시키는 것을 넘어서 생태적 목표의 달성을 통해 사회변혁을 이루겠다는 야심찬 계획이었다.

그렇다면 박근혜 정부의 '창조경제'의 커다란 한 축은 이미 해결된 것이나 마찬가지다. 4대강 사업과 핵발전을 뺀 나머지 녹색성장을 실천하면 된다. 예컨대 재생가능 분산형 발전과 스마트 그리드 사업은 에너지 패러다임의 대전환이며, 그 첫 발걸음으로 당장 탄소세(탄소배출량에 따라 부과하는 세금)를 부과할 수 있다. 물론 에너지 집중형 산업과 핵산업 등 기득권 세력의 반발이 크겠지만 창조적 미래를 위해 이들을 제압하는 것이야말로 아버지 박 대통령에게 배울 일이 아닌가? 아버지는 군화에 의존했지만 이제 딸은 시민을 믿어야 한다.

도대체 창조경제란 무엇인가? 각 부처 장관이나 비서관들의 설명이 가히 백화제방인데 이 또한 그리 비판받을 일은 아니다. 정보기술과 기존 산업의 융합이든, 제2의 벤처 붐이든, 아니면 문화든 더 많은 아이디어가 나와야 한다. 아니 국민들의 반짝거리는 의견을 수렴하는 절차를 밟아 국회 합의까지 이끌어내야 한다. 무릇 패러다임의 변화, 시스템 차원의 변화는 그 목표가 미리 결정되어 있을 수 없다. 사회 구성원들의 행동에 따라 진화하는 것이 자연스럽고 그래야 성공할 수 있기 때문이다.

박근혜 대통령이 "지금은 상상력과 창의력이 곧 경쟁력이 되는 시대"라고 강조한 것은 의미심장하다. 모름지기 상상력과 창의력은 빈 공간(니치)에서 나온다. 질식할 것처럼 꽉 짜인 구조, 특히 승패가 이미 결정된 뻔한 경쟁 속에서 새로운 것을 기대하는 건 나무에서 물고기를 잡으려는 것이나 마찬가지다.

예컨대 현재의 재벌경제시스템 안에서는 벤처가 성공하기 어렵다. 20년 전쯤 삼성이 야심차게 실리콘 밸리처럼 일하는 젊은 부서를 만든 적이 있었지만 1년을 못 넘기고 문을 닫았다. 국민의 정부 시절 벤처 붐이 재벌개혁의 틈바구니에서 일어났다는 것도 결코 우연이 아니다. 대통령이 약속한 경제민주화가 곧 창조경제의 전제조건이라는 얘기다.

더 나아가서 현재의 교육시스템 속에서는 상상력과 창의력이 결코 나올 수 없다. 입시경쟁은 아이들이 원래 가지고 있는 능력마저 체계적으로 말살하고 있다. 지금 우리는 거의 암기력만으로 70만명의 등수를 매겨서 아이들이 갈 대학, 훗날 선택할 직업까지 결정하고 있다. "등수 없는 교육"을 교육부가 제시하지 못한다면 미래창조과학부에 맡길 수도 있을 것이다. 하지만 내일이라도 대통령 명령으로 중·고교의 일제고사를 없앤다면 우리는 교육분야에서도 창조경제의 첫 발걸음을 떼는 것이다.

요컨대 진정 창조경제를 원한다면 정부는 기존의 모든 시스템에 빈 공간을 만들어내야 한다. 그리고 정부가 가지고 있는 정보를 아낌없이 제공해서 시민과 기업들이 그 공간에서 할 일을 창조적으로 찾도록 해야 한다. 오직 대통령만 할 수 있는 일도 있다. '수첩 속의 대한민국'은 결코 창조경제를 이룰 수 없다. 대통령이 수첩만 버려도 시민들의 상상력과 창의력은 용솟음칠 것이다.

경향신문 / 정동칼럼 / 2013.04.07.

아버지와 딸

새벽 담배를 빼어 무는 내 야만성을 날카롭게 질책하던 바람 끝이 한결 무뎌져, 이젠 "부드럽다"는 느낌마저 드는 계절인데 국민들은 난데없는 칼바람을 맞았다. 칼칼한 목소리와 매서운 눈초리는 영락없이 '아버지 박통'이다. 하지만 난 "아"하면서 무릎을 쳤다. 수수께끼 하나가 풀렸다. 진정 존경하는 사람이 있다면 그는 어느 새 내 안으로 스며든다. 내 경우엔 고 박현채 선생이 그랬다. 호방한 그에 비해 난 '쪼잔하기' 이를 데 없고 그의 '민중' 사랑은 흉내조차 낼 길이 없지만 어느 새 "민중이 원한다면 모든 걸 쓴다"는 그를 어설프게 따른 것인가, 온갖 주제에 변죽을 울리는 것도 그렇고 여전히 술 속에 사는 것도 그렇다.

딸 박통의 "그"는 두 밀힐 나위 없이 아버지 바통이다 나야 모방과 학습이라는 문화적 선택을 한 데 불과하지만 딸은 아비의 생물학적 유전자까지 물려 받았으니, 요즘 각광을 받고 있는 '다수준 선택'의 훌륭한 표본이라 할 만하다. 이를테면 아버지 박통이 쿠데타 이후 깡패를 잡아들였다면 그 딸은 4대 사회악을 척결할 것을 다짐한다. 성폭력, 학교폭력, 불량식품, 가정파괴범들은 단단히 각오를 해야 할 것이다.

둘째는 "마을 길도 넓히고 초가집도 없앤" 새마을운동이다. 딸은 요즘 전국에서 들불처럼 일어나고 있는 협동조합, 마을기업 만들기를 '제2의 새마을운동'으로 지목했다. 1970년대 말 새마음운동을 벌일 정도로 새마을운동을 흠모한 딸이니 그럴만도 하다.

문제는 세 번째, '경부고속도로'가 무엇이냐였는데 딸 박통의 담화는 바로 '미래창조과학부'의 '융합'이 답이라고 알려주었다. 아니나 다를까, 인터넷을 뒤져 봤더니 최순홍 청와대 미래전략수석비서관은 "방송통신과 과학기술의 융합이 ICT분야의 경부고속도로”라고 정리했고 딸 박통은 ‘통섭’이라는 어려운 낱말을 주머니 속의 칼처럼 빼든다.

경부고속도로는 전국의 땅을 잇고 융합은 산업과 시장을 이어 일자리를 창출할 것이다. 이런 웅장한 뜻을 이해하지 못하고 “방송장악”이라는 터무니없는 구실로 발목을 잡으니 분노할 만하다. 아비는 국회가 발목을 잡으면 여당 대표에게 재떨이를 던지고 중앙정보부의 일개 직원이 중진 의원의 수염까지 뽑았지만 이젠 육군참모총장 출신 국정원장도 그럴 수 없는 노릇이다. 따지고 보면 기껏 유선방송 몇 개를 ‘미래부’로 이관하는 문제를 놓고 대통령이 담화까지 발표하는 게 이제는 이해가 갈 것이다.

존경하는 아버지를 따라 하는 건 결코 잘못이 아니고 실제로 인수위 보고서에 제시된 국정목표는 훌륭하다. 성장률 대신 고용률을 중시한다든가 물리적 자본 대신 사회적 자본을 축적해야 한다는 주장, ‘꿈과 끼를 키우는 교육’, ‘쾌적하고 지속가능한 환경’, ‘신뢰받는 정부, 정부 3.0’이 그러하다. 통섭이나 융합에서 보이듯이 최근의 진화론적 학문 조류마저 반영하고 있다.

하지만 구체적인 정책내용은 10년 전이나 별 다를 바가 없다. 목표는 진화했는데 수단은 여일하다. 더구나 대통령은 거의 자동으로 30~40년 전을 떠올릴 텐데 대단히 위험한 일이다. 예컨대 아버지의 새마을운동은 초가집과 함께 사회적 경제도 말살했다. 해방 후 혼전만전하던 각종 조합이나 두레와 계 등 자생적 마을 조직은 모두 새마을운동에 편입돼 가뭇없이 사라졌는데 그것들이 바로 사회적 경제요, 사회적 자본이다. 서울시 등 각 지자체에서 현명하게 돕고 있는 아래로부터의 운동이 위에서부터 돈벼락이나 행정지침을 맞는다면 소중한 희망의 싹을 딸이 또 한번 말살하는 비극이 되풀이될 것이다. 필요한 것은 신뢰와 협동의 네트워크지 새마을 경진대회가 아니다.

‘사회적 자본’이나 ‘융합’은 모두 아래로부터 자생적으로 ‘진화’하는 것이지 위에서부터 군대식으로 만들어낼 수 있는 게 아니다. 필요한 것은 다양한 관련 기술과 산업의 클러스터지 그런 중앙 부처가 아니다. 정부의 개입은 부드러운 봄바람처럼 세심해야 한다. 일방통행의 정부 1.0, 쌍방향의 정부 2.0을 넘어 개방·공유·협력의 정부 3.0을 만들겠다는 것도 나무랄 데 없이 훌륭한 목표다. 하지만 지금까지 딸이 보여준 행태는 아비의 정부 1.0에도 못 미치는 게 아닐까? 현재 정부의 어느 인사가 진화론이나 네크워크이론을 이해하고 있을까? 목표뿐 아니라 수단도 그에 걸맞게 진화해야 한다.

경향신문 / 정동칼럼 / 2013.03.07.

대한민국 살길은 부자 증세 · 복지 확대

유럽과 일본은 L자형 장기 침체로 갈 가능성이 높고, 미국은 벼랑 끝
에 다시 섰다. '마지막 희망' 중국은 4% 포인트 이상 성장률이 떨어질
전망이다. 최악의 경제위기에서 벗어날 탈출구는?

진흙탕 속 개들 싸움은 한국의 정치판에서만 벌어지는 것이 아니다. 육두
문자 직전의 낱말들이 난무한다. 싸움을 벌이는 개들이 그냥 누렁이들이
아니라는 게 더 흥미롭다. 프린스턴 대학의 노벨경제학상 수상자 폴 크루
그먼과 하버드 대학 역사학과 교수 니얼 퍼거슨이니 소일거리로 허튼 싸
움을 벌이는 잡종개도 아니고, 싸움을 위해 키워진 투견도 아니다. 그냥 한
번 시비가 오간 것도 아니다. 2009년 봄부터 지금까지 투닥거리고 있다.
얼마나 흥미로운가. 점잖은 영국 파이낸셜타임스, 그리고 뉴욕타임스에 이
들의 원고가 오르면 전 세계 인터넷에 실시간으로 생중계된다.

일부 언론에서는 '더블딥' 논쟁으로 소개됐는데, 실은 지금 미국 정부
가 어떤 정책을 써야 하는가에 관한 논쟁, 즉 긴축정책 논쟁이라 해야 옳
다. 알다시피 크루그먼은 전 세계가 1929년 대공황에 이어 제3의 대불황
(첫 번째는 19세기의 공황)의 초입 국면에 들어가고 있으므로 2009년처럼 다
시 대대적인 재정확장 정책을 써야 한다고 주장한다. 반면 퍼거슨은 미국
의 천문학적 재정적자를 지적하며 당장 긴축정책을 시행해야 한다고 역설
한다. 미국 경제가 안전하다고 생각한다면 제2차 세계대전 때 진주만을
기억해야 한다는 역사학자다운 비유까지 동원한다. 상대가 일본에서 중국
으로 바뀌었을 뿐이라는 것이다.

그러나 언론의 호들갑과 달리 실제 내용은 그 옛날(1930년대) 케인스

와 피구, 그리고 1960년대 케인스주의자와 통화주의자들 간 논쟁의 반복이다. 크루그먼은 퍼거슨이 '암흑시대의 경제학'에 머무르고 있다며 그야말로 구식 원론인 '하찮은'(크루그먼의 표현) IS(생산물 시장의 균형)-LM(화폐시장의 균형) 곡선을 강의한다. 유진 파마나 존 코크레인 같은 주류 경제학자들조차 케인스의 가르침을 잊어버리고 '세이의 법칙'이나 되풀이하고 있다는 것이다. 실제로 생산물 시장의 균형과 금융시장의 균형 간의 관계는 1980년대 이후 경제학 원론이나 표준 거시경제학 교과서에서 사라졌다.

반대로 퍼거슨은 주류 경제학이 케인스주의를 굴복시킨 지난 30년의 역사를 들고 나온다. 현재 케인스주의자들은 대공황의 역사에서도, 그리고 1970년대 이래의 최신 경제학, 예컨대 합리적 기대 가설에서도 배운 바가 전혀 없다는 것이다. 별것도 아닌 이 진흙탕 싸움을 간단하게 이해하고 싶다면 또 다른 의미의 진흙탕 속에 빠져 있는 정운찬 총리의 거시경제학 옛날 버전을 보면 된다.

이런 맥락을 빼면 양쪽 주장의 옳고 그름을 따질 만한 현실의 기준은 별로 제시되지 않았다. 단지 장기이자율이 올라가는 원인이 무엇이고 미국 경제가 갑자기 파산할 가능성이 얼마나 되느냐를 놓고 겨룰 뿐이다. 퍼거슨은 채권시장의 투자자들이 인플레이션을 염려하기 때문에 장기 이자율이 올라가는 것이고 현재의 거대한 국제 불균형은 더 이상 유지될 수 없으므로 어느 순간 중국 등 외국의 재무성 증권 보유자들이 투매에 나서면 미국은 바로 파산할 수 있다고 주장한다. 따라서 당장 미국의 메디케어나 실업연금 등 사회보장 지출을 줄여야 한다는 것이다. 퍼거슨은 지금 미국이 '유럽과 같은 사회주의 국가'가 되고 있다고 한탄한다.

파산 위기의 미국이 가장 안전한 투자국?

반면 크루그먼은 장기이자율이 올라가는 것은 지난해 대대적 재정지출 결과로 디플레이션 가능성이 적어졌기 때문이고, 채권시장을 감시하는 '채권 자경단'이 어느 날 갑자기 일치단결해서 재무성 증권을 팔아버리는 일은 없을 것이라고 주장한다.

기술적으로 말하자면 장기이자율에 관한 둘의 견해는 그야말로 시점의 문제에 불과하다. 인플레이션에 대한 우려가 높아지는 것과 디플레이션의 위험이 줄어드는 것은 같은 방향이기 때문이다. 오히려 위험한 것은 그 양적 판단에 따라 정책의 방향이 완전히 정반대가 되어야 한다는 이들의 주장이다.

한편 미국의 재정적자가 얼마나 위험한 경지에 이르렀는가는 퍼거슨의 주장이 옳다. 미국은 파산 상태에 빠진 지 오래고 지난해의 대규모 재정지출로 회생 불가능한 지경에 빠진 것으로 보인다. 그러나 퍼거슨이 2년 전만 해도 '차이메리카'라는 기막힌 말을 만들어서 중국과 미국의 공생관계 때문에 미국의 빚이 아무 문제가 없다고 강변했다는 점을 떠올려야 한다. 유효한 것은 오히려 이 옛 주장일지도 모른다. 세계 각국이 공멸을 두려워하기 때문에, 또 세계 전체가 낭떠러지 끝에 있기 때문에 투자자들에게 가장 안전한 나라는 여전히 미국이다. 실제로 시장에서도 미국의 CDS 프리미엄(부도 위험을 사고파는 파생상품)이 급격하게 올라가는 일은 벌어지지 않고 있다.

필자는 이 둘이 완전히 반대 방향에서 세계경제가 얼마나 위험한 상황에 있는지를 역설한다고 생각한다. 필자가 2년 전, 세계 금융위기가 터진 뒤에도 주장한 바 있지만 현재의 위기는 약 10년마다 오는 산업순환상의 위기(①)에, 시장만능론이라는 30년짜리 지배 이데올로기의 위기(②), 그리고 100년에 한 번쯤 오는 패권국가의 위기(③)가 겹쳐진 것이다. 3중의 위기라 할 만하다.

미국과 G20은 최소한의 금융규제도 도입하지 못했고 그것은 위에서 언급한 ①위기에 대한 처방에 실패했다는 것을 의미한다. ③위기의 핵심이 글로벌 불균형이고 이를 헤쳐 나가려면 새로운 국제금융 체제를 만들어야 한다. 그것은 미국의 헤게모니를 중국이나 유럽과 나눠야 하는 것이지만 미국은 그럴 의지가 전혀 없다. 크루그먼과 퍼거슨의 논쟁은 ②위기, 즉 경제학의 무능을 적나라하게 드러낸다.

지난 1~2주 동안의 현실은 크루그먼의 손을 들어주었다. 고용지표, 생산자 및 소비자 기대지수, 무역수지 등 모든 경제지표가 나빠졌기 때문이다. 미국 연방준비제도이사회의 의사록도 인플레이션보다는 디플레이션쪽을 더 걱정한다. 그러나 이런 현상은 동시에 케인스주의 처방의 핵심인 승수효과가 작동하지 않는다는 사실도 보여준다. 불황기에 아무도 돈을 쓰지 않으려 하기 때문에 정부가 나서서 재정지출을 하면 소득이 늘어나고 이에 따라 소비와 투자도 늘어난다는 것이 승수효과이다. 그러나 현재의 모든 지표는 세계 각국의 재정지출이 끝나자마자 회복세가 일제히 꺾이는 모습을 보여준다. GDP의 10%가 넘는 재정적자까지 감수하면서 구입한 약이 진통제에 불과했던 것이다.

퍼거슨의 말대로 미국 정부·기업·민간, 즉 모든 경제주체의 부채는 대공황 때보다 훨씬 심각하다. 파산 공포 속에서 부채를 줄이려는 노력은 당연한데 그게 바로 '유동성 함정'이다. 재정지출로 늘어난 소득은 부채 상환에 빨려 들어간다. 버냉키가 경제회복의 핵심이라고 주장한 중소기업 대출은 일어나지 않는다. 은행도 살아남기 위해 돈을 움켜쥐려 하기 때문이다.

2009년 세계는 경제학의 모든 처방, 케인스주의와 통화주의 처방을 동시에 사용했다. 확실히 효과는 있었고 세계는 공황에서 벗어난 것처럼 보였다. 그러나 유럽연합(EU)은 일부 나라가 파산 위험에 빠지자 일제히 긴축에 들어갔다. 파산 위험은 유로를 평가절하하므로 수출이 늘어날 수 있다. 그래야 긴축에 따른 내수 축소를 메울 수 있다. 한국이 1997년 외환위기의 수렁에서 벗어난 경로가 바로 그것이다. 그러나 지금은 그런 수출을 받아들일 나라가 없다. 유럽과 일본은 L자형 장기 침체로 갈 가능성이 높고 미국은 벼랑 끝에 다시 섰다. 인도는 10% 가까운 물가상승 때문에 긴축을 해야 할 처지이고, '마지막 희망' 중국은 수출 둔화와 버블 팽창을 막기 위한 투자 억제정책으로 4% 포인트 이상 성장률이 떨어질 전망이다. 즉 2009년의 확장 금융·재정정책을 되풀이하는 것은 이제 불가능해 보인다. 크루그먼의 정책 방향이 옳다 해도 실행할 수는 없다. 크루그먼의 과도한 주장은 마치 면죄부를 스스로 발부하려는 것처럼 보인다.

국내에서 택할 수 있는 가장 손쉬운 탈출구는 소득 재분배이다. 마땅하게 투자할 데가 없어서 우왕좌왕하는 돈을 세금으로 거둬들여서 저축할 여력이 없는 서민과 중소기업에 주는 것이다. 부자 감세와 복지 축소가 아니라 부자 증세와 복지 확대가 비상 탈출구이다. 한국의 예를 든다면 부자 감세를 원상회복하고 4대강 사업을 없애면 1년에 약 30조원의 복지 재원을 마련할 수 있다. 이만큼 확실한 경기회복책은 없다. 여기서 한걸음 더 나아가 자산 재분배를 통해 아예 거품 체질 자체를 바꿀 수도 있다.

제도적으로는 금융의 잘못된 유인구조와 부적절한 규제체계, 기업 지배구조를 근본적으로 뜯어고쳐야 한다. 스티글리츠 안 등 이미 많은 대안이 나와 있지만 미국도, G20도 과감하게 실행하지 못할 뿐이다. 미국의 적자에 관한 퍼거슨의 현실 진단은 사실이지만 긴축은 이 문제를 더욱 악화시킬 것이다. 이에 대해서도 케인스의 국제청산동맹과 같은 방향의 국제개혁이 전제되어야 한다. 무너져가는 대영제국(채무국)의 이익을 최대한 반영하기 위해 케인스는 브레턴우즈에서 미국의 젊은 관리 화이트를 만나 수모를 겪고 결국 과로로 사망했다. 이제 크루그먼이나 스티글리츠가 중국의 젊은 미국 유학파 관료를 설득할 수밖에 없다.

현재의 경제학에 '묘방'은 없다

왜 이런 해결책이 시행되지 않는 것일까? 간단하다. 국내외의 지배세력이 자신의 기득권을 놓지 않기 때문이다. 아니 오히려 위기를 이용해서 자신의 지위를 강화하려 하기 때문이다. 퍼거슨의 주장은 그런 의도를 충실히 반영하고 있다. 월스트리트는 금융규제에 반대하고 달러 헤게모니의 약화에 저항한다. 오바마 의료개혁의 '중도반단'에서 보듯이 뻔한 재정 낭비도 대형 보험회사와 병원의 반대 때문에 방치된다. 한국에서는 거꾸로 부자들의 세금을 깎아주고 건설 거품을 유지하기 위해 4대강 사업을 하고 미국식 의료 민영화를 추진하고 있다.

위기는 다시 닥쳐오고 그때서야 근본적 개혁이 가능해질지 모른다. 현재의 경제학에 묘방은 없다. 그들이 아무리 잘난 척을 해도 바로 그 때문에 고통스러운 역사는 되풀이된다. 계급 역관계를 역전시키는 나라만 살아남을 수 있다. 그런 의지를 가진 국민만이 스스로의 고통을 줄일 수 있다. 이것이 대공황, 그리고 현재 위기의 교훈이다.

시사인 / 150호 / 2010.08.04.

오바마에게 권하는 책

〈존 메이너드 케인스〉 로버트 스키델스키 지음/고세훈 옮김/후마니타스 펴냄

행복이라는 낱말이 얼굴을 내밀 틈이 전혀 없을 것 같은 2009년 대한민국이지만 나는 지난봄 행복을 누렸다. 스키델스키의 〈존 메이너드 케인스〉덕분이다. 게으르기 그지없는 내가 한 글자도 빼놓지 않고 다 읽은 것은 우선 책의 내용이 흥미진진하고, 또한 꼼꼼하며 감칠맛 나는 번역이 횡재하는 기분을 느끼게 했기 때문이다. 그러나 현재라는 시기의 엄중함 역시 이 책을 손에서 놓지 못하게 했을 것이다.

스키델스키는 케인스의 일생을 꼼꼼히 들여다본다. 나와 함께 책을 읽은 성공회대 NGO대학원생들(교사들이나 시민사회 활동가들이다)이 "천재인지는 모르겠지만 도저히 존경할 수는 없다"라고 할 정도로 이리저리 튀는 감정의 기복까지 세세하게 그의 사생활을 묘사한다.

스키델스키에 따르면 케인스를 평생 지배한 것은 '사도회'의 선배, G. E. 무어가 설파한 '선한 삶'과, 심지어 '일반이론'도 일필휘지로 써내려간 케인스가 무려 20여 년에 걸쳐 쓴 '확률론'이다. 케인스식으로 표현하면 '확률관계' 0, 아니 그를 넘어 완전한 혼돈이었던 제1·2차 세계대전 속에서 그는 자신의 목숨을 갉아먹을 정도로 분투하면서도 (경제정책을 설계하는) 틈틈이 블룸스베리 그룹의 동지들과 함께 미를 추구했다. 케인스의 위대성은 기존 이론을 깡그리 부정할 정도로 현실을 냉정하게 들여다보는 통찰력에 있는데 그것은 그의 끝없는 탐미, 즉 예술적 상상력과 무관하지 않았을 것이다.

　그의 말년은 장엄하기까지 하다. 그의 '청산동맹' 구상은 전후 평화와 번영을 보장할 국제경제체제였으며 동시에 몰락하는 대영제국의 이익을 최대한 확보하는 것이었다. 미국과의 끝없는 줄다리기(브레튼우즈 협상)에 온 힘을 쏟은 그는 1946년 회담의 종료와 함께 숨을 거둔다. 단언컨대 단기적 금융위기와 함께 글로벌 불균형을 해결해야 하는 지금, 청산동맹은 여전히 가장 유력한 대안이다. 그런 면에서 지금 스키델스키의 〈존 메이너드 케인스〉를 꼭 읽어야 할 단 한 사람을 꼽으라면 그는 단연코 오바마 미국 대통령이다.

시사인 / 119호 / 2010.05..04.

[진보의 재구성] 세계화의 조건은 자본시장 통제와 고정환율제 복귀

'정보 비대칭성'과 '가격의 경직성'이라는 현실 아래에서 시장은 과연 제대로 작동하는가. 신케인스학파를 대표하는 스티글리츠 교수의 시장론과 경제 대안을 살펴본다.

클린턴 이후 미국 민주당은 '자유시장'의 역동성과 세계화를 강하게 지지하면서 금융산업을 성장 동력으로 발전시키는 노선을 추진해왔다(제 103호 58~61쪽 '진보의 재구성 ❶' 참조). 현재 오바마 정부도 큰 흐름에서 같은 길을 가고 있다.

이런 오바마 정부에 강하게 반발해온 개혁 성향의 경제학자들 중 대표 인물이 바로 신케인스주의자로 불리는 조지프 스티글리츠 칼럼비아 대학 교수, 폴 크루그먼 프린스턴 대학 교수 등이다.

신케인스학파에 따르면, '세상의 모든 것을 시장이 해결해준다'고 믿는 것은 지나치게 순진한 일이다. 순수한 이론 세계와 달리 현실에서는 공정한 거래가 이루어지기 힘들고, 수요에 따라 그때그때 가격이 변화되지도 않는다. 그래서 스티글리츠는 공정한 거래가 이뤄질 수 있도록 정보를 확산시키고, '시장에 맡기자'는 하나마나한 말보다 '나쁜 균형'에서 '좋은 균형'으로 갈 수 있는 제도를 설계해야 한다고 주장한다. 이런 맥락에서 IMF와 국제통화제도도 날카롭게 비판한다. 경제 평론가 정태인씨가 스티글리츠의 사상을 폭넓게 해설했다.

2001년 노벨 경제학상 수상자는 미국 버클리 대학의 조지 애컬로프,

스탠퍼드 대학의 마이크 스펜스, 그리고 칼럼비아 대학의 조지프 스티글리츠 교수였다. 스웨덴 왕립학술원은 이들의 수상 이유를 공식적으로 "정보 비대칭 상황에서의 시장 분석"이라고 밝혔다.

시장은 잘 작동하지 않는다

그렇다면 '정보 비대칭'이란 무엇인가. 스티글리츠와 함께 노벨상을 수상한 애컬로프의 1970년 논문 〈레몬들의 시장〉을 통해 살펴보기로 하자.

애컬로프의 논문에서 '레몬'은 겉보기에는 그럴듯하지만 사실은 형편없는 물건을 의미한다. 우리 식으로 말하자면 '비지떡'이다. 그러나 문제는, 어떤 물건이 레몬 혹은 비지떡이라는 정보가 모든 사람에게 알려져 있지 않다는 것에 있다. 중고차 시장을 예로 들어보면, 차를 팔려는 사람은 자신의 차량에 대한 정보(차의 성능, 결점 등)를 잘 알고 있지만, 사려는 사람은 그 정보를 잘 모른다. 이를 '정보 비대칭성'이라고 한다. 이런 정보 비대칭성 때문에, 불량한 차량을 가진 사람들은 중고차 시장에서 자신의 차를 팔려고 할 가능성이 높다. 자신의 차량에 대한 '정보'를 매입자들이 가지고 있지 않기 때문에, 불량한 성능의 차를 실제 가치보다 더 비싸게 팔 수 있기 때문이다. 그러나 좋은 차를 가진 사람은 정보 비대칭성으로 제값을 받기 어렵기 때문에 중고차 시장에 차를 내놓지 않게 된다. 또한 중고차를 사려는 사람들은 '비지떡'에 불과한 중고차를 비싸게 사지 않을까 걱정한다. 그래서 중고차 시장에는 겉만 번지르르하고 성능은 형편없는 '비지떡'들만 난무하고, 이를 구매자들은 외면하게 된다.

이런 정보 비대칭 상황과 관련해 스티글리츠는 이른바 스크리닝(scree ning) 이론을 개발했다. '스크리닝'은 정보를 가지지 못한 측이 거래 상대방의 정보를 캐내고 심사(screen)해서 정보 비대칭 상황을 완화하는 과정이다. 예컨대, 자동차에 대한 정보를 가지지 못한 차량 매입자는 매도자에게 "이 차를 450만원에 줄래요? 아니면 500만원 낼 테니 1년간 보증해줄래요?"라고 질문할 수 있다. 이 경우, 품질에 자신 있는 매도자는 보증을 선택하겠지만, 자신 없는 매도자는 보증을 기피할 것이다. 이런 과정을 통해 매입자는 해당 차량의 정보에 접근해갈 수 있는 것이다.

스티글리츠는 현실에는 시장이 존재하지 않거나 시장이 있더라도 정보의 비대칭성이 일반적이기 때문에 결코 효율적이지 않다고 주장한다.

'보이지 않는 손'이 안 보이는 이유

그는 〈사회주의는 어디로 가는가?〉(1994)에서 자신의 이론을 꽤 대중적으로 정리한다. 경제학자들은 세상의 거의 모든 문제를 시장이 해결해줄 수 있다고 믿지만 몇 가지는 '시장이 해결할 수 없는' 예외로 인정한다는 것.

이런 예외 중 하나가 바로 '외부성'이다. 일반적으로 시장에서는 특정 경제 주체가 다른 사람에게 이득을 주면 그 대가를 받아야 하고, 피해를 주면 그 대가를 지불해야 한다. 그런데 이런 대가를 주고받지 않으면서 이득과 피해를 주는 경우가 있는데 이를 '외부성'이라고 한다. '시장 외부'의 사건인 것이다. 기업이 생산활동을 하면서 환경세 등 대가를 치르지 않고 환경을 오염시키는 경우를 들 수 있다.

경제학자들은 일반적으로 '외부성'이 '예외'적 사건이라고 생각한다. 이와 반대로 스티글리츠는 세상이 이 같은 외부성으로 가득 차 있다고 주장한다. 세상은 당초 시장이 잘 작동할 수 있는 공간이 아니라는 이야기다. 그렇다고 이 세상의 모든 행위마다 전부 시장을 만들 수도 없다. 시장을 만드는 비용도 어마어마하다.

그래서 스티글리츠는 시장에 의존하면 모든 게 다 잘되리라는 경제학자들, 특히 시장만능론자들을 신랄하게 비판한다. 그는 동화 〈벌거벗은 임금님〉으로 애덤 스미스의 '보이지 않는 손'을 풍자한다. 동화에서 임금님의 옷이 보이지 않는 것은 옷이 없기 때문인 것과 마찬가지로, 보이지 않는 손을 볼 수 없는 것은 그 손이 없기 때문이라는 것이다.

우리에게 스티글리츠가 익숙해진 것은 그가 'IMF 위기' 때 세계은행(IBRD) 부총재로 있으면서 한국에 유리한 얘기를 여러 번 했기 때문이다. 예를 들어 그는 국제통화기금(IMF)의 고금리 정책이라든가 균형재정 정책을 신랄하게 비판했다(이는 현재 'IMF 개혁론'의 핵심 논거이기도 하다). 우스운 것은 당시 우리나라 경제학자들이 오히려 IMF의 정책을 충실히 따라야 한다고 주장했다는 사실이다. 'IMF 재협상' 주장이 나왔을 때 난리를 쳤던 바로 그 사람들과 그 언론들, 훗날 참여정부 초기에 대통령 당선자가 스티글리츠를 해외 자문단장으로 임명하려 하자 "월스트리트가 싫어한다"라며 반대했던 청와대 내 인사들이다.

스티글리츠는 어떤 경제에 위기기 왔을 때 그것이 '국가의 개입 때문'이라 예단하고 규제 완화를 주장하는 이론, 시장에 맡겨야 한다는 독단에 강력하게 반대한다. 그는 오히려 새로운 균형점을 찾아 시장에 개입해서 제도를 변경해야 한다고 주장한다. 경제에는 다수의 균형점이 존재하고, 이런 균형점 중에는 '나쁜 균형'도 '좋은 균형'도 있다. 그러므로 경제 상황을 전자에서 후자로 옮기는 제도를 설계해야 하는 것이다. 이런 면에서 스티글리츠는 제도경제학자이기도 하다.

그는 동아시아 경제를 고저축-고부채-고성장이 결합된 모델로 봤다(〈동아시아의 기적〉, 1993). 반면 IMF가 추구하는 모델은 저저축-저부채-저성장 모델이며 지금 한국에 구현되어 있다. 스티글리츠는 IMF가 왜 더 나쁜 모델로 가도록 강요하는지 비판한다(〈동아시아의 기적을 다시 생각한다〉, 2001).

특히 동아시아의 성장이 생산성 향상 없이 단지 자본을 퍼부어 이룩

된 것이라는 크루그먼의 비판과 그 기초인 '총요소생산성 이론'을 "근거 없다"라고 비판했다. 스티글리츠는, 크루그먼 등이 의존한 계량경제학적 방법이란 서울부터 부산까지의 거리를 서울에서 광주까지 거리와 부산에서 광주까지 거리의 차이로 계산하는 것과 같다고 조롱한다.

동아시아 경제가 '끼리끼리 자본주의(crony capitalism)'라는 크루그먼의 비난에 대해서는 "부패라는 면에서 미국이 한국보다 더 낫다는 근거가 있느냐"라고 되물었다. 결국 엔론 사태 때 크루그먼은 미국도 '끼리끼리 자본주의'라며 반성했다.

특히 스티글리츠는 한국의 위기를 무분별한 개방으로 인해 무책임한 국제 금융자본과 재벌이 합작한 결과로 설명한다. 그는 새로운 균형으로 가기 위해서는 민주주의적 합의가 필요하다고 강조한다. 바로 그것이 의사결정의 주체까지 바꾸는 '심도 있는 개혁(deep reform)'을 가져올 수 있다고 믿기 때문이다.

30년간에 걸친 그의 이론적·실천적 역정을 가장 대중적으로 소개한 것이 〈세계화, 그 불만의 뿌리〉(2005)이다. 그런 면에서 이 책은 스티글리츠의 대중화라고 할 수 있을 것이다. 러시아 문제든, 동아시아 문제든 IMF는 엉터리 이론에 기초한 만병통치약을 파는 돌팔이였다. 더구나 스티글리츠는 세계은행 부총재를 하면서 정책 방향을 놓고 IMF와 사사건건 부딪쳤다. 그가 보기에 IMF는 잘못된 이론, 미국과 금융자본의 일방적 편들기, 밀실에서의 정책 결정이라는 온갖 오류의 집합체이다.

IMF와 세계화 비판

그러나 그가 세계화 자체를 부정하거나 국제기구가 불필요하다고 주장하는 것은 아니다. 그는 세계화는 필연적이고 또 이 흐름을 제대로 통제할 수 있다면 세계화가 전 인류의 복음이 될 수 있다고 믿는다.

그는 세계화가 제대로 되기 위해서는 IMF와 같은 국제기구가 필수적이라고 생각한다. 시장은 언제나 불완전하고 또 세계경제 차원에서는 각국의 이익 추구가 전체의 실패를 가져오기 때문이다. 마치 시장의 실패를 국가가 교정할 수 있다는 케인스의 주장이 국제적 차원에도 적용될 수 있다고 스티글리츠는 생각한다. 그런 면에서 그는 국제적 케인스주의자로 분류될 수도 있을 것이다.

그러나 그 국제기구가 성공하려면 최소한 자유로운 토론을 허용해야 한다고 그는 역설한다. 특히 IMF나 세계은행의 결정에 생사가 좌우되는 개발도상국 국민들의 목소리가 반영돼야 한다. 요즘 논의되는 IMF 의결권의 조정이 그것이다.

케인스는 전후에 국제청산동맹안(케인스 플랜)을 내놓았다. 그가 새로운 초국적 준비통화로 제안한 방코르는 기축통화 발행국이 다른 나라에 대해 누리는 비대칭적 이익(시뇨리지)을 원천 봉쇄할 것이었다

동시에 케인스는 '청산동맹은행'(결국 IMF로 귀결되었지만)을 통해 각국이 상호간에 경상수지의 잔액만 청산하면 되는 다자간 시스템을 채택하려고 했다. 그러나 이런 제안은 미국에 의해 거부됐고 기진맥진한 케인스는 1946년 4월 세상을 뜨고 말았다. 스티글리츠의 〈국제통화개혁론〉(2007)은 케인스의 핵심을 현대판으로 번안한 것이다.

현재 세계적 금융위기의 배후에는, 미국의 막대한 경상수지 적자(2007년 현재 미국 GDP의 6%)라는 글로벌 불균형이 도사리고 있다. 기축통화를 가진 미국은 막대한 특권(시뇨리지)을 누려왔다. 미국은 다른 나라의 소비재를 많이 구입함으로써 지속적인 경상수지 적자를 기록해왔다. 그러나 경상수지 흑자국(미국에 소비재를 수출한)의 외환보유고는 미국 재무성 증권 구입에 쓰이고 결국 달러는 미국으로 돌아오기 마련이었다. 이런 과정을 거치면서 미국의 각 경제주체(국가·주정부·가계 등)는 산더미 같은 빚을

지게 되었다.

세계 금융위기와 국제통화 체제 개혁

이 같은 글로벌 불균형은 '금융 붕괴의 공포 때문에 유지되는 균형(balance on financial terror)'이기도 하다. 즉, 미국의 경제 시스템이 무너지면 세계적 금융공황이 불가피하기 때문에 유지되는 기묘한 균형인 것이다. 세계 각국이 달러 가치 하락 때문에 재무성 증권을 팔기 시작한다면 순식간에 붕괴될(금융 테러를 감수하고서라도) 위태로운 균형이기도 하다.

스티글리츠는 〈국제통화개혁론〉에서 케인스와 마찬가지로 자본시장의 통제와 관리·고정환율제를 주장했다. 이는 월스트리트 등 세계적 금융 대자본의 이익을 전면 부정하는 것이기도 했다. 그러나 이런 구상이 제도화되지 않는다면 금융위기가 불가피하다고 스티글리츠는 역설했다. 이 구상은 금융위기를 맞아 유엔이 스티글리츠에게 맡긴 '전문가위원회 제안'(2009)으로 다시 세상에 나왔지만 G20은 이를 채택하지 않았다.

스티글리츠는 미시경제학에서 거시경제학 그리고 환경문제까지 다루는, 현존하는 세계 최고의 경제학자이다. 그는 신케인스주의자라 분류되지만 그가 다루는 분야는 어느새 케인스를 넘어섰다. 그는 동아시아에서 새로운 자본주의의 미래를 본다. 그는 한국이 미국식 자본주의를 추구하다 한·미 FTA까지 가버린 것을 한탄한 바 있는데, 이는 금융위기를 맞은 지금 다시 되돌아볼 만한 일이다.

시사인 / 105호 / 2009.09.15.

차라리 혁명을 준비하렴

아이야, "미안하고 또 미안하다". 이 말밖엔 더 할 말이 없구나. 세상을 바꾸겠노라, 너희 나이에 온몸을 내던졌던 우리가, 너희를 이렇게 만들었구나.

우리의 아버지 어머니들은 전쟁을 겪었고 아주 평등한 상태에서 젊은 날을 시작했단다. 우여곡절을 겪었지만, '유상몰수, 유상분배'의 결과인 지가증권은 한국전쟁을 거치면서 휴지 조각이 됐고, 이 땅에서 지주계급이 없어졌기 때문이지. 1950~60년대에 우리보다 훨씬 잘살던 중남미·동남아 국가보다 우리가 잘살게 된 데는 지주계급이 없어진 것도 한몫을 했을 게 틀림없단다.

우리는 몽당연필을 다시 볼펜 껍데기에 박아 쓰고 끼니마다 형제들 간에 반찬 싸움을 벌였지만 그래도 우리는, 물론 우리 부모두 앞으로 우리의 삶이 좋아질 거라는 사실을 추호도 의심한 적이 없었단다. 그래서 형제자매도 많았던 거겠지.

1인당 국내총생산(GDP) 2000달러 시절에 그랬다는 게 믿어지지 않겠지? 지금은 아이 키우는 게 너무 힘들어 하나 낳는 것도, 아니 결혼하는 것도 망설여지고, 심지어 연애도 사치처럼 느껴지는데… 바로 그 수치가 2만5000달러에 육박하는 이 나라에서 왜 이럴까?

아이야, 미안하다. 우리가 그렇게 만들었단다. 특히 1997년 외환위기를 맞으면서 "남부럽지 않게 산다"는 게 그리 녹록지 않다는 걸 알아차리곤 바로 '내 새끼'를 위한다는 이유로 극단의 경쟁을 벌였단다. 좋은 대학을 보내기 위해 사교육 경쟁을 벌이고, 그래도 뭔가 남겨줘야 한다고 부동산 경쟁에 뛰어들어서 결국 너희들이 암기밖에 모르고, 졸업해선 자기 월급 모아서 집 사는 게 불가능하도록 만들었단다.

피케티 방식대로 우리나라의 민간순자산을 사들이는 데 순국민소득 몇년치가 필요한지 계산하니까 7년 정도가 나오는구나. 선진국 중에서도 최고 수준의 자산불평등이 이 나라에 일어난 거지. 서울에서 집을 사려면 너희 월급의 30%를 저금한다고 해도 30년이 걸린단다.

물론 그건 평균 수준의 직장을 얻었을 때 얘긴데, 불행하게도 너희들의 상대적 실업률〔핵심생산인구(30~54살) 실업률 대비 청년(16~29살) 실업률〕은 3.51배로 세계 최고란다. 일자리의 86%는 중소기업이 차지하고 있는데 대학을 나온 너희들이 월급도 반이고 안정성도 없는 중소기업엔 가지 않기 때문이겠지.

아이야, 정책이 없는 건 아니란다. 교과서에 나오는 대로 "직업에 귀천이 없다"면 너희들은 얼마든지 일자리를 구할 수 있을 테지. 또 그러려면 당연히 정규직, 비정규직 간의 격차도 없어져야 하겠지. 하지만 그 정도의 '개혁'도 힘이 부치는구나. 장관 청문회 때마다 보듯 최상류층은 '위장전입', '병역기피', '부동산 투기'라는 불공정 경쟁을 일삼는데, 그런 사람들이 선거 때마다 백전백승이니 어쩌겠니?

어쩌면 아이야, 너희들은 혁명을 해야 할지도 모르겠다. 물론 레닌이나 마오쩌둥 식의 혁명은 절대로 아니겠지. 우리는 도저히 상상할 수 없는 그런 혁명을 준비해야 할 거 같구나. 하지만 아이야, 그래도 희망은 있단다. 너희 또래인 이길보라 감독의 얘기를 들어보렴.

"기성세대는 짱돌, 화염병이라도 던져본 연대의 경험이 있지만 우린 애당초 연대하는 법을 경험하지 못한 채 '저 아이를 밟고 일어서야 내가 산다'고 배워왔다. … 내가 길에서 배운 건, 그래도 포기하지 말아야 한다는 거, 우리의 생은 너무 짧은데 한 것도 없이 벌써 지치면 안 된다는 거, 친구들과 연대해서 우리가 살, 더 나은 공동체를 만들어야겠다는 거다."(《한겨레》 4월 25일치)

이런 게 바로 혁명의 마음가짐 아닐까? 각자도생이 아니라, 친구들과 연대해서 더 나은 공동체를 만드는 것, 바로 거기에 너희의 살 길이 있을 거야. 바로 21세기 혁명의 시작이겠지. 우리 아이들에게만은 최루탄 냄새를 맡게 하지 않겠다던 우리가 이런 얘기를 하다니, 미안하고 또 미안하구나.

한겨레신문 / 세상 읽기 / 2015.06.01.

등수 경쟁에서 구출하기

진보 성향 교육감 13명이 당선되었다. 한국 교육은 세월호 전·후로 나뉘어야 한다. 교육 현장에 변화가 온다면, 그 슬픈 참사가 우리 아이들의 생명을 구하는 계기가 되지 않을까.

"선거 다음 날인 6월 5일이 마감입니다." 내 원고 '담당'인 차형석 기자의 메시지가 전해진 순간, 이 글의 주제는 정해졌다. 내 아무리 경제 쪽 칼럼을 맡았다고 해도 여전히 김이 모락모락 피어오르는 주제를 잡아야 하지 않겠는가? 하여 밤새워 텔레비전에서 반짝이는 숫자들을 들여다보고 컴퓨터 앞에 앉아 있었지만 마땅히 쓸 거리가 떠오르지 않는다. 선거를 치르면서 '이거다' 싶었던 생각들은 그저 '감'일 뿐 아무런 근거가 없다. 예컨대 "베이비 부머인 50대는 여전히 여당을 지지했을 거다" "이번에 그나마 야당이 참패하지 않은 것은 세월호 탓에 30~40대 앵그리 맘들이 마음을 돌렸기 때문이다" 등등이 그러하다.

확실한 것은 17개 광역시·도 중 13개 지역에서 진보 성향의 교육감이 당선되었다는 사실뿐이다. 세월호는 확실히 교육을 정치로부터 분리한 것처럼 보인다. 교육감 후보들의 정당 기호가 없다는 사실도 이런 결과에 일조했을 것이다. 박원순 서울시장 당선자의 말대로 "한국의 역사는 세월호 이전과 이후로 나뉜다." 아니 나뉘어야 한다. 세월호 참사는 아이들의 교육에 대해 깊이 생각해보게 하는 계기가 되었다. 적어도 '아이들이 살아 돌아오기만 하면'이라는 가정 아래 우리가 애들에게 할 수 있는 모든 일을 상상해보았을 것이다.

한국의 교육은 구조적인 문제를 안고 있다. 비교 대상이 될 만한 나라

중에서 최악의 자산불평등을 가진 나라(내가 일하고 있는 연구원에서 계산한 바에 따르면 한국의 피케티 지수 β(민간순자산/국민소득)는 7.4로 이탈리아와 일본, 프랑스보다도 높다), 임금격차 또한 세계 최악의 수준이며, 사람들의 사회적 지위가 대학 서열에 따라 정해지는 나라에서 현재의 극단적 경쟁 교육은 필연이다.

말코큰뿔사슴의 끝없는 '등수 경쟁'이 가져온 불행

한국에서 대학에 들어가기 위한 입시 경쟁은 50만명이 한꺼번에 치르는 '죄수의 딜레마'다. 암기식 입시교육, 나아가 사교육을 안 할 도리가 없지만 모두 똑같은 노력을 한다면 등수는 그대로일 것이다. 아이만 괴롭히고 성과는 없는 경쟁, 모두에게 손해인 경쟁에 우리는 아이들의 생명을 내맡기고 있다. '할아버지의 재산, 엄마의 정보력, 아빠의 무관심'이 승리의 비결이라는 우스갯소리는 이 게임의 핵심을 정확히 짚고 있다. 안 할 도리가 없는 경쟁이지만, 보통 집안이라면 거의 100%의 확률로 패배가 정해진 게임에 아이들을 몰아넣고 있다. 등수 경쟁은 '상대적 지위 경쟁'이다. 경제학자 프랭크(R. Frank)가 〈경쟁의 종말〉에서 지적했듯이 가장 나쁜 경쟁이다. 말코큰뿔사슴은 우수한 암컷을 차지하기 위해 큰 뿔을 가지는 방향으로 진화했지만 결국 점점 큰 뿔을 가지게 된 이 종은 사자의 공격에 취약하게 된다. 등수 경쟁은 끝이 있을 수 없다.

　애서모글루(D. Acemoglu)와 크레머(M. Kremer), 그리고 미안(A. Mian)은 2008년에 고강도 유인(high powered incentive)이 '노력의 구성'(원래의 목적을 달성하기 위해 해야 할 노력)을 왜곡할 수 있다는 글을 발표했다. 예컨대 의료 분야에서 의사가 병원 수입을 늘리도록 장려한다면 그들은 고가의 장비를 불필요하게 사용하려 들 것이고, 기소를 많이 하는 검사에게 승진 기회를 더 준다면 그들은 범죄자를 양산하게 될 것이다. 교육 또한 그렇다. 학교들이 일제고사의 순위에 신경을 쓴다면 점수 올리기 좋은 과목만 집중적으로 가르치려 들 것이기 때문이다. 이들이 한국의 교육 실태를 알았다면 이런 주장의 가장 좋은 증거가 되었을 것이다. 애서모글루 등은 수익성이 유일한 목적일 수 없는 분야, 즉 공공성이 강한 분야에서는 '저강도 유인'을 사용해야 하며 이것이야말로 정부가 해야 할 일이라고 강조한다.

경쟁을 줄이기 위해서는 사회의 각종 불평등을 줄이는 노력을 해야 한다. 피케티가 제안한 자산세도 그중 하나일 것이다. 물론 제아무리 진보적이라 할지라도 교육감 13명이 이런 근본적 치료를 하거나 대학입시 자체를 바꿀 수는 없다. 하지만 평소에 50만명의 등수를 매기는 일제고사를 없앨 수는 있으며 사교육을 공교육으로 흡수하는 방법도 고안해낼 수 있다. 역사 교과서나 경제 교과서의 편협성을 누그러뜨릴 수도 있을 것이며 나아가서 '혁신학교'의 경험을 바탕으로 장기 교육개혁의 청사진을 제시할 수도 있을 것이다.

아이들과 학부모, 그리고 교사가 이런 개혁에 동의하게 된다면 비로소 우리는 아이들을 이 거대한 '세월호'에서 꺼낼 수 있을 것이다. 세월호 참사가 과연 우리 아이들의 생명을 구하는 계기가 될 수 있을까? 13명 교육감이 그 답을 쥐고 있을지도 모른다.

시사인 / 352호 / 2014.06.16.

촛불의 진화

5년 전과 달리 지금 국정원 사태는 젊은이에게 실감나는 이슈가 아닐지도 모른다. 청년 일자리, 전세금 폭등 같은 다른 민생 문제와 결합한다면 촛불은 가을에도 타오를 수 있을 것이다.

8월 14일 서울광장에서 마이크를 잡았다. 2008년 100일 이상 서울광장과 그 주변을 함께 누볐던 '전우', 지금은 〈프레시안〉의 기자가 된 이명선 아나운서의 눈물 어린 협박 때문이었다. 〈프레시안〉이 5년 전처럼 서울광장을 인터넷 생중계하겠다는데 어찌 마다하랴.

하지만 고품격 인터넷 신문 〈프레시안〉의 방송장비는 최악이었다. 카메라도 달랑 한 대인 데다 무선 마이크마저 없어서 카메라에 달린 선 짧은 마이크에 둘이 얼굴을 맞대다시피 해야 했다. 화면에 얼굴이 어떻게 비칠까 신경 쓸 만한 우리의 미인(?) 여기자는 워낙 '막장 방송'에 익숙해서 그런지 아랑곳하지 않았다. 우리는 '막장 방송'의 베테랑답게 30분 넘는 방송을 무사히 마쳤다. 어스름과 함께 광장을 메우는 사람들을 물끄러미 바라보다 문득 "5년 전과 뭐가 다를까?"라는 생각이 스쳤다.

5년 전에는 미국을 방문한 대통령의 한마디 때문에 여중생들이 먼저 뛰쳐나왔다. "나 이제 15살, 살고 싶어요"라는 팻말을 목에 걸고. 2008년 그 어느 누구도 예상하지 못했던 대폭발의 시작이었다. 아이들에 이어 미니스커트 부대가, 유모차 부대가, 그리고 예비군 부대가 광장으로 모여들었다.

반면 국정원의 선거 개입은 젊은이들에겐 그리 실감나지 않을지도 모른다. 마치 유신 시대로 돌아간 듯, 정보기관이 선거에 개입한 이 사건이

슬그머니 묻혀버린다면 앞으로 우리는 어떤 선거 결과도 믿지 못할 것이다. 하지만 유신 시대를 경험하지 못한 세대에게 이번 사건이 과연 피부에 와 닿고 살이 떨리기까지 할까? 그래서 유독 50대 이상이 눈에 많이 띄는지도 모른다.

문득 참여정부 초기, 이른바 4대 악법 개폐에 정권의 명운을 걸었다가 결국 진흙탕 싸움 속에서 민생을 내팽겨쳤다는 비난을 받은 기억이 떠오른다. 민주당이 광장으로 나오기 전까지 새누리당의 전략이 바로 국정원 사건을 정쟁의 진흙탕에 밀어넣는 것이었다. 뜬금없이 NLL 문제를 꺼내들고 적반하장으로 남북정상회담 대화록의 존재 유무까지 지리한 싸움으로 만들어놓고선 후안무치하게도 이젠 민생 문제로 돌아가자고 주장하는 새누리당의 전략은 이번에도 유효할까.

5년 전 광우병이 우려되는 쇠고기 수입 문제는 자연스럽게 우리의 삶을 직접 건드리는 각종 민영화 문제, 그리고 4대강 사업으로 확장됐다. 이번에는 정부의 세법 개정안이 서울광장에 민생 문제가 등장하도록 만들었다. 하지만 민주당이 '세금폭탄'이라는 잘못된 틀을 사용하는 바람에 곧바로 박근혜 대통령의 반격을 받았다. 웬만한 문제에는 '침묵은 금'이라는 격언을 실천하던 대통령도 지지자의 불만이 높아지자 즉각 "원점에서 재검토"를 지시하는 놀라운 순발력을 발휘했다.

'어명'을 받들어 기획재정부가 하루 만에 내놓은 수정안은 총급여 3450만원에서 5500만원 사이 중산층의 증세를 없던 일로 되돌리는 것이었다. 중산층 유리 지갑에 대한 '세금폭탄'을 거둬들였으니 이제 "그 입 다물라"는 얘기다. 다행히 민주당이 '부자 증세'로 방향을 틀어 이명박 감세의 원상복구 등을 내걸었지만 이미 김이 새버린 건 사실이다.

'e—시민회의' 통해 시민의 요구 사항 정리할 수도

이번 촛불은 가을에도 타오를까? 만일 현재의 국정원 문제가 다른 민생 문제와 결합된다면 가능할 것이다. 가령 어르신들은 은근슬쩍 줄어든 '노인 연금'에 불만일 것이고, 20대들은 박근혜 후보의 반값 등록금이나 청년 일자리 공약을 따져 물을 수 있다. 무엇보다도 당장 제기할 수 있는 문제는 전세금 폭등이다. 아마 올가을 절정에 이를 이 문제에 대해서 전세금 상한제를 요구하는 것이 필요하지 않을까.

5년 전에 비해 언론 상황은 훨씬 나쁘다. 조·중·동은 물론 방송 3사도 촛불을 철저히 외면하고 있다. 그 많던 인터넷 1인 방송도 별로 보이지 않는다. 하지만 이 가을에 편안하게 즐길 수 있는 문화행사가 줄줄이 열리면 어떨까? 음악·영화·사진·만화가 어우러진 촛불문화제가 열린다면 촛불은 스스로 어떤 구체적인 목표를 찾아낼지도 모른다.

아예 인터넷에 'e—시민의회'를 만들어서 시민들의 요구 사항을 정리하는 것도 한 방법이다. 5년 전에도 광장의 열기를 바탕으로 인터넷에 정책 공간을 만들려는 움직임이 있었는데, 이번의 차분한 흐름은 그 시도를 실현하기에 더 좋은 상황이 아닐까? 집에도 가지 않고 100일 동안 방송하는 게 아니라면 나도 짬짬이 서울광장에 나가서 지금 경제가 어떻게 흘러가는지 시민들과 이야기를 나눌 수 있으리라.

시사인 / 310호 / 2013.08.20.

'홍준표 지사여, 대처는 죽었다'

홍준표 지사는 시대착오로 판명난 대처의 뒤를 따르려는 것일까. 의료를 시장에 맡기면 그만이라는 건 한 시대의 광신이었고, 그 우상인 대처는 죽었다.

철의 여인이 세상을 떴다. 한때, 여야 가릴 것 없이 한국의 정치인은 그녀를 자신의 이상형으로 꼽았다. 하지만 당시에도, 그리고 지금도 영국 시민의 시선은 둘로 나뉜다. '역사로서의 현재'를 의식하면서 당대의 삶을 살아낸 사람들의 시선은 따가울 수밖에 없는데, 특히 두 명의 켄은 신랄하다. 먼저 그녀가 총리일 때 런던 시장을 지낸 켄 리빙스턴은 이렇게 말한다. "그녀는 오늘날 주택 위기를 만들어냈다. 그녀는 은행 위기를 만들어냈다. 그리고 그녀는 실업수당의 위기를 만들어냈다. …실로 우리가 오늘날 맞고 있는 모든 현실적 문제는 그녀가 근본적으로 잘못한 일들의 유산이다." 대처 스스로 최고의 초기 업적으로 꼽는 탄광노조 탄압을 소재로 한 영화, 〈케스〉를 감독한 켄 로치는 더욱 독하다. "마거릿 대처의 장례식을 민영화하자. 경매에 올려 가장 싼 가격의 장례업체에 맡기자. 그게 그녀가 원했던 방식이니까." 이 두 명의 켄은 죽은 자 앞에 최소한의 예의도 없는 것일까?

마거릿 대처, 그녀는 지난 30년간 전 세계를 휩쓴 신자유주의, 시장만능주의의 시대를 열었다. 2008년 금융위기로 그 시대는 막을 내렸지만 "그녀가 근본적으로 잘못한 일"은 지구 반대쪽, 한반도 남녘에서 재현되고 있다. 홍준표 경남지사는 진주의료원을 폐쇄하겠다고 나섰다. 이유는 강성 노조 때문에 의료원이 "돈 먹는 하마"가 되었기 때문이란다. 영국민에게 남은 유일한 자존심, 국가의료체제(NHS)의 해체는 대처의 소원 중 하나였다. 의료 부문에서는 시장이 제대로 작동할 수 없다는 것은 케네스 애로의 논문 〈불확실성과 의료의 후생경제학〉 이래 경제학자들의 상식이다. 표준 경제학 교과서에 나오는 '시장 실패'가 다 관찰될 뿐 아니라 가장 높은 수준의 위험과 불확실성이 넘실대는 곳이 의료 부문이다. 의사와 환자 사이에는 만리장성과 같은 정보의 비대칭성이 있고 민간 의료보험 회사와 대형 병원은 '단물 빨아먹기(cream skimming)'로 돈을 벌 수 있다. 의사와 환자 사이만큼 정보의 비대칭성이 극심한 경우는 좀처럼 찾을 수 없다. "MRI를 찍어야 하고 3일 입원해야 한다"라는 의사의 말을 거부할 수 있는가? 또한 치료의 불확실성이 존재하기 때문에 병원비를 미리 알 수 없으니 값싼 진료를 선택할 방법도 없다. 반면 병원은 건강보험 비급여 부분(MRI나 초음파 촬영, 고급 병실처럼 보험금이 나오지 않는 부분)을 늘려서 이익을 확보할 수 있다. 민간 병원이 보통 병실의 장기 입원 환자를 거부하는 것도 이 때문이다.

　이런 시장 실패가 공공의료기관이 존재해야 하는 이유이다. 설령 시장이 훌륭하게 성공한다 해도 시장은 돈 없는 사람의 필요를 충족시켜주지 않는다. 예컨대 필수 약품 시장, 식량 시장은 시장 실패의 사례가 아니지만 사하라 사막 이남의 에이즈 환자들은 약품을 살 돈이 없어서 죽어가고 북한 주민도 마찬가지다. 이것이 시장의 '근본적 한계'다.

대안이 있다면 내놓고 토론하라

그러므로 시장 이전에 우리는 인간의 존엄성을 지키기 위해 충족시켜야할 필요를 정의해야 한다. 존 롤스가 기본재라고 부른 것, 아마르티아 센이 필수 능력이라고 부른 것, 바로 '공공성'이다. 공공성의 외연은 시대와 사회에 따라 사뭇 다르다. 즉 그것은 우리가 지금 정치적으로 합의해야 할 일인 것이다. 예컨대 "돈 없어서 굶어 죽으면 안 되고, 돈 없어서 치료를 못하면 안 된다"라는 합의는 시장보다 훨씬 앞선다. 1995년 드라마 〈모래시계〉는 평균 시청률 45%, 순간 시청률 75%를 기록했다. 홍준표 지사는 이 드라마의 주인공 중 강우석 검사(박상원)의 모델이었다. 그는 1993년 슬롯머신을 수사하면서 카지노 업계의 대부 정덕진, 그리고 돈을 받고 이 사건을 무마하려 했던 이건개 당시 대전고검장마저 구속시켰다. 그의 눈에는 진주의료원의 노조가 조폭이고, 그를 말리는 보건복지부는 비리 상사로 보이는 것일까? 하지만 그가 지금 구속한 것은 국민이 합의한 공공성이요, 정치다. 물론 사회적 권리로서의 필요를 충족시킬 더 나은 방법이 있을지도 모른다. 그걸 토론하라고 있는 게 정치다. 정치를 시장이 대신할 수 없는 것은 물론이고 법도 능사가 아니다. 홍 지사는 이제 명백히 시대착오로 판명난 대처의 뒤를 따르려고 하는 것일까? 의료 공공성을 지금보다 더 훌륭하게 충족시킬 다른 대안이 있다면 그것을 내놓고 의회와 토론하는 것이 바로 도지사가 할 일이다. 시장에 맡기면 그만이라는 건, 한 시대의 광신이었고, 그 우상은 이미 죽었다.

시사인 / 292호 / 2013.04.23.

참척 양산하는 '휴먼 삼성'

김명복씨는 아들 김주현씨를 냉동고에 둔 채 49재를 맞았다. 김씨의 바람은 하나, 삼성전자의 '공개 사과'이다. 그러나 회사는….

참척(慘慽)이라는 게 있다. 소설가 박완서는 그 고통을 이렇게 토로했다. "자식을 앞세우고 살겠다고 꾸역꾸역 음식을 처넣는 에미를 생각하니 징그러워서 토할 것만 같았다." 전쟁 영웅 이순신 장군도 다를 바 없었다. "하늘이 이다지도 어질지 못한가? 간담이 타고 찢어지는 것 같다. 내가 죽고 네가 사는 것이 올바른 이치인데… 네가 죽고 내가 살다니 이것은 이치가 잘못된 것이다.…내가 죄를 지어서 그 화가 네 몸에까지 미친 것이냐?" 전 세계를 뒤흔든 서양의 천재 역시 마찬가지였다. "집은 휑하고 황폐해졌다. 아이가 죽었기 때문이다. 그 아이는 이 집의 생명이고 영혼이었다." "내 아이의 죽음은 나를 뿌리부터 뒤흔들었다. 나는 마치 어제 일이었던 것처럼 예리하게 아픔을 느낀다. 내 불쌍한 아내는 완전히 무너졌다."(카를 마르크스)

여기 또 하나의 참척이 있다. 지난 월요일 김명복씨는 아이를 냉동고에 둔 채 49재를 맞았다. 잊어야만 할 고통을 외려 부여안고 있다. 무엇이 그를 이리도 모질게 만들었는가.

삼성전자 근로자 2조 2교대에 14~16시간씩 근무

키가 186cm나 되는 스물여섯의 고 김주현씨는 1월 11일 6시 44분 흑빛 새벽에 자살했다. 그가 근무하던 삼성전자 탕정기숙사 13층에서 떨어졌다. 그의 죽음은 예고된 것이었다. 우울증으로 2개월의 병가 뒤 복귀한 바로 그날이었다. 주치의는 5개월의 안정과 치료가 필요하다고 했지만, 회사는 병가 휴직이 최대 2개월이라고 대답했다. 새벽 6시14분, 창문턱에 걸터앉아 있던 그를 발견한 안전요원은 그저 방에 데려다주었을 뿐, 1분 만에 바로 철수했다.

바로 일주일여 전인 1월3일에도 투신자살자가 있었다. 그 이전에도 삼성전자 기흥공장과 탕정공장에서 스스로 목숨을 끊는 젊은이가 줄을 이었다. 이들은 '12시간 근무=기본'이라고 노트에 썼다. '1년은 나 죽었다'라는 메모도 있다. 사실상 2조 2교대 아래서 14시간에서 16시간을 일하기도 했다. 설비 엔지니어가 없어서 퇴근할 수도 없었고 밥도 제때 못 먹었다. 자다가도 부르면 나가야 했다.

솔제니친의 〈수용소 군도〉나 북한의 어느 공장 얘기가 아니다. 지난해 매출 153조7600억원, 영업이익 17조2800억원에 빛나는 세계적 기업 삼성 이야기다. 아마도 죽어간 이들이 합격 통지를 받고 뛸 듯이 기뻐했을, 바로 그 기업 이야기다.

삼성 계열사에서 백혈병 등 희귀병 사망자 46명 발생

'또 하나의 가족, 삼성'은 사건이 발생한 지 1시간이 지나도록 가족에게 연락도 하지 않았다. '휴먼 삼성'은 김명복씨를 근처 모텔로 데려가서 "1년 연봉 2760만원과 퇴직금, 그리고 위로금을 주겠다"라고 했다. 함께 울고 웃었을 김주현의 동료들은 인솔자를 따라 조를 짜서 조문을 왔고 금세 돌아갔다. 경찰은 사망한 지 50일이 지났는데 아직도 수사 중이라는 말만 내세우고, 고용노동부는 근로기준법과 산업안전법 위반 내용을 조사만 하고 있다. 취업규칙이 영업 기밀이라며 공개하지 않을 정도이니 '글로벌 삼성'에 노조가 없는 건 불문가지다.

'초일류 삼성'은 참척을 양산했다. 클린룸에서 방진복을 입고 화학약품을 다루던 김주현씨는 피부병으로 고생했다. 삼성전자·삼성LCD·삼성전기에 근무하던 젊은이 중 46명이 백혈병 등 암이나 다른 희귀병으로 사망했다. 반도체 공정에 들어가는 화학물질이나 유해 요인도 '기업의 영업비밀'이어서 공개할 수 없다니 역학조사도 제대로 할 수 없다. 근로복지공단은 모든 산재 신청을 기각했고, 가족들이 억울해서 제기한 행정소송에 피고 보조 참가인으로 삼성 쪽 변호사들을 불렀다.

김명복씨의 요구는 단 하나다. "과실 책임을 인정하고 공개 사과하라"는 것이다. '인재와 기술을 바탕으로 최고의 제품과 서비스를 창출하여 인류 사회에 공헌한다'는 삼성이 눈곱만큼의 예의도 없다는 말인가.

역시 참척의 고통을 당한 에릭 클랩턴은 이렇게 흐느꼈다. "천국에서 너를 만나면 내 이름을 기억할 수 있겠니? 언제나처럼 변함없을 거니?"('천국의 눈물') 우리 아이들이 천국에서라도 행복할 수 있어야 하지 않겠는가. 더 이상 참척이 계속되도록 그냥 둘 수는 없지 않은가.

시사인 / 182호 / 2011.03.17.

경제도, 민주주의도 죽이려는가

금융의 사적 운영을 한껏 부추긴 탓에 현재의 금융위기가 발생한 것처럼 언론의 사적 이익 추구는 결국 민주주의를 사멸시킬 것이다.

2008년 말, 대통령이 또다시 '경제논리'를 들고 나왔다. "방송통신은 정치논리가 아니라 실질적인 경제논리로 해나가야 한다"라는 것. 여기서 정치논리란 아마도 방송의 공공성(공익성) 논의일 것이고 경제논리란 예의 '글로벌 미디어 산업 육성'을 말할 것이다.

한국에서 글로벌 산업 육성이라는 논리가 무엇을 의미하는가에 관해서는 이미 썼으므로(경향신문 2008년 12월31일자) 여기서는 방송의 미시경제학쯤에 해당하는 걸 한번 생각해보기로 하자.

우선 공중파는 말 그대로 '공공재'이다. 새뮤얼슨의 정의에 따르면 공공재란 비포화성과 비배제성이라는 특성을 지닌다. 이런 재화의 경우 이기적 인간은 모두 그런 서비스를 원하지 않는다고 대답할 것이므로 시장에 맡긴다면 그 서비스(예컨대 국방)가 전혀 공급되지 않는 결과가 나올 수 있다. 공중파가 바로 그렇다. 누가 KBS를 본다고 해서 그 프로그램이 닳는 것도 아니고(비포화성) 또 누군가를 보지 못하도록 막을 방법도 없다(비배제성).

금융과 언론은 '체제를 구성'하는 산업

그러나 광고가 개입하면 상황은 급반전한다. 광고란 수요자에게 요금을 매기는 대신 오히려 공급자에게 소비량(시청률)에 비례해 보상하는 것이다. 시청자는 돈을 추가로 내지 않은 채 방송사 간의 시청률 경쟁으로 더 재미있는(반드시 유익한 것은 아니겠지만) 프로그램을 보게 되니까 좋고, 방송사는 프로그램 제작비용을 얻으며, 기업은 더 효과적인 광고를 할 수 있으니 모두 이익을 보는 게임으로 보인다.

광고 비용은 다른 곳에서 발생한다. 이제 광고주는 대단한 권력을 지니게 된다. 이들은 무엇보다도 높은 시청률을 우선하므로 자극적인 프로그램을 생산하며, 동시에 수입을 전적으로 재벌이나 건설회사 광고에 의존하는 방송사가 그들의 비리를 폭로하는 것은 불가능에 가깝다.

정부와 한나라당이 노리는 것이 바로 이 지점이다. 예컨대 '삼성-중앙방송'이 생기고 그들의 프로그램이 대기업의 이익을 충실하게 옹호한다면 광고는 그쪽으로 몰릴 것이다. KBS1이나 MBC가 이런 광고 수주 경쟁에서 얼마나 의연할 수 있을까.

그런데 기업은 광고비를 물건 값에 반영해서 고스란히 소비자에게 전가할 수 있다. 결국 국민이 시청료를 더 낸 것과 다름없게 된다(어떤 프로그램을 본 시청자와 그 프로그램의 광고 상품을 사는 소비자가 동일하지는 않겠지만). 어차피 우리가 제작 비용을 대는 것이라면 기업에 편향된 선정적 프로그램만을 택할 이유는 전혀 없다.

또 하나 고려해야 할 것은 언론이라는 서비스의 속성이다. 금융이 경제의 핏줄이라면 언론은 민주주의의 핏줄이다. 그런 면에서 금융과 언론의 경제학적 성격은 체제재(system goods)이다. 체제를 구성하는 산업이 망하게 되면 공적자금, 즉 세금으로 구제할 수밖에 없다. 이것이 바로 언론(금융) 공공성의 핵심이며 이런 체제재를 사적으로 운영하면 그 사회는 필연적으로 붕괴한다. 금융의 사적 운영을 한껏 부추긴 결과가 현재의 금융위기이며 언론의 사적 이익 추구는 결국 민주주의를 사멸시킨다.

경제학이 제시하는 결론은 이런 정도일 것이다. 방송은 공공재이며,

더 넓게 언론은 민주주의라는 필수불가결한 사회 시스템을 유지하는 체제
재이다. 따라서 시장이 언론의 비용을 댈 수도 없고 그래서도 안 된다. 광
고는 언론을 시장에 맡기는 수단이지만 결국 그 비용은 소비자가 부담하
며 체제재로서의 언론을 고사시킬 가능성이 높다. 어차피 소비자=시청자
(구독자)=납세자가 비용을 부담하는 것이라면 차라리 우리가 직접 비용을
대는 것(시청료·구독료 일부)이 낫다.

그러나 이것이 옛 소련의 이스크라나 평양방송처럼 국영언론을 의미
해서는 안 된다. 시민이 직접 운영하는 방송. 이것이 경제학적 해법이다.
물론 시민의 목소리는 자신이 속한 계급이나 지역, 그 외의 여러 이유로 다
양할 수밖에 없다. 이명박 정부가 추진하는 방송법·신문법이 통과된다면
가난한 사람이나 지방의 목소리는 철저하게 배제될 것이다. 아니 자기가
지방에 사는 가난한 사람이라는 사실조차 잊게 될지도 모른다. '경제논리'
를 대기업 CEO 수준에서 이해하면 경제도, 민주주의도 죽는다.

시사인 / 69호 / 2009.01.05.

저 빌어먹을 '게임'

정부는 종부세를 폐지하고 각종 부동산 규제를 풀어 다시 한번 '투기 게임판'을 벌이고, 국제중학교를 세워 초등학생까지 '사교육 게임'에 던져넣고 있다.

해봤자 질 게 뻔한 게임을 당신 아이들이 기를 쓰고 하려 한다면 어떻게 하겠는가? 실낱 같은 희망에 온몸을 거는 그 불굴의 의지를 찬양·고무하겠는가, 아니면 그 게임을 그만두게 하겠는가?

참 바보 같은 질문이지만 우리가 바로 그 아이들이고 그 게임은 교육 경쟁이다. 우리는 지금 58만명을 줄세우는 게임을 한다. 도대체 왜 우리는 아이들 이마에 숫자를 낙인히려는 것일까? 사교육 게임은 앞선 자리를 차지하려는 경쟁이다. 나 혼자 이 게임을 외면하는 것은 거의 불가능하다. 대안교육 등으로 이 게임을 거부할 수 있지만 돈도 적잖이 들고 나중에 터져 나올지 모를 아이의 원망 따위는 다부지게 무시할 수 있어야 한다.

바람직하지 않은 선택을 강요한다는 점에서 이 게임은 죄수의 딜레마에 속한다. 만일 58만명이 똑같은 과외를 한다면 등수는 전혀 변하지 않은 채 돈만 낭비하게 될 것이다. 이건 전형적인 죄수의 딜레마 게임이다. 그러나 현실은 훨씬 더 가혹하다. 사교육의 가격은 얼마나 등수를 올리느냐에 따라 매겨질 것이고 결국 이 게임은 돈 많은 사람의 승리를 보장한다. 사교육비 단가가 올라가면 올라갈수록 보통 사람이 이 게임에서 이길 확률은 점점 더 낮아진다. "우리 아이는 다를 거야"라는 로또식 희망이 유일한 위안이다. 모든 사형수가 자신만은 어떻게든 구원받을 것이라는 '은사 특권'에 매달리는 것과 전혀 다를 바 없다.

우리 모두 이 게임을 동시에 그만두는 것 외에는 다른 길이 없다. 국가의 제도를 바꾸는 것은 정치이다. 의외로 정치적 쾌도난마가 우리의 유일한 수단인 것이다. 그러나 우리는 그 정치의 칼로 우리 스스로의 손발을 잘랐다. 대통령을 그렇게 택했고, 특목고와 뉴타운을 들고 나온 후보에게 욕망의 한 표를 던져 수많은 '지못미(지켜주지 못해서 미안해) 의원'을 만들었으며 촛불이 활활 타오르는 속에서도 기어코 공정택씨를 교육감으로 뽑았다.

부동산 투기 게임도 다르지 않다. '내 집 마련의 마지막 기회'라며 너도나도 돈을 빌려 부동산 투기에 뛰어들면 부동산 가격은 오를 수밖에 없다. 이제 착실하게 월급을 저축해서 가족의 보금자리를 마련하는 것은 불가능해진다. 결국 타짜들이 승리하는 투기의 게임에 온 생을 걸 수밖에 없다. 가격이 오르면 오를수록 주식이든 펀드든 투기 게임을 외면할 수 없어진다. 은행원이 예쁜 미소로 권한 그 펀드가 실은 파생상품 투자였다는, 기막힌 현실의 배후에는 투기 게임의 은밀한 그물이 펼쳐져 있었다. 이 빌어먹을 게임을 만든 건 우리가 아니지만 우리 스스로 부질없는 희망 하나에 기대어 점점 더 독한 게임에 빠져들고 있다. 강원랜드와 바다이야기의 주인공은 어떤 미친 사람이 아니라 바로 우리인 것이다.

투기와 생명의 한바탕 싸움이 벌어질 것이다

지금 위기는 자신의 전모를 드러내고 있다. 이번 위기는 중산층의 광범위한 몰락을 가져올 것이다. 660조원에 이른 가계부채의 대부분이 바로 이런 게임에서 비롯됐기 때문이다. 부동산 가격이 하락하기 시작하면 이 게임의 승자로 보였던 이들(과도하게 돈을 빌려 집을 샀던 이들)이 본격적으로 희생당하게 된다. 정부의 '난국 극복대책'이란 한마디로 부동산 붐에 나라 전체의 목숨을 걸겠다는 것이다. 위기를 빌미로 종부세를 폐지하고 재건축 규제와 수도권 규제를 풀어 다시 한번 대규모 투기 게임판을 벌이려는 정부, 국제중학교를 세워 초등학교 아이들까지 게임에 던져넣는 이 정부는 당신을 확인 사살할 것이다.

대안은 우리 모두 알고 있다. 핀란드식 공교육 강화로 아이들을 과외와 경쟁에서 완전히 해방시켜야 한다. 당연히 아이들은 놀이 속에서 상상력과 창조력을 기를 테니, 지금 최하위권에서 헤매는 대학교의 경쟁력까지 향상시킬 수 있다. 종부세를 확대·강화해 부동산 가격을 잡고 공공주택을 늘리면 쓸데없는 욕심을 부리지 않는 한 아담한 보금자리 걱정은 하지 않아도 된다. 부동산과 사교육의 차꼬에 꽁꽁 묶여 있던 중산층 이하의 소비가 풀려날 테니 이 길은 위기의 탈출로이기도 하다. 우리 다 같이 살 길을 모색해야 하지 않겠는가? 수원수구(誰怨誰咎), 무엇보다도 우리 아이들을 살릴 정당이 어딘지 찾아볼 일이다. 바야흐로 투기와 생명의 한바탕 싸움이 벌어질 것이다. 그래도 아이들의 생명을 건 투기를 택할 것인가?

시사인 / 63호 / 2008.11.24.

애끓는 부정

내 무식의 소치겠지만 '애끓는 부정'을 잘 보여주는 서양의 일화는 금방 떠오르지 않는다. 어린 나이에 죽은 아들을 놓고 한동안 충격에서 벗어나지 못한 채 자학하는 마르크스의 편지를 그의 묘 앞에서 떠올렸던 게 내 경험의 전부다. 오히려 소설, 영화에서 끝없이 변주된 오이디푸스 콤플렉스가 서양의 부자 관계를 상징하는 게 아닐까?

가죽 장갑의 '애끓는 부정'

효를 바탕으로 했다는 우리 쪽도 그다지 다르지 않다. 자애로운 어머니와 대비하여 엄부(嚴父)라 표현하는 것은 아무래도 일정한 거리를 느끼게 하며 어느 정도는 대립의 관계를 암시한다. 황산벌 전투에서 죽어 돌아온 아들, 관창을 보고 품일 장군 왈, "나라를 위해 죽었으니 후회할 것 없다"고 절절함을 표현하는 정도가 애끓는 부정이 될까? 물론 '충'으로 버무렸으니 이것도 가능할 터이다.

그 희귀한 애끓는 부정이 2007년 한국 사회를 강타하고 있다. 그것도 뭐 하나 모자랄 것 없는 재벌 총수들의 부정이니 더욱 가상하다. 아버지의 복수를 위해 아들이 나서는 일은 동서고금에 비일비재했어도, 밖에서 맞고 들어온 아들을 위해 직접 가죽 장갑을 끼고 나서는 부정은 21세기 한국에서나 볼 수 있는 일이다.

쇠파이프와 전기충격기까지 동원됐으니 그의 사랑이 얼마나 지극했는지 미루어 짐작이 간다. 안타깝게도 사적인 부정(父情)은 사회적인 부정

(不正)으로 이어졌다. 사건을 덮기 위해 십수억원을 뿌렸고 경찰 간부들에게 로비를 했다. 드물게도 1년6개월의 징역형을 선고받은 김승연 한화그룹 회장은 물론 우울증 등의 이유로 석방됐다.

그러나 여기 훨씬 더 '애끓는 부정'이 있다. 역시 삼성이 하면 뭐가 달라도 다르다. 위 경우처럼 즉흥적이지 않다. 철저히 기획됐고 한 군데서라도 차질을 빚을까, 그야말로 물 샐 틈 없는 대비를 했다. 바로 10여 년에 걸친 삼성 이건희 회장의 사랑이다.

1995년 증여가 그 시작이었다. 단돈(?) 45억원은 그동안 신통방통한 재주를 부려서 무려 조 단위로 몇백 배 뻥튀기됐고, 결국 아들 이재용씨는 삼성이라는 세계적 기업을 지배하게 되었다. 삼성에버랜드라는 회사의 전환사채를 터무니없이 싸게 구입해서 계열사들에 비싸게 파는 방식은 최근 경제개혁연대의 발표에 따르면 제일기획 주식 매각에도 적용됐다. 한편 후계자의 능력을 만방에 떨치기 위해 시작한 이재용씨의 e삼성 사업은 실패했고, 손실은 이번에도 계열사들이 떠안았다.

어찌 사단이 나지 않겠는가. 과거에야 적당히 넘어갔겠지만 외환위기 덕에 도입된 촘촘해진 법의 그물망이 거치적거리게 되었다. 현재 제기되는 것만 해도 삼성에버랜드의 금융지주회사법 위반 혐의, 삼성생명과 삼성카드의 금산법 위반 혐의(그리고 삼성화재의 배임 혐의) 등 여러 가지다.

이 모두를 막으려니 경제부처, 검찰, 국회, 법원, 언론, 학계를 전부 얽어매야 했다. 모두를 공범으로 만드는 것만큼 확실한 보증이 또 어디 있을까. 지난해의 X파일 사건과 김용철 변호사의 폭로는 삼성이 이 모두를 '삼성 가족'으로 만들려고 했다는 증거이다.

온 사회를 뒤흔드는 '애끓는 부정'

자식이 조금 더 편안하게 살기를 바라지 않는 부모가 어디 있을까? 그런 면에서 김 회장이나 이 회장은 온 부모의 귀감이 될지도 모른다. 그래서 이건희 회장이 부럽고 자기 아이들에게 이재용씨처럼 해주지 못해서 미안한가? 그렇다면 우리는 확실히 망한다. 불법과 부정을 '경쟁'이라고 오해하는 사회의 시장경제는 필연코 실패하며 그 결과는 제2의 외환위기이다. 혹시 불법과 부정까지는 아니더라도 아이들을 위한다는 명목으로 우리 모두 불공정 경쟁(예컨대 과외나 부동산 투기)을 꾀하는 것은 아닌가? 그것 또한 천천히 망하는 길이다. 부정(父情)을 버려서 아이들을 공공의 장에서 공정하게 경쟁시켜야 한다. 그것만이 살길이다.

한겨레21 / 687호 / 노 땡큐! / 2007.11.30.

알 수 없어요

5년 전 이맘때 난 똑같은 제목의 글을 에 실었다. 온갖 비리에 휩싸여 있던 야당 후보가 왜 스스로 똑 소리 나게 해명하지 않을까에 대한 의문이었을 게다. 대선의 계절이라 그러는 것일까? 또다시 한용운의 절창이 머리를 떠나지 않는다.

왜 747인지 알면 뒤집어진다

이번에도 야당 후보에 관한 것인데, 5년 전보다 훨씬 더 의문이고, 그래서 더욱 석성이다. 땅투기 의혹이나 주가조자 사건 연루는 아마 시간이 가면서 밝혀질 것이다. 오히려 내 의문은 우리 국민이 왜 그에게만은 이렇게 관대할까이다. 애초에 도덕성 따위는 기대도 하지 않았으니 문제가 없다는 것일까? 국민의 그 큰 뜻을 "알 수 없어요".

뿐만 아니다. 그의 대표 공약이라는 한반도 대운하 역시 조금만 생각해봐도 황당하다는 것을 금방 알 수 있는데도 여전히 목숨이 붙어 있다. 이미 도 집중적으로 다뤘으므로 결론만 말한다면 정책이 가져야 할 세 개의 타당성, 즉 기술 타당성, 경제 타당성, 생태 측면의 타당성이 모두 없다는 것이다. 내 생각에 우리나라 최악의 정책은 새만금 사업인데 그것도 이 정도는 아니었다. 후보와 그 주변 참모들, 그리고 여기에 환호하는 국민 모두 "알 수 없어요".

이번 역시 정책선거는 영 글렀지만 반대자들이 이 후보의 경제정책 기조에 해당하는 '대한민국 747'을 뜯어보고 문제로 삼지 않는 것도 "알 수

없어요". 한번 홈페이지에 들어가 직접 보시라(자세한 비판은 아무 검색 엔진에
나 내 이름을 집어넣으면 나올 테니 참조하시길).

첫 번째 7이 어떻게 나왔는지 알면 아마도 뒤집어질 것이다. 독일 통
일 사례를 보니, 통일 비용이 당시 서독 국내총생산(GDP)만큼 나오더라.
그러니 앞으로 10년간 우리의 GDP가 매년 7%씩 늘어나야 한다는 것이
다. 인구가 일정하다고 가정할 때 1인당 GDP는 4만달러가 되니 두 번째
숫자가 나왔다. 그 정도 GDP면 세계 7위에 해당하니 마지막 숫자도 7이
라는 것이다. 기가 막히다. 이렇게 경제목표를 정하는 수도 있구나, 감탄할
수밖에….

왜 그것밖에 들지 않겠는가. 통일 당시 서독의 GDP는 동독의 세 배
였지만 지금 남북의 격차는 10배 이상이다. 이명박식 주먹구구로 계산하
자면 우리 GDP는 6배 이상 증가해야 하고 그러려면 매년 20%씩 성장해
야 한다. 1인당 GDP 12만달러, 당당 세계 1위이다.

이 747 비행기를 추동할 '5개의 고효율 연료'도 요지경이긴 마찬가지
다. 국가 시스템의 설계로 40조~50조원의 사회경제적 효과, 법질서의 확
립으로 20조~30조원의 사회경제적 효과, 국토 활용성의 제고, 각종 규제
완화를 통해 20조원 이상의 추가 동력 확보, 그리고 미국·아세안·중국·
일본 등과 자유무역협정(FTA)을 적극 추진하는 것이다. 이 근거가 전혀 없
는 숫자들이 어떻게 매년 GDP 7% 증가를 만들어내는 걸까? "알 수 없어
요."

박정희를 그리는 마음

재벌들의 소원인 수도권 규제 완화, 출자총액제한제 폐지, 금산 분리 폐지
가 이뤄지면 재벌들은 은행 돈으로 수도권 땅을 사고 돈 될 만한 기업을 사

들일 것이다. 한반도 대운하와 '전 국토의 준특구화'는 전국에 부동산 붐을 일으킬 테니 거품은 부풀 대로 부풀고 성장률은 높아질 것이다. 그러나 의료민영화, 3불제 폐지 및 자율형 자립고 100개 설립으로 보통 사람의 가랑이는 찢어진다.

　2010년쯤 되면 미국 경제의 파탄, 중국 경제의 위기가 닥쳐올 가능성이 대단히 높다. 이 상황에서 부동산 거품, 주가 거품은 어떻게 될까? 대한민국 747이 갈 곳은 미증유의 공황이다. 그런데도 50% 가까운 국민이 지지한다. 자꾸 내 머리를 어지럽히는 환영은 1930년대 나치에 열광하던 독일 국민의 모습이다. 박정희를 그리는 그 마음, '자유로부터의 도피'를 어떻게 이해해야 할까? "알 수 없어요."

한겨레21 / 685호 / 2007.11.16.

부록 1

부록 1

칼럼 목록(시기별 분류)

칼럼 목록(시기별 분류)

2020년(20건)				
2020.12.22.	젊은 그들의 혁명을 지지한다	경향신문	정태인의 경제시평	서문
2020.12.22.	'탄소중립', 때 놓치고 후회할 텐가	시사인	692호	생태위기
2020.11.24.	동아시아 방역이 '선방'한 이유	경향신문	정태인의 경제시평	생태위기
2020.11.05	미·중에 맞서는 '제3지대'	시사인	685호	동북아 정세
2020.10.27.	전쟁기의 정책	경향신문	정태인의 경제시평	세계경제
2020.09.29.	미·중 기술전쟁서 살아남는 법	경향신문	정태인의 경제시평	세계경제
2020.09.12.	말세를 맞은 한반도의 자세	시사인	677호	생태위기
2020.09.01.	생태위기 극복의 조건	경향신문	정태인의 경제시평	생태위기
2020.08.04.	시베리아 산불과 한국판 뉴딜	경향신문	정태인의 경제시평	생태위기
2020.07.22.	응답하라, 청와대	시사인	670호	문재인 정부의 경제정책
2020.07.07.	비핵-경제 병진노선	경향신문	정태인의 경제시평	한반도와 남북관계
2020.06.09.	한반도 완충지대	경향신문	정태인의 경제시평	한반도와 남북관계
2020.06.03.	문재인 정부가 '그린 뉴딜' 추진하는 이유	시사인	663호	생태위기
2020.05.11.	'한국형 뉴딜'과 그린뉴딜	경향신문	정태인의 경제시평	생태위기
2020.04.18.	이중의 공포에서 벗어나는 길	시사인	656호	한국경제 시평
2020.04.13.	경제회복의 조건	경향신문	정태인의 경제시평	생태위기
2020.03.16.	최고의 방역에 빈곤한 대책	경향신문	정태인의 경제시평	생태위기
2020.02.22.	탄소 순배출량 '0'을 위하여	시사인	648호	생태위기
2020.02.17.	한반도 트릴레마	경향신문	정태인의 경제시평	한반도와 남북관계
2020.01.20.	한·중·일 공통 탄소가격	경향신문	정태인의 경제시평	생태위기

<table>
<tr><th colspan="5">2019년(21건)</th></tr>
<tr><td>2019.12.29.</td><td>'녹색 전환'과 발전국가</td><td>시사인</td><td>640호</td><td>생태위기</td></tr>
<tr><td>2019.12.23.</td><td>온실가스 순배출 제로 시대</td><td>경향신문</td><td>정태인의 경제시평</td><td>생태위기</td></tr>
<tr><td>2019.11.25.</td><td>"이럭저럭 버티기"와 "우왕좌왕"</td><td>경향신문</td><td>정태인의 경제시평</td><td>동북아 정세</td></tr>
<tr><td>2019.11.08.</td><td>아이야, 혁명의 때가 왔구나</td><td>시사인</td><td>633호</td><td>생태위기</td></tr>
<tr><td>2019.10.28.</td><td>너도 나도 '생태 시민'이 되어야 한다</td><td>경향신문</td><td>정태인의 경제시평</td><td>생태위기</td></tr>
<tr><td>2019.09.30.</td><td>노무현 전 대통령의 숙원</td><td>경향신문</td><td>정태인의 경제시평</td><td>한반도와 남북관계</td></tr>
<tr><td>2019.09.11.</td><td>동아시아의 '신냉전'</td><td>시사인</td><td>625호</td><td>동북아 정세</td></tr>
<tr><td>2019.09.02.</td><td>치킨게임에서 벗어나는 법</td><td>경향신문</td><td>정태인의 경제시평</td><td>동북아 정세</td></tr>
<tr><td>2019.08.06.</td><td>아베 총리께</td><td>경향신문</td><td>정태인의 경제시평</td><td>동북아 정세</td></tr>
<tr><td>2019.07.26.</td><td>'반도체 전쟁'의 전화위복</td><td>시사인</td><td>618호</td><td>세계경제와 자유무역협정</td></tr>
<tr><td>2019.07.08.</td><td>역사 문맹과의 대화</td><td>경향신문</td><td>정태인의 경제시평</td><td>동북아 정세</td></tr>
<tr><td>2019.06.21.</td><td>한국 경제 거덜 낼 '재정긴축'</td><td>시사인</td><td>613호</td><td>한국경제 시평</td></tr>
<tr><td>2019.06.10.</td><td>'21세기 자본'과 투키디데스 함정</td><td>경향신문</td><td>정태인의 경제시평</td><td>세계경제</td></tr>
<tr><td>2019.05.16.</td><td>반도체에서 반도체로</td><td>시사인</td><td>608호</td><td>한국경제 시평</td></tr>
<tr><td>2019.05.13.</td><td>'트럼프 선물'</td><td>경향신문</td><td>정태인의 경제시평</td><td>세계경제</td></tr>
<tr><td>2019.04.15.</td><td>새로운 길, 새로운 계산법</td><td>경향신문</td><td>정태인의 경제시평</td><td>한반도와 남북관계</td></tr>
<tr><td>2019.04.05.</td><td>'양면게임'의 논리</td><td>시사인</td><td>603호</td><td>한반도와 남북관계</td></tr>
<tr><td>2019.03.18.</td><td>뚜벅뚜벅, 호시우행</td><td>경향신문</td><td>정태인의 경제시평</td><td>한반도와 남북관계</td></tr>
<tr><td>2019.02.18.</td><td>수소경제를 위한 변명</td><td>경향신문</td><td>정태인의 경제시평</td><td>생태위기</td></tr>
<tr><td>2019.02.01.</td><td>관료를 믿어야 하는가</td><td>시사인</td><td>594호</td><td>문재인 정부의 경제정책</td></tr>
<tr><td>2019.01.14.</td><td>역사로서의 현재</td><td>경향신문</td><td>정태인의 경제시평</td><td>세계경제</td></tr>
</table>

<table>
<tr><td colspan="5" align="center">2018년(19건)</td></tr>
<tr><td>2018.12.17.</td><td>수수깡과 진흙</td><td>경향신문</td><td>정태인의 경제시평</td><td>문재인 정부의
경제정책</td></tr>
<tr><td>2018.12.08.</td><td>섬뜩한, 멋진 신세계</td><td>시사인</td><td>586호</td><td>한국경제 시평</td></tr>
<tr><td>2018.11.19.</td><td>'방 안의 두 거인'과 한국 경제</td><td>경향신문</td><td>정태인의 경제시평</td><td>문재인 정부의
경제정책</td></tr>
<tr><td>2018.10.23.</td><td>촛불 정부, 너마저</td><td>시사인</td><td>579호</td><td>문재인 정부의
경제정책</td></tr>
<tr><td>2018.10.22.</td><td>'공유경제'와 플랫폼 협동조합</td><td>경향신문</td><td>정태인의 경제시평</td><td>사회적경제와
사회혁신</td></tr>
<tr><td>2018.09.17.</td><td>일본에서 한국을 보다</td><td>경향신문</td><td>정태인의 경제시평</td><td>문재인 정부의
경제정책</td></tr>
<tr><td>2018.08.20.</td><td>한반도의 촛불</td><td>경향신문</td><td>정태인의 경제시평</td><td>한반도와
남북관계</td></tr>
<tr><td>2018.08.10.</td><td>김현종 본부장의 빛바랜 소신</td><td>시사인</td><td>569호</td><td>세계경제와
자유무역협정</td></tr>
<tr><td>2018.07.23.</td><td>'소득주도 혁신성장'의 길</td><td>경향신문</td><td>정태인의 경제시평</td><td>문재인 정부의
경제정책</td></tr>
<tr><td>2018.06.25.</td><td>최저임금과 종부세</td><td>경향신문</td><td>정태인의 경제시평</td><td>문재인 정부의
경제정책</td></tr>
<tr><td>2018.06.17.</td><td>북한 특수, '통일 대박'은 없다</td><td>시사인</td><td>561호</td><td>한반도와
남북관계</td></tr>
<tr><td>2018.05.28.</td><td>보수의 터무니없는 비난,
애처롭다</td><td>경향신문</td><td>정태인의 경제시평</td><td>한반도와
남북관계</td></tr>
<tr><td>2018.04.30.</td><td>김정은 위원장께</td><td>경향신문</td><td>정태인의 경제시평</td><td>한반도와
남북관계</td></tr>
<tr><td>2018.04.27.</td><td>미국에 유리해 보이지만
불리한 싸움</td><td>시사인</td><td>553호</td><td>세계경제</td></tr>
<tr><td>2018.04.02.</td><td>방향 있는 '이럭저럭 버티기'</td><td>경향신문</td><td>정태인의 경제시평</td><td>세계경제</td></tr>
<tr><td>2018.03.05.</td><td>트럼프 사용 설명서</td><td>경향신문</td><td>정태인의 경제시평</td><td>세계경제</td></tr>
<tr><td>2018.03.01.</td><td>블록체인과 경제학의 대화</td><td>시사인</td><td>544호</td><td>한국경제 시평</td></tr>
<tr><td>2018.02.05.</td><td>따뜻한 평화</td><td>경향신문</td><td>정태인의 경제시평</td><td>세계경제</td></tr>
<tr><td>2018.01.08.</td><td>무소의 뿔처럼,
촛불의 힘을 믿고…</td><td>경향신문</td><td>정태인의 경제시평</td><td>문재인 정부의 경
제정책</td></tr>
</table>

<table>
<tr><td colspan="5" align="center">2017년(14건)</td></tr>
<tr><td>2017.12.20.</td><td>햇볕정책의 국제화</td><td>시사인</td><td>535호</td><td>한반도와
남북관계</td></tr>
<tr><td>2017.12.11.</td><td>조금 더 과감한 개혁을</td><td>경향신문</td><td>정태인의 경제시평</td><td>문재인 정부의
경제정책</td></tr>
<tr><td>2017.11.13.</td><td>"좋은 세상 올 줄 알았는데"</td><td>경향신문</td><td>정태인의 경제시평</td><td>문재인 정부의
경제정책</td></tr>
<tr><td>2017.10.26.</td><td>경제학이라는 색안경</td><td>시사인</td><td>527호</td><td>한국경제 시평</td></tr>
<tr><td>2017.10.16.</td><td>소득주도성장, 올바른
토론의 시작</td><td>경향신문</td><td>정태인의 경제시평</td><td>문재인 정부의
경제정책</td></tr>
<tr><td>2017.09.18.</td><td>사드의 정치경제학</td><td>경향신문</td><td>정태인의 경제시평</td><td>동북아 정세</td></tr>
<tr><td>2017.08.21.</td><td>유능제강(柔能制剛)</td><td>경향신문</td><td>정태인의 경제시평</td><td>동북아 정세</td></tr>
<tr><td>2017.08.07.</td><td>문재인 정부 경제정책
살펴봤더니…</td><td>시사인</td><td>516호</td><td>문재인 정부의
경제정책</td></tr>
<tr><td>2017.07.24.</td><td>최저임금 타령</td><td>경향신문</td><td>정태인의 경제시평</td><td>문재인 정부의
경제정책</td></tr>
<tr><td>2017.07.06.</td><td>기대 반, '기우' 반</td><td>시사인</td><td>511호</td><td>문재인 정부의
경제정책</td></tr>
<tr><td>2017.06.26.</td><td>트럼프 대통령께</td><td>경향신문</td><td>정태인의 경제시평</td><td>한반도와
남북관계</td></tr>
<tr><td>2017.05.24.</td><td>북핵 문제 해결의 입구로
들어가려면</td><td>시사인</td><td>505호</td><td>한반도와
남북관계</td></tr>
<tr><td>2017.03.31.</td><td>촛불의 힘에만 기대어
개혁할 수 있을까?</td><td>시사인</td><td>497호</td><td>문재인 정부의
경제정책</td></tr>
<tr><td>2017.02.17.</td><td>'트럼포노믹스' 앞 대한민국의
빈곤한 상상력</td><td>시사인</td><td>491호</td><td>세계경제</td></tr>
</table>

<table>
<tr><td colspan="5" align="center">2016년(10건)</td></tr>
<tr><td>2016.12.27.</td><td>촛불이 곧 대통령 인수위원회다</td><td>시사인</td><td>484호</td><td>문재인 정부의 경제정책</td></tr>
<tr><td>2016.12.01.</td><td>글로벌 수렁에서 핀 장미꽃</td><td>시사인</td><td>480호</td><td>문재인 정부의 경제정책</td></tr>
<tr><td>2016.10.19.</td><td>위기 외면하는 정부 경제 전망치의 비밀</td><td>시사인</td><td>474호</td><td>한국경제 시평</td></tr>
<tr><td>2016.09.09.</td><td>남북이 나란히 망하고 있다</td><td>시사인</td><td>468호</td><td>한반도와 남북관계</td></tr>
<tr><td>2016.07.20.</td><td>폴라니라면 브렉시트를 어떻게 봤을까</td><td>시사인</td><td>461호</td><td>세계경제</td></tr>
<tr><td>2016.06.10.</td><td>2017년, 다시 한번 기회가 온다</td><td>시사인</td><td>455호</td><td>박근혜 정부의 경제정책</td></tr>
<tr><td>2016.04.29.</td><td>대통령은 또 누구를 탓하고 있을까?</td><td>경향신문</td><td>정태인 칼럼</td><td>박근혜 정부의 경제정책</td></tr>
<tr><td>2016.04.25.</td><td>대통령은 또 누구를 탓하고 있을까?</td><td>시사인</td><td>449호</td><td>박근혜 정부의 경제정책</td></tr>
<tr><td>2016.03.18.</td><td>격변기의 ‘선무당’</td><td>시사인</td><td>443호</td><td>동북아 정세</td></tr>
<tr><td>2016.02.01.</td><td>기막힌 대통령, 기막힌 정책</td><td>시사인</td><td>437호</td><td>박근혜 정부의 경제정책</td></tr>
</table>

<table>
<tr><td colspan="5" align="center">2015년(18건)</td></tr>
<tr><td>2015.12.27.</td><td>'21세기 유신'의 말로</td><td>시사인</td><td>432호</td><td>박근혜 정부의
경제정책</td></tr>
<tr><td>2015.11.23.</td><td>경제위기와 파시즘의 망령</td><td>한겨레신문</td><td>세상읽기</td><td>박근혜 정부의
경제정책</td></tr>
<tr><td>2015.11.13.</td><td>경제위기에도 국가는
아무 일도 하지 않았다</td><td>시사인</td><td>426호</td><td>박근혜 정부의
경제정책</td></tr>
<tr><td>2015.10.26.</td><td>경제위기와 꼭두각시 대통령</td><td>한겨레신문</td><td>세상읽기</td><td>박근혜 정부의
경제정책</td></tr>
<tr><td>2015.09.30.</td><td>GDP 3만 달러의 '헬조선'…
이 수수께끼의 답은?</td><td>시사인</td><td>419호</td><td>박근혜 정부의
경제정책</td></tr>
<tr><td>2015.08.24.</td><td>잃어버린 10년</td><td>한겨레신문</td><td>세상읽기</td><td>한국경제 시평</td></tr>
<tr><td>2015.08.14.</td><td>'가지 않은 길'을 가야 할 때</td><td>시사인</td><td>413호</td><td>한국경제 시평</td></tr>
<tr><td>2015.07.27.</td><td>배신</td><td>한겨레신문</td><td>세상읽기</td><td>박근혜 정부의
경제정책</td></tr>
<tr><td>2015.07.02.</td><td>열네 번째 환자를 위한 변호</td><td>시사인</td><td>407호</td><td>박근혜 정부의
경제정책</td></tr>
<tr><td>2015.06.29.</td><td>생명과 반생명의 지도자</td><td>한겨레신문</td><td>세상읽기</td><td>박근혜 정부의
경제정책</td></tr>
<tr><td>2015.06.01.</td><td>차라리 혁명을 준비하렴</td><td>한겨레신문</td><td>세상읽기</td><td>한국사회
위기분석</td></tr>
<tr><td>2015.06.01.</td><td>공공정책 찌르는 ISD라는 칼</td><td>시사인</td><td>402호</td><td>세계경제와
자유무역협정</td></tr>
<tr><td>2015.04.21.</td><td>세 정치인의 '소득주도성장론'</td><td>시사인</td><td>396호</td><td>한국경제 시평</td></tr>
<tr><td>2015.03.06.</td><td>강남 집값 올라서 만족하십니까</td><td>시사인</td><td>390호</td><td>박근혜 정부의
경제정책</td></tr>
<tr><td>2015.02.11.</td><td>2015년, 당신은 뭐라도
하게 될 것이다</td><td>시사인</td><td>386호</td><td>박근혜 정부의
경제정책</td></tr>
<tr><td>2015.01.25.</td><td>왜 정치가 문제인가?</td><td>경향신문</td><td>정동칼럼</td><td>박근혜 정부의
경제정책</td></tr>
<tr><td>2015.01.13.</td><td>박정희의 그림자
그리고 나쁜 예감</td><td>시사인</td><td>382호</td><td>박근혜 정부의
경제정책</td></tr>
<tr><td>2015.01.04.</td><td>'구조개혁'은 정치적 문제다</td><td>경향신문</td><td>정동칼럼</td><td>박근혜 정부의
경제정책</td></tr>
</table>

2014년(27건)				
2014.12.14.	위기인가, 대개혁인가	경향신문	정동칼럼	박근혜 정부의 경제정책
2014.11.29.	변화를 이끌어내는 다수의 힘	시사인	376호	사회적경제와 사회혁신
2014.11.23.	동아시아에 몰려오는 삭풍	경향신문	정동칼럼	동북아 정세
2014.10.21.	경제, 찬바람이 분다	시사인	370호	박근혜 정부의 경제정책
2014.10.12.	동아시아의 활로	경향신문	정동칼럼	동북아 정세
2014.09.21.	두 '슈퍼스타'의 경고	경향신문	정동칼럼	한국경제 시평
2014.08.31.	"대공황 그 이상"	경향신문	정동칼럼	한국경제 시평
2014.08.27.	'슈퍼스타'의 경고는 우연일까	시사인	363호	박근혜 정부의 경제정책
2014.08.17.	교황의 경제학	경향신문	정동칼럼	한국경제 시평
2014.07.27.	교황과 최경환의 경제학	경향신문	정동칼럼	박근혜 정부의 경제정책
2014.07.22.	경제민주화와 줄푸세의 잘못된 만남	시사인	357호	박근혜 정부의 경제정책
2014.06.29.	'평등'이 성장동력이다	경향신문	정동칼럼	박근혜 정부의 경제정책
2014.06.16.	등수 경쟁에서 구출하기	시사인	352호	한국사회 위기분석
2014.06.08.	정당이란 무엇인가?	경향신문	정동칼럼	박근혜 정부의 경제정책
2014.05.20.	피케티의 '21세기 자본'과 사회적 경제	한겨레신문	정태인의 협동의 경제학	사회적경제와 사회혁신
2014.05.18.	'피케티 비율'과 한국	경향신문	정동칼럼	한국경제 시평
2014.05.14.	'내 아이만' 살릴 길은 그 어디에도 없으니	시사인	348호	한국경제 시평
2014.04.20.	누구의 책임인가	경향신문	정동칼럼	박근혜 정부의 경제정책
2014.04.09.	박근혜 대통령, 주민 의견 묻지도 않고…	시사인	342호	박근혜 정부의 경제정책
2014.04.08.	사회적 경제와 그 적들	한겨레신문	정태인의 협동의 경제학	사회적경제와 사회혁신

2014.03.30.	북한의 신뢰 얻기, 의외로 간단하다	경향신문	정동칼럼	한반도와 남북관계
2014.03.09.	한국 복지 모델의 명암, 그리고 사회적경제	경향신문	정동칼럼	사회적경제와 사회혁신
2014.02.19.	일본은 우리의 미래?	경향신문	정동칼럼	한국경제 시평
2014.02.13.	삼성의 세 얼굴	시사인	335호	한국경제 시평
2014.02.11.	사회적 경제 지원법 제정, 지금이 적기다	한겨레신문	정태인의 협동의 경제학	사회적경제와 사회혁신
2014.01.26.	'촛불' 댕긴 박상표, 그대 잘 가라	경향신문	정동칼럼	박근혜 정부의 경제정책
2014.01.05.	새해 경제는 안녕할까	경향신문	정동칼럼	박근혜 정부의 경제정책

<table>
<tr><td colspan="5" align="center">2013년(29건)</td></tr>
<tr><td>2013.12.31.</td><td>협동조합, 새로운
'한강의 기적' 만든다</td><td>한겨레신문</td><td>정태인의
협동의 경제학</td><td>사회적경제와
사회혁신</td></tr>
<tr><td>2013.12.31.</td><td>결국 '줄·푸·세'로
되돌아간 박근혜 정부</td><td>시사인</td><td>328호</td><td>박근혜 정부의
경제정책</td></tr>
<tr><td>2013.12.15.</td><td>갑오년의 TPP</td><td>경향신문</td><td>정동칼럼</td><td>동북아 정세</td></tr>
<tr><td>2013.11.24.</td><td>경제의 발목을 잡는 정치</td><td>경향신문</td><td>정동칼럼</td><td>한국경제 시평</td></tr>
<tr><td>2013.11.20.</td><td>서울에 움튼 폴라니의 사상</td><td>시사인</td><td>322호</td><td>사회적경제와
사회혁신</td></tr>
<tr><td>2013.11.19.</td><td>사회적경제 연대와
파고르의 파산</td><td>한겨레신문</td><td>정태인의
협동의 경제학</td><td>사회적경제와
사회혁신</td></tr>
<tr><td>2013.11.03.</td><td>"선생님 없으면 우린 어떡해요"</td><td>경향신문</td><td>정동칼럼</td><td>박근혜 정부의
경제정책</td></tr>
<tr><td>2013.10.15.</td><td>입장 바꿔 생각을 해 봐</td><td>경향신문</td><td>정동칼럼</td><td>박근혜 정부의
경제정책</td></tr>
<tr><td>2013.10.14.</td><td>워싱턴에서 '여의도'를 본다</td><td>시사인</td><td>317호</td><td>한국경제 시평</td></tr>
<tr><td>2013.09.24.</td><td>'다같이 살기' 위한
협동조합금융 실험</td><td>한겨레신문</td><td>정태인의
협동의 경제학</td><td>사회적경제와
사회혁신</td></tr>
<tr><td>2013.09.22.</td><td>쥐 한 마리 나오지 않은 이유</td><td>경향신문</td><td>정동칼럼</td><td>세계경제</td></tr>
<tr><td>2013.09.01.</td><td>민생이란 이름의 '어명'</td><td>경향신문</td><td>정동칼럼</td><td>박근혜 정부의
경제정책</td></tr>
<tr><td>2013.08.20.</td><td>촛불의진화</td><td>시사인</td><td>310호</td><td>한국사회
위기분석</td></tr>
<tr><td>2013.08.11.</td><td>부자에겐 '줄푸', 서민에겐 '늘세'</td><td>경향신문</td><td>정동칼럼</td><td>박근혜 정부의
경제정책</td></tr>
<tr><td>2013.07.21.</td><td>중국의 거품과 '줄푸세'</td><td>경향신문</td><td>정동칼럼</td><td>동북아 정세</td></tr>
<tr><td>2013.07.15.</td><td>토토리 이장 조금득</td><td>시사인</td><td>304호</td><td>사회적경제와
사회혁신</td></tr>
<tr><td>2013.06.30.</td><td>NLL과 KTX</td><td>경향신문</td><td>정동칼럼</td><td>박근혜 정부의
경제정책</td></tr>
<tr><td>2013.06.25.</td><td>협동의 유전자를 타고난 인간</td><td>한겨레신문</td><td>정태인의
협동의 경제학</td><td>사회적경제와
사회혁신</td></tr>
<tr><td>2013.06.09.</td><td>과녁을 벗어난 화살</td><td>경향신문</td><td>정동칼럼</td><td>한국경제 시평</td></tr>
<tr><td>2013.06.03.</td><td>어느 '청년 편의점주'의 호소</td><td>시사인</td><td>298호</td><td>사회적경제와
사회혁신</td></tr>
</table>

2013.05.28.	우연도 보상을 받아야 하는 걸까?	한겨레신문	정태인의 협동의 경제학	사회적경제와 사회혁신
2013.05.13.	'각자 열심히 살면 된다'는 착각	한겨레신문	기고	사회적경제와 사회혁신
2013.04.28.	어느 해 봄의 개성	경향신문	정동칼럼	한반도와 남북관계
2013.04.23.	'홍준표 지사여, 대처는 죽었다'	시사인	292호	한국사회 위기분석
2013.04.07.	녹색성장과 창조경제	경향신문	정동칼럼	한국경제 시평
2013.03.13.	국민을 행복하게 하는 법	시사인	286호	박근혜 정부의 경제정책
2013.03.07.	아버지와 딸	경향신문	정동칼럼	한국경제 시평
2013.02.07.	통상교섭본부는 어디로?	경향신문	정동칼럼	박근혜 정부의 경제정책
2013.01.03.	'100%의 대통령'이 되려면	경향신문	정동칼럼	박근혜 정부의 경제정책

2012년(4건)				
2012.12.06.	박근혜의 심장, 경제위기의 근원	경향신문	정동칼럼	박근혜 정부의 경제정책
2012.11.08.	오바마·시진핑… 한국의 대응은?	경향신문	정동칼럼	세계경제
2012.03.06.	협동조합이 새 경제패러다임 연다	한겨레신문	헤리 리뷰	사회적경제와 사회혁신
2012.01.05	정태인이 본 유럽위기 영향은?	시사인	224호	세계경제
2011년(3건)				
2011.10.24.	기어이 난파선에 타려는가	한겨레21	882호	세계경제와 자유무역협정
2011.07.05.	정보·기술 공유로 경쟁 메커니즘 압도	한겨레신문	헤리 리뷰	사회적경제와 사회혁신
2011.03.17.	참척 양산하는 '휴먼 삼성'	시사인	182호	한국사회 위기분석
2010년(4건)				
2010.11.05.	"바보야, 중국보다 달러가 문제야"	시사인	163호	세계경제
2010.08.04.	대한민국 살길은 부자 증세·복지 확대	시사인	150호	한국경세 시평
2010.05.04.	오바마에게 권하는 책	시사인	119호	한국경제 시평
2009년(3건)				
2009.09.15.	[진보의 재구성] 세계화의 조건은 자본시장 통제와 고정환율제 복귀	시사인	105호	한국경제 시평
2009.03.30.	국회는 '독소'를 보기나 했나	한겨레신문	연속기고	세계경제와 자유무역협정
2009.01.05.	경제도, 민주주의도 죽이려는가	시사인	69호	한국사회 위기분석
2008년(2건)				
2008.11.24.	저 빌어먹을 '게임'	시사인	63호	한국사회 위기분석
2008.02.11.	눈 내린 들판을 걸어가더라도	한겨레신문	시론	세계경제와 자유무역협정

2007년(5건)				
2007.11.30.	애끓는 부정	한겨레21	687호	한국사회 위기분석
2007.11.16.	알 수 없어요	한겨레21	685호	한국사회 위기분석
2007.11.02.	때 아닌 초록	한겨레21	683호	세계경제와 자유무역협정
2007.04.13.	대한민국의 구조조정이 다가온다	한겨레21	655호	세계경제와 자유무역협정
2007.02.09.	'일단 중지'를 마지막 결단으로	한겨레21	647호	세계경제와 자유무역협정
2006년(2건)				
2006.05.23.	토티야와 민주주의의 죽음	한겨레21	612호	세계경제와 자유무역협정
2006.05.16.	"저는 멕시코로 갑니다" -대통령께 드리는 편지	한겨레21	609호	세계경제와 자유무역협정
2004년(1건)				
2004.09.09.	'플러스섬 게임'을 향해 뛰어라	한겨레21	525호/학술	세계경제

칼럼 목록(발표 매체별 분류)

칼럼 목록(발표 매체별 분류)

경향신문 / 82건 / 2012~2020			
2020.12.22.	젊은 그들의 혁명을 지지한다	정태인의 경제시평	서문
2020.11.24.	동아시아 방역이 '선방'한 이유	정태인의 경제시평	생태위기
2020.10.27.	전쟁기의 정책	정태인의 경제시평	세계경제
2020.09.29.	미·중 기술전쟁서 살아남는 법	정태인의 경제시평	세계경제
2020.09.01.	생태위기 극복의 조건	정태인의 경제시평	생태위기
2020.08.04.	시베리아 산불과 한국판 뉴딜	정태인의 경제시평	생태위기
2020.07.07.	비핵-경제 병진노선	정태인의 경제시평	한반도와 남북관계
2020.06.09.	한반도 완충지대	정태인의 경제시평	한반도와 남북관계
2020.05.11.	'한국형 뉴딜'과 그린뉴딜	정태인의 경제시평	생태위기
2020.04.13.	경제회복의 조건	정태인의 경제시평	생태위기
2020.03.16.	최고의 방역에 빈곤한 대책	정태인의 경제시평	생태위기
2020.02.17.	한반도 트릴레마	정태인의 경제시평	한반도와 남북관계
2020.01.20.	한·중·일 공통 탄소가격	정태인의 경제시평	생태위기
2019.12.23.	온실가스 순배출 제로 시대	정태인의 경제시평	생태위기
2019.11.25.	"이럭저럭 버티기"와 "우왕좌왕"	정태인의 경제시평	동북아 정세
2019.10.28.	니도 니도 '생태 시민'이 되어야 한다	정태인의 경제시평	생태위기
2019.09.30.	노무현 전 대통령의 숙원	정태인의 경제시평	한반도와 남북관계
2019.09.02.	치킨게임에서 벗어나는 법	정태인의 경제시평	동북아 정세
2019.08.06.	아베 총리께	정태인의 경제시평	동북아 정세
2019.07.08.	역사 문맹과의 대화	정태인의 경제시평	동북아 정세
2019.06.10.	'21세기 자본'과 투키디데스 함정	정태인의 경제시평	세계경제
2019.05.13.	'트럼프 선물'	정태인의 경제시평	세계경제
2019.04.15.	새로운 길, 새로운 계산법	정태인의 경제시평	한반도와 남북관계
2019.03.18.	뚜벅뚜벅, 호시우행	정태인의 경제시평	한반도와 남북관계
2019.02.18.	수소경제를 위한 변명	정태인의 경제시평	생태위기
2019.01.14.	역사로서의 현재	정태인의 경제시평	세계경제
2018.12.17.	수수깡과 진흙	정태인의 경제시평	문재인 정부의 경제정책
2018.11.19.	'방 안의 두 거인'과 한국 경제	정태인의 경제시평	문재인 정부의 경제정책
2018.10.22.	'공유경제'와 플랫폼 협동조합	정태인의 경제시평	사회적경제와 사회혁신
2018.09.17.	일본에서 한국을 보다	정태인의 경제시평	문재인 정부의 경제정책

2018.08.20.	한반도의 촛불	정태인의 경제시평	한반도와 남북관계
2018.07.23.	'소득주도 혁신성장'의 길	정태인의 경제시평	문재인 정부의 경제정책
2018.06.25.	최저임금과 종부세	정태인의 경제시평	문재인 정부의 경제정책
2018.05.28.	보수의 터무니없는 비난, 애처롭다	정태인의 경제시평	한반도와 남북관계
2018.04.30.	김정은 위원장께	정태인의 경제시평	한반도와 남북관계
2018.04.02.	방향 있는 '이럭저럭 버티기'	정태인의 경제시평	세계경제
2018.03.05.	트럼프 사용 설명서	정태인의 경제시평	세계경제
2018.02.05.	따뜻한 평화	정태인의 경제시평	세계경제
2018.01.08.	무소의 뿔처럼, 촛불의 힘을 믿고…	정태인의 경제시평	문재인 정부의 경제정책
2017.12.11.	조금 더 과감한 개혁을	정태인의 경제시평	문재인 정부의 경제정책
2017.11.13.	"좋은 세상 올 줄 알았는데"	정태인의 경제시평	문재인 정부의 경제정책
2017.10.16.	소득주도성장, 올바른 토론의 시작	정태인의 경제시평	문재인 정부의 경제정책
2017.09.18.	사드의 정치경제학	정태인의 경제시평	동북아 정세
2017.08.21.	유능제강(柔能制剛)	정태인의 경제시평	동북아 정세
2017.07.24.	최저임금 타령	정태인의 경제시평	문재인 정부의 경제정책
2017.06.26.	트럼프 대통령께	정태인의 경제시평	한반도와 남북관계
2016.04.29.	대통령은 또 누구를 탓하고 있을까?	정태인 칼럼	박근혜 정부의 경제정책
2015.01.25.	왜 정치가 문제인가?	정동칼럼	박근혜 정부의 경제정책
2015.01.04.	'구조개혁'은 정치적 문제다	정동칼럼	박근혜 정부의 경제정책
2014.12.14.	위기인가, 대개혁인가	정동칼럼	박근혜 정부의 경제정책
2014.11.23.	동아시아에 몰려오는 삭풍	정동칼럼	동북아 정세
2014.10.12.	동아시아의 활로	정동칼럼	동북아 정세
2014.09.21.	두 '슈퍼스타'의 경고	정동칼럼	한국경제 시평
2014.08.31.	"대공황 그 이상"	정동칼럼	한국경제 시평
2014.08.17.	교황의 경제학	정동칼럼	한국경제 시평
2014.07.27.	교황과 최경환의 경제학	정동칼럼	박근혜 정부의 경제정책
2014.06.29.	'평등'이 성장동력이다	정동칼럼	박근혜 정부의 경제정책
2014.06.08.	정당이란 무엇인가?	정동칼럼	박근혜 정부의 경제정책
2014.05.18.	'피케티 비율'과 한국	정동칼럼	한국경제 시평
2014.04.20.	누구의 책임인가	정동칼럼	박근혜 정부의 경제정책

2014.03.30.	북한의 신뢰 얻기, 의외로 간단하다	정동칼럼	한반도와 남북관계
2014.03.09.	한국 복지 모델의 명암, 그리고 사회적경제	정동칼럼	사회적경제와 사회혁신
2014.02.19.	일본은 우리의 미래?	정동칼럼	한국경제 시평
2014.01.26.	'촛불' 댕긴 박상표, 그대 잘 가라	정동칼럼	박근혜 정부의 경제정책
2014.01.05.	새해 경제는 안녕할까	정동칼럼	박근혜 정부의 경제정책
2013.12.15.	갑오년의 TPP	정동칼럼	동북아 정세
2013.11.24.	경제의 발목을 잡는 정치	정동칼럼	한국경제 시평
2013.11.03.	"선생님 없으면 우린 어떡해요"	정동칼럼	박근혜 정부의 경제정책
2013.10.15.	입장 바꿔 생각을 해 봐	정동칼럼	박근혜 정부의 경제정책
2013.09.22.	쥐 한 마리 나오지 않은 이유	정동칼럼	세계경제
2013.09.01.	민생이란 이름의 '어명'	정동칼럼	박근혜 정부의 경제정책
2013.08.11.	부자에겐 '줄푸', 서민에겐 '늘세'	정동칼럼	박근혜 정부의 경제정책
2013.07.21.	중국의 거품과 '줄푸세'	정동칼럼	동북아 정세
2013.06.30.	NLL과 KTX	정동칼럼	박근혜 정부의 경제정책
2013.06.09.	과녁을 벗어난 화살	정동칼럼	한국경제 시평
2013.04.28.	어느 해 봄의 개성	정동칼럼	한반도와 남북관계
2013.04.07.	녹색성장과 창조경제	정동칼럼	한국경제 시평
2013.03.07.	아버지와 딸	정동칼럼	한국경제 시평
2013.02.07.	통상교섭본부는 어디로?	정동칼럼	박근혜 정부의 경제정책
2013.01.03.	'100%의 대통령'이 되려면	정동칼럼	박근혜 정부의 경제정책
2012.12.06.	박근혜의 심장, 경제위기의 근원	정동칼럼	박근혜 정부의 경제정책
2012.11.08.	오바마·시진핑… 한국의 대응은?	정동칼럼	세계경제

시사인 / 71건 / 2008~2020

2020.12.22.	'탄소중립', 때 놓치고 후회할 텐가	692호	생태위기
2020.11.05	미·중에 맞서는 '제3지대'	685호	동북아 정세
2020.09.12.	말세를 맞은 한반도의 자세	677호	생태위기
2020.07.22.	응답하라, 청와대	670호	문재인 정부의 경제정책
2020.06.03.	문재인 정부가 '그린 뉴딜' 추진하는 이유	663호	생태위기
2020.04.18.	이중의 공포에서 벗어나는 길	656호	한국경제 시평
2020.02.22.	탄소 순배출량 '0'을 위하여	648호	생태위기
2019.12.29.	'녹색 전환'과 발전국가	640호	생태위기
2019.11.08.	아이야, 혁명의 때가 왔구나	633호	생태위기
2019.09.11.	동아시아의 '신냉전'	625호	동북아 정세
2019.07.26.	'반도체 전쟁'의 전화위복	618호	세계경제와 자유무역협정
2019.06.21.	한국 경제 거덜 낼 '재정긴축'	613호	한국경제 시평
2019.05.16.	반도체에서 반도체로	608호	한국경제 시평
2019.04.05.	'양면게임'의 논리	603호	한반도와 남북관계
2019.02.01.	관료를 믿어야 하는가	594호	문재인 정부의 경제정책
2018.12.08.	섬뜩한, 멋진 신세계	586호	한국경제 시평
2018.10.23.	촛불 정부, 너마저	579호	문재인 정부의 경제정책
2018.08.10.	김현종 본부장의 빛바랜 소신	569호	세계경제와 자유무역협정
2018.06.17.	북한 특수, '통일 대박'은 없다	561호	한반도와 남북관계
2018.04.27.	미국에 유리해 보이지만 불리한 싸움	553호	세계경제
2018.03.01.	블록체인과 경제학의 대화	544호	한국경제 시평
2017.12.20.	햇볕정책의 국제화	535호	한반도와 남북관계
2017.10.26.	경제학이라는 색안경	527호	한국경제 시평
2017.08.07.	문재인 정부 경제정책 살펴봤더니…	516호	문재인 정부의 경제정책
2017.07.06.	기대 반, '기우' 반	511호	문재인 정부의 경제정책
2017.05.24.	북핵 문제 해결의 입구로 들어가려면	505호	한반도와 남북관계
2017.03.31.	촛불의 힘에만 기대어 개혁할 수 있을까?	497호	문재인 정부의 경제정책

2017.02.17.	'트럼포노믹스' 앞 대한민국의 빈곤한 상상력	491호	세계경제
2016.12.27.	촛불이 곧 대통령 인수위원회다	484호	문재인 정부의 경제정책
2016.12.01.	글로벌 수렁에서 핀 장미꽃	480호	문재인 정부의 경제정책
2016.10.19.	위기 외면하는 정부 경제 전망치의 비밀	474호	한국경제 시평
2016.09.09.	남북이 나란히 망하고 있다	468호	한반도와 남북관계
2016.07.20.	폴라니라면 브렉시트를 어떻게 봤을까	461호	세계경제
2016.06.10.	2017년, 다시 한번 기회가 온다	455호	박근혜 정부의 경제정책
2016.04.25.	대통령은 또 누구를 탓하고 있을까?	449호	박근혜 정부의 경제정책
2016.03.18.	격변기의 '선무당'	443호	동북아 정세
2016.02.01.	기막힌 대통령, 기막힌 정책	437호	박근혜 정부의 경제정책
2015.12.27.	'21세기 유신'의 말로	432호	박근혜 정부의 경제정책
2015.11.13.	경제위기에도 국가는 아무 일도 하지 않았다	426호	박근혜 정부의 경제정책
2015.09.30.	GDP 3만 달러의 '헬조선'… 이 수수께끼의 답은?	419호	박근혜 정부의 경제정책
2015.08.14.	'가지 않은 길'을 가야 할 때	413호	한국경제 시평
2015.07.02.	열네 번째 환자를 위한 변호	407호	박근혜 정부의 경제정책
2015.06.01.	공공정책 찌르는 ISD라는 칼	402호	세계경제와 자유무역협정
2015.04.21.	세 정치인의 '소득주도성장론'	396호	한국경제 시평
2015.03.06.	강남 집값 올라서 만족하십니까	390호	박근혜 정부의 경제정책
2015.02.11.	2015년, 당신은 뭐라도 하게 될 것이다	386호	박근혜 정부의 경제정책
2015.01.13.	박정희의 그림자 그리고 나쁜 예감	382호	박근혜 정부의 경제정책
2014.11.29.	변화를 이끌어내는 다수의 힘	376호	사회적경제와 사회혁신
2014.10.21.	경제, 찬바람이 분다	370호	박근혜 정부의 경제정책
2014.08.27.	'슈퍼스타'의 경고는 우연일까	363호	박근혜 정부의 경제정책
2014.07.22.	경제민주화와 줄푸세의 잘못된 만남	357호	박근혜 정부의 경제정책
2014.06.16.	등수 경쟁에서 구출하기	352호	한국사회 위기분석

2014.05.14.	'내 아이만' 살릴 길은 그 어디에도 없으니	348호	한국경제 시평
2014.04.09.	박근혜 대통령, 주민 의견 묻지도 않고…	342호	박근혜 정부의 경제정책
2014.02.13.	삼성의 세 얼굴	335호	한국경제 시평
2013.12.31.	결국 '줄·푸·세'로 되돌아간 박근혜 정부	328호	박근혜 정부의 경제정책
2013.11.20.	서울에 움튼 폴라니의 사상	322호	사회적경제와 사회혁신
2013.10.14.	워싱턴에서 '여의도'를 본다	317호	한국경제 시평
2013.08.20.	촛불의진화	310호	한국사회 위기분석
2013.07.15.	토토리 이장 조금득	304호	사회적경제와 사회혁신
2013.06.03.	어느 '청년 편의점주'의 호소	298호	사회적경제와 사회혁신
2013.04.23.	'홍준표 지사여, 대처는 죽었다'	292호	한국사회 위기분석
2013.03.13.	국민을 행복하게 하는 법	286호	박근혜 정부의 경제정책
2012.01.05	정태인이 본 유럽위기 영향은?	224호	세계경제
2011.03.17.	참척 양산하는 '휴먼 삼성'	182호	한국사회 위기분석
2010.11.05.	"바보야, 중국보다 달러가 문제야"	163호	세계경제
2010.08.04.	대한민국 살길은 부자 증세·복지 확대	150호	한국경제 시평
2010.05.04.	오바마에게 권하는 책	119호	한국경제 시평
2009.09.15.	[진보의 재구성] 세계화의 조건은 자본시장 통제와 고정환율제 복귀	105호	한국경제 시평
2009.01.05.	경제도, 민주주의도 죽이려는가	69호	한국사회 위기분석
2008.11.24.	저 빌어먹을 '게임'	63호	한국사회 위기분석

한겨레신문 / 19건 / 2008~2015

2015.11.23.	경제위기와 파시즘의 망령	세상읽기	박근혜 정부의 경제정책
2015.10.26.	경제위기와 꼭두각시 대통령	세상읽기	박근혜 정부의 경제정책
2015.08.24.	잃어버린 10년	세상읽기	한국경제 시평
2015.07.27.	배신	세상읽기	박근혜 정부의 경제정책
2015.06.29.	생명과 반생명의 지도자	세상읽기	박근혜 정부의 경제정책
2015.06.01.	차라리 혁명을 준비하렴	세상읽기	한국사회 위기분석
2014.05.20.	피케티의 '21세기 자본'과 사회적 경제	정태인의 협동의 경제학	사회적경제와 사회혁신
2014.04.08.	사회적 경제와 그 적들	정태인의 협동의 경제학	사회적경제와 사회혁신
2014.02.11.	사회적 경제 지원법 제정, 지금이 적기다	정태인의 협동의 경제학	사회적경제와 사회혁신
2013.12.31.	협동조합, 새로운 '한강의 기적' 만든다	정태인의 협동의 경제학	사회적경제와 사회혁신
2013.11.19.	사회적경제 연대와 파고르의 파산	정태인의 협동의 경제학	사회적경제와 사회혁신
2013.09.24.	'다같이 살기' 위한 협동조합금융 실험	정태인의 협동의 경제학	사회적경제와 사회혁신
2013.06.25.	협동의 유전자를 타고난 인간	정태인의 협동의 경제학	사회적경제와 사회혁신
2013.05.28.	우연도 보상을 받아야 하는 걸까?	정태인의 협동의 경제학	사회적경제와 사회혁신
2013.05.13.	'각자 열심히 살면 된다'는 착각	기고	사회적경제와 사회혁신
2012.03.06.	협동조합이 새 경제패러다임 연다	헤리 리뷰	사회적경제와 사회혁신
2011.07.05.	정보·기술 공유로 경쟁 메커니즘 압도	헤리 리뷰	사회적경제와 사회혁신
2009.03.30.	국회는 '독소'를 보기나 했나	연속기고	세계경제와 자유무역협정
2008.02.11.	눈 내린 들판을 걸어가더라도	시론	세계경제와 자유무역협정

한겨레21 / 9건 / 2004~2011			
2011.10.24.	기어이 난파선에 타려는가	882호	세계경제와 자유무역협정
2007.11.30.	애끓는 부정	687호	한국사회 위기분석
2007.11.16.	알 수 없어요	685호	한국사회 위기분석
2007.11.02.	때 아닌 초록	683호	세계경제와 자유무역협정
2007.04.13.	대한민국의 구조조정이 다가온다	655호	세계경제와 자유무역협정
2007.02.09.	'일단 중지'를 마지막 결단으로	647호	세계경제와 자유무역협정
2006.05.23.	토티야와 민주주의의 죽음	612호	세계경제와 자유무역협정
2006.05.16.	"저는 멕시코로 갑니다" -대통령께 드리는 편지	609호	세계경제와 자유무역협정
2004.09.09.	'플러스섬 게임'을 향해 뛰어라	525호/학술	세계경제